U0139439

文史哲學集成 三四〇六

胡自逢著

程伊川易學述評

文史哲出版社印行

國立中央圖書館出版品預行編目資料

程伊川易學述評 / 胡自逢著. -- 初版. -- 臺北市 : 文史哲, 民84
面; 公分. -- (文史哲學集成 ; 350)
ISBN 957-547-978-5(平裝)

1. (宋) 程頤 - 學術思想 - 哲學 2. 易經 - 評論

125.22 84011083

㊿ 文史哲學集成

程伊川易學述評

著者：胡自逢
出版者：文史哲出版社
登記證字號：行政院新聞局局版臺業字五三三七號
發行人：彭正雄
發行所：文史哲出版社
印刷者：文史哲出版社
台北市羅斯福路一段七十二巷四號
郵撥〇五一二八八一二彭正雄帳戶
電話：三五一一〇二八

實價新台幣四六〇元

中華民國八十四年十二月初版

ISBN 957-547-978-5

自序

《六經》大義，昭若日月，天人性命，莫備於《易》，《易》固爲《六經》之冠冕，義理之總會也。夷考其始，《易》不過卜筮之書，第自〈十翼〉而後，遂富蘊哲理，霑霈無窮。蓋以群聖代作，推闡益精，體大思密，後來居上。天人之理，窮神研幾。於是範圍天地之化而不過，曲成萬物而不遺。著之以不息之理，通之以生生之德，在人爲仁，在天曰元，顯仁藏用，富有日新，此《易》道之所以渾融天人者也。中國學術自來以人爲本、以仁爲體之思想，即淵源於《易》也，伊川平生久罹憂患，深於閱歷。加以沈潛《易》道，饜飫義理，充積既久，傾其旁薄萬鈞之力，作爲《易傳》，發明《易》之大義，以變易隨時爲主，蓋日月往來，寒暑代更，天道變易之大者，變易所以隨時。天地盈虛，與時消息，而《易》之時義至大！故曰：「隨時變易，以從道也。」①又謂《易》中惟言反復往來上下，蓋剛柔往來之義，陰陽消長之幾，足以觀萬變之會通，制群動之貞一，窮神知化，其在斯乎？其說理，要以發明卦爻之精蘊，〈十翼〉之大義，而天地之物理、人倫之紀綱，無不該洽。言理而系之於人事，故切而不泛，曲而能達。窮理盡性，經世致用之道咸在。而又出之以平易，歸之於中正，誠《易》類之鉅著，義理之淵藪也。《易傳》以天道明人事，人事又本之天道，二者反復爲用，所謂天人之際者也。故〈彖傳〉之釋卦辭，皆終之以人事，然天道因人而後成，能盡人道，即所以事天地，蓋善言天者，必有徵於人②，天地之性人爲貴③，人爲天地之心也④故曰：近取諸身，百理皆具，自一身以觀天地也。⑤離人事、則《易》爲無用之學。雖窮神知化，要期於開物以成務。進退存亡之道，本乎盈虛消長之理。故《程傳》所言，自人事也，即皆天道也。以此書爲專言人事，非眞知《程傳》者也。《程傳》明天道於人倫，本天常以立人紀，由自然大化而進之於人文，誠所謂契天人之際者也。或謂《程傳》略於象數，是不然。蓋盈虛消長之理，終始反復、即數也，承乘比應之義，不越卦爻，亦即象也。非必飛伏互體，始謂之象，先天後天，河圖洛書，乃足以名數也。《易》之根本在畫，有畫則有象，三才六爻之位、象也，而數即寓焉，《易》因畫而見象，見象而後繫辭，聖人之情見乎辭，辭因乎象，象本於畫，伊川所傳之辭，乃畫之辭，亦即象之辭，安在其略於象數也？伊川篤實躬行，自任以天下之重、欲明不傳之學於來世，而作《易傳》，自謂其學舉在《易傳》，以《易》爲寡過之書，有用之學，教人以知《易》、用《易》之方也，《繫傳》曰：「君子所居而安者，《易》之序也，所樂而玩者，爻之辭也。」又曰：「居則觀其象而玩其辭，動則觀其變而玩其占。」皆用《易》之實也。《易傳》所言治亂安危之幾，性命道德之蘊，固未嘗越乎日用行己之間，將使後世切身以致用，易知而易行，其爲用誠大矣。或又謂伊川以理學說《易》，傳爲理學而作也。不知理學本出於《易》，舍《易》道，則理學不足以言理矣。亦未足以病之也。伊川由性命而歸之躬行，非啻《易傳》爲經學斗杓，而其踐履篤行，又百代以下之人師也。豈止爲經作傳而已哉。

【附註】

① 見伊川《易傳自序》

② 《荀子性惡篇》曰：「故善言古者，必有節於今；善言天者，必有徵於人。」王引之曰：「節亦驗也。」

③ 《孝經聖治章》子曰：「天地之性人爲貴，人之行莫大於孝。……」

④ 《禮記禮運第九》「故人者天地之心也，五行之端也。……」

⑤ 《二程全書》已引見篇內。

⑥ 《繫傳上第二章》曰：「君子所居而安者，《易》之序也。……而玩其占。」

程伊川易學述評 目次

第一章 導論

本章分十節：一曰「程子傳略」。誦其詩讀其書①，當先知其人也；二曰「《程傳》著作」。言撰述之年代及其歷程也；三曰：「《程傳》推天道以明人事。」明《易傳》不務玄遠，不過假天道以說明人事而已；四曰：「程子謂天道因人而成，故《易傳》尤重人事。」期人克秉天賦以盡一己之責任也；五曰「程子以義理說《易》源於〈彖傳〉。」溯其以義理說《易》之前有所承也；六曰：「《程傳》略見義理一詞之內容。」推原義理一名之詞性，示後世治學當循之取向也；七曰：「程子以〈十翼〉解經。」此明喻後世說《易》之宗法，當篤行之而已；八曰：「程子踐履在《易》。」明伊川終生奉行《易》學，可謂篤行之君子也；九曰：「程子發明《易》道明近之旨。」開示後世說《易》應守之矩矱，勿鑿空以炫新奇也；十曰：「程子以《易》爲有用之學。」勉後世汲汲於《易》學涵泳淬厲以德潤身也。右凡十目以爲先導，即此而後知伊川之《易》學，固與他家不同，庶有欲竟全書而不能自已也。

一、程子傳略

程伊川先生名頤，字正叔，明道先生之弟也，年十八，上書闕下，勸仁宗黜俗論以崇王道。游太學，胡安定瑗以「顏子所好何學」試諸生，得先生論大驚！即延見，處以學職，同學呂希哲首以師禮事之。治平、元豐間，大臣屢薦皆不起，哲宗初，司馬溫公呂申公共疏其行誼，詔以為西京國子監教授，力辭，尋召赴闕，擢崇政殿說書，奏請選名儒侍講，以備訪問，先生容貌莊嚴，侍講帝前，不少假借，士人歸其門者甚盛，而先生亦以天下自任，議論褒貶，無所瞻顧，廷臣多疾之，相與詆排，遂出管勾西京國子監，屢乞致仕。久之，加直祕閣，再上表辭，黃敦頤謂其有怨望語，去官，紹聖中以黨論削籍，竄涪州，徽宗即位，徙峽州，崇寧二年，范致虛言，程頤以邪說詖行惑亂衆聽，而尹焞、張繹爲之羽翼，事下河南府體究，盡逐學徒，復隸黨籍，四方學者，猶相從不舍。五年，復宣議郎，致仕，大觀（徽宗）元年九月庚午、卒於家，年七十五，先生於書無所不讀，其學本於《易》尤愛〈坤文言傳〉「君子敬以直內，義以方外」二句，服膺弗失。於是主敬守義，內直外方，動止語默，一以聖人爲師。嘗云：無功澤及人而浪費歲月，晏然爲天地間一蠹，唯綴輯聖人遺書，庶幾有補爾，於是著《易傳》及經說詩文等，唯《易傳》爲完書行於世。先生踐履盡《易》，進退出處，大節卓然，經學、人師，永貽來葉，所裁成門人甚衆，學者稱爲伊川先生。②

二、《程傳》著作

程子《易傳》於宋哲宗元符二年成書。《易傳序》末，伊川自署元符二年己卯正月庚申、河南程頤正叔序。《年譜》（朱子作）亦云：「元符二年正月，《易傳》成而序之③。」

先生嘗自謂：六十以後始著書④，曰：

吾四十歲以前讀誦，五十以前研究其義，六十以前，反覆紬繹，六十以後著書。

蓋非誠積力久，充實輝光，不肯率爾操觚也。至其撰寫，當在竄徙涪州之際，〈未濟彖傳〉「雖不當位，剛柔應也。」下傳曰：

雖陰陽不當位，然剛柔皆相應。……卦之諸爻，皆不得位，故爲未濟。〈雜卦〉云：「未濟、男之窮也。」謂三陽皆失位也。斯義也，聞之成都隱者。

《年譜》「紹聖四年十一月送涪州編管。」哲宗紹聖凡四年，次以元符，元符二年正月，《易傳》已成。而〈未濟卦〉屆六十四卦之末，傳文中記成都隱者之言，正從蜀之際，知其必寫於此時。《四庫提要卷二》亦云：「《易傳》當成於編管涪州之後。」是也。《伊洛淵源錄卷四》：

伊川先生元祐初，司馬溫公薦侍講禁中。……黨禍起責涪州，先生注《周易》與門人弟子講學，不以爲憂。

《淵源錄》謂伊川在涪州註《易》，即在涪州作《易傳》也。故自涪歸，《易傳》已成，惟未刊行，猶思有以改定也，《全書卷三九外書第十二》二七頁七行：

伊川自涪歸，《易傳》已成，未嘗示人，門弟子請益，有及《易》書者，方命小奴取書篋以出，身自發之，以示門弟子，非所請，不敢多閱。

自謂期以七十，至耄則傳，《全書卷十八．伊川語三》二頁一行：

先生嘗說，某於《易傳》，今卻已自成書，但逐旋修改，期以七十，其書可出，韓退之稱：聰明不及於前時，道德日負於初心。然某於《易傳》，後來所改者無幾，不知如何，故且更期之以十年之功看如何？

《全書卷六三．伊川文集五》二九頁八行答張閎中書曰：

《易傳》未傳，自量精力未衰，尚覬有少進爾，然亦不必直待身後，覺耄則傳矣。書雖未出，學未嘗不傳也。第患無受之者爾。

迨書成已久，年踰七十，仍不肯傳以示人，重其事也，然以之講授已久，《全書卷四十粹言論書篇》四六頁下三行：

子爲《易傳》成，門人再三請傳，終不可，問其故？子曰：尚不祈有少進也乎？時已七十餘矣。

據右引，則《易傳》實成於晚年無疑。故朱子亦曰：「伊川《易傳》卻只管修改，晚年方出。」又曰：「

伊川晚年所見甚實，更無一句懸空底話（按指《易傳》）。⑤自謂於《易傳》用功至深。《全書卷三三・外書第四》二頁下四行：

自孔子贊《易》之後，更無人會讀《易》。先儒不見於《易》書者，有則不可知，見於《易》書者皆未盡，如王輔嗣、韓康伯，只以老莊解之，是何道理？某於《易傳》殺曾下工夫，如學者見問，儘有可商量，書則未欲出之也。

未嘗輕下一字，《全書卷三九・外書十二》二七頁下八行：

弟子請問《易傳》事，雖有一字之疑，伊川必再三喻之，蓋其潛心甚久，未嘗容易下一字也。

論平生著述，曰：「但有《易傳》足矣。」蓋舉畢生之精力而爲之，故其自信若此，《文公易說卷十九》曰：

伊川爲《中庸解》：疾革，命焚於前，門人問焉，伊川曰某有《易傳》在足矣，何以多爲？

《易》爲衰世之學，本憂患之書，伊川久歷憂患而作《易傳》《程傳》固憂患之書也，蓋自元祐間入侍經筵，旋爲同朝所詆排，於是遷黜遠徙，未遑寧處。

伊川侍經筵時，歸其門者甚盛，同朝遂有詆毀之者，旋以罪罷，元祐七年，復爲董逸所劾奏，紹聖間以黨論放歸田里、紹聖四年十一月，送涪州編管⑦，此其屢遭憂患之大者。

第以憂患既深，閱歷益富。《全書卷三九・外書十二》二五頁一行：

伊川歸自涪州，容色髭髮，皆勝平昔，門人問何以得此？先生曰：學之力也，大凡學者，學處患難貧賤，若富貴榮達，即不須學也。

伊川遠竄涪州，處之泰然，誠如所云處患難固須學也。《中庸》「素患難行乎患難，君子無入而不自得焉。」伊川有之，益足見其閱歷益富也。朱子云：「讀《程傳》須經歷世故多，識盡人情物理，方看得入。」⑧蓋深知《程傳》者也，伊川又深潛儒術，優游典墳，故能成一家之言，爲不朽之作。自宋而後，咸奉爲義理之宗，黃百家曰：

語學至二程，諸儒之中更醇乎其醇矣。……先生之《易傳》更足爲萬世經學斗杓也。⑨

皮錫瑞《經學通論》五〇頁：

程子於《易》，頗推王弼，然其說理，非弼所及！且不雜以老氏之旨，尤爲醇正。

後世雖間有微詞，大抵謂其略於象數而已。《文公易說卷十九》云：

程《易》言理甚備，象數卻欠在。

《四庫總目卷三》云：

宋儒若胡瑗、程子，其言理精粹，自非晉唐諸儒所可及，然於象數亦多有闕略。

然〈十翼〉解經，何嘗出入象數，此未足以病伊川也。後世知《程傳》者，無如朱子，然於《易傳》指摘尤多者，亦惟朱子，夷考其詳，大率皆在字句、文意之間，而於《易》之大義、精理，則推服之至。《文公易說卷三》問「匪寇婚媾（屯六二）」《程傳》謂「匪偪於寇難則往求於婚媾。」此說如何？先生曰：

某二十許歲時，便疑此語有病，蓋此四字之義，不應如此費力解也（董銖錄）。

又卷四，叔重問《程易》說「利用侵伐（謙六五）。」蓋以六五柔順謙卑，然君道又當有剛武意，故有利用侵伐之象。然上九亦言利用行師如何？先生曰：

便是此等有不通處。

同卷又有論賁六五《程傳》朱子曰：

伊川此卦傳，大有牽強處，「東帛戔戔」解作剪裁，恐無此理。

又卷十九問伊川不應有錯處？先生曰：

只説道理決不錯，只恐於文義名物，也有未盡。

又曰：

大抵《程傳》所以好者，其言平正，直是精密無少過處。要之，《程傳》立言，大體本之經傳，而得之於〈十翼〉者尤多。其思想之條貫，義理之體系，直承孔孟之餘緒，未足疑也。《程傳》之傳授，據楊時〈跋〉謂傳之張繹（見經義考），伊川及門高弟也。其卷數，則《宋志》所載不一，今則六卷之本通行耳。按程子《易傳》，《東都事略》作六卷，《宋書藝文志》作九卷，《二程全書》作四卷，（以上見《四庫總目》），《文獻通考》作十卷，今通行本（古逸叢書本）六卷，藝文印書館刊行。

參考書目

《二程全書》、《四庫全書提要》、《伊洛淵源錄》、《文公易說》、《宋元學案》、《經學歷史》、《經學通論》、《文獻通考》。

三、《程傳》推天道以明人事

推天道以明人事之例，發之於〈乾文言〉，伊川即承此旨而作傳。〈文言傳〉「元者，善之長也；亨者，嘉之會也；利者，義之和也；貞者，事之幹也。」《程傳》：

它卦象象而已，獨乾坤更設文言以發明其義，推乾之道施於人事。元亨利貞，乾之四德，在人，則元者，眾善之首也；亨者，嘉美之會也；利者，和合於義也；貞者，幹事之用也。

元亨利貞，乾之四德，善之長，嘉之會。……等，人事也。文言以乾之四德譬況人事，即推天道以明人事也。乾，即天也。天者，天之形體，乾者，天之性情（程傳一三頁三行），伊川作傳即本推天道以明人事之例，而尤重人事，如泰九三，由平陂往復之理（天理之必然）以明人事處泰之道，泰九三「无平不陂，无往不復，艱貞，无咎。」程傳曰：

三居泰之中，在諸陽之上，泰之盛也，物理如循環。……故於泰之盛與陽之將進，而為之戒曰：无常安平而不險陂者，謂无常泰也。无常往而不返者，謂陰當復也。平者陂，往者復，則為否矣。當知天理之必然。方泰之時，不敢安逸，常艱危其思慮，正固其施為，如是，則可以无咎。

又因天地交際之道以明人事否泰不常之理，以此爲戒，所謂「方泰之時不敢安逸也。」同頁〈象傳〉「无往不復，天地際也。」傳曰：

> 无往不復，言天地之交際也。陽降於下，必復於上；陰升於上，必復於下，屈伸往來之常理也。因天地交際之道，明否泰不常之理以爲戒也。

於豐卦，則就天地盈虛消息之理，以明處豐之時，不宜過盛，〈豐彖傳〉「日中則昃，月盈則食，天地盈虛，與時消息。」傳曰：

> 日中盛極，則當昃昳；月既盈滿，則有虧缺，天地之盈虛，尚與時消息。……於豐盛之時而爲此誡，欲其守中不致過盛。處豐之道，豈易也哉。

皆推天道以明人事之顯例，天人止一道。《全書卷十九．語四》二頁二行伊川曰：

> 道、一也，豈人道自是人道；天道自是天道。……天地人只一道也。纔通其一，則餘皆通。

《易》通天人之道，故伊川亦因自然之法象（亦即天道）以明人事，〈離彖傳〉：「離、麗也，日月麗乎天，百穀草木麗乎土。」傳曰：

> 離、麗也，謂附麗也。如日月則麗乎天，百穀草木則麗乎土，萬物莫不各有所麗，天地之中無無麗之物，在人，當麗其所麗，麗得其正，則能亨也。

日月麗天，百穀草木麗土，天地中無無麗之物，此自然之法象也。推之於人事，當各審其所麗，如孟子所謂「觀近臣，以其所爲主；觀遠臣，以其所主⑩。」之類是也。而六十四卦之大象，皆因自然之法象以明人事者也。揆其始，蓋源於人法天道（自生民之初已然），蓋人戴天而履地，環顧周遭，无往而非自然之現象與理則，隨在無不可取之以爲法。自日用飲食以迄倫紀、政制之建立，皆因天道而爲之者也。《左傳昭二十五年》夏，「趙簡子問禮於子太叔（鄭大夫）對曰：吉也聞諸先大夫子產曰：夫婦、天之經也，地之義也，民之行也。天地之經而民實則之。則天之明（日月星辰），因地之性（高下剛柔）。……爲君臣上下，以則地義，爲夫婦外內，以經二物（內、外之事）爲父子、兄弟、姑姊、甥舅、婚媾、姻亞以象天明，爲政事、庸力、行務，以從四時，爲刑罰威獄，使民畏忌，以類其震曜殺戮，爲溫慈惠和，以效天之生殖長育。」按子太叔本對趙簡子問禮，因論及倫紀、政制之建立，皆取法於天道（自然法則）蓋禮本取天地自然之法象，以定群倫之規範，而爲之綱紀也。此種法天之思想，自生民之初已萌，因應環境，促進人文，亦自然之趨勢也。《書皐陶謨》謂之天敘天秩，曰：「天敘有典，勑我五典五惇哉，天秩有禮，自我五禮有庸哉，同寅協恭和衷哉。」《集傳》「敘者，君臣父子兄弟夫婦朋友之倫敘也。秩者，尊卑貴賤等級隆殺之品秩也。勑，正。惇，厚。庸，常也。……典禮雖天所敘秩，然正之使敘倫而益厚；用之使品秩而有常，則在我而已。」按《書》言天敘天秩而繼之曰典禮者，典禮即本諸自然之文物：如天尊地卑、山高澤下之類是也。曰：勑我，曰、自我，則行之在人，而又不得不行，故曰：「同寅協恭和衷哉。」此皐陶與禹論治道，而期君臣上下協力奉行典禮以立倫紀，以定秩序，亦天人相契之義也。《易》準天地之道，曲盡萬物之理，足以開濟天下，永建人極，故能窮《易》之理，則可以得天地之妙用，知道德之本原。天道，人事，靡不著見，是天人之理，莫備於《易》矣。《全書卷四六・伊川經說第一、《易》說》三頁一行，伊川曰：

《易》之義與天地之道相似。……其義周盡萬物之理，其道足以濟天下。……模量天地之運化而不過差，委曲成就萬物之理而不遺失。通晝夜闔闢屈伸之道，而知其所以然，如此，則得天地之妙用，知道德之本原，所以見至神之妙，无有方所，而《易》之準道，无有形體。

傳右段本釋《繫傳上第四章》「《易與天地準，故能彌綸天地之道……故神无方而《易》无體。」全章。《易》道曲成萬物而不遺，所謂開物成務，以前民用也。故謂「其道足以濟天下。」《易》道範圍天地之化而不過差，故即此可以得天地之妙用（大化流行），知道德之本原（繼善成性之義，詳性命章內）。是天道，人事盡具於《易》矣。

參考書目

《二程全書》、《尚書》、《春秋左氏傳》、《書集傳》。

四、程子謂天道因人道而成，故《易傳》尤重人事

天道遠，人道邇（《左傳》）。天道不能自成，必因人道而後成。《全書卷二四・語八上》五頁三行，李嘉仲問裁成天地之道，輔相天地之宜，如何？先生曰：

天地之道，不能自成，須聖人裁成輔相之。如歲有四時，春則教民播種，秋則教民收穫，是裁

成也；教民鋤耘灌溉，是輔相也。以左右民如何？（曰）古之盛時，未嘗不教民，故立之君師，設官以治之，周公師保萬民，與泰卦言左右民皆是也。

天道不能自成，須聖人裁成輔相之，即須藉人道而後成也。聖人之裁成輔相，固原天之意，天地之大德曰生。⑪生殖長育萬物，固天德也。故《書泰誓》（僞古文尙書）曰：「天佑下民，作之君，作之師，惟其克相上帝，寵綏四方。」⑫此君師輔相之天職也。即一般禮法亦由聖人之裁成，而後以之教人。《全書卷二四．語八上》二頁，八行問祭起於聖人之制作以教人否？先生曰：

非也，祭先本天性，如豺有祭、獺有祭、鷹有祭，皆是天性，豈有人而不如物乎？聖人因而裁成禮法以教人耳。

伊川以祭法非聖人之制作，謂祭乃人物之天性，天性出於自然，聖人不過因而裁成而已。亦主以人代成天道也。《書皐陶謨》曰：「天工，人其代之。」人代天工，然後人道立而天道成。《全書卷四九．伊川經說四．春秋傳序》曰：

天之生民，必有出類之才，起而君長之、治之、則爭奪息，導之而生養遂，教之而倫理明；然後人道立，天道成，地道平。

人道既立，而後天道成，地道平。先人道者，天道固因人道而成也。天之生民，固欲其生養遂長，〈乾彖傳〉所謂「乾道變化，各正性命。」也，故曰：「觀乎聖人，則見天地。」《宋四子鈔釋卷七》一八一頁，九行：

揚子曰：觀乎天地，則見聖人，余曰不然，觀乎聖人，則見天地。

天道因人而見也，〈泰象傳〉「裁成天地之道，輔相天地之宜。」其裁成輔相之者，非人而何？《中庸》云「贊天地之化育。」亦人能贊之耳，人人有是天賦，不可忽視。以《易》立三才之道，而人介其中《說卦傳第二章》曰：「昔者聖人之作易也，將以順性命之理。是以立天之道，曰陰與陽，立地之道，曰柔與剛；立人之道，曰仁與義，兼三才而兩之，故《易》六畫而成卦。分陰分陽迭用柔剛，故《易》六位而成章。」《韓注》「設六爻以效三才之動。」三畫八卦，則下畫象地，上畫象天，中畫象人，此三才之象也。六畫成卦，則初二爲地，五上爲天，三四象人，而人道皆介乎其間也，不僅介之而已，三才以人爲中堅，故曰：「人力可以勝造化。特患人不肯爲。」《全書卷二四・語八上》十九頁下五行、隸問，如今人有養形者是否？曰：

然，但甚難。世間有三件事至難：可以奪造化之力，爲國而至於祈天永命；養而至於長生；學而至於聖人。此三事工夫一般，分明人力可以勝造化，自是人不爲耳。故關朗有「周能過曆，秦二世而亡」之說，誠有此理。

三才以人爲中堅，人力可以奪造化，此《程傳》之所以特重人事也。《易》不離乎人事，仰觀俯察，必也近取諸身。下學人事，則上達天理《全書卷三十一・外書第二》一頁八行：

凡下學人事，便是上達天理。

人事盡則天理得，天人無二理也。樊遲問仁，孔子告之曰：「居處恭，執事敬，與人忠。」⑬皆就人事之至近者言之耳。朱註引程子曰：「此是徹上徹下語」徹上者，即上達於仁也，上達於仁（仁即道也《語八上》）則天理全矣。《全書卷二十八．語十一》三頁九行，伊川曰：

能盡飲食言語之道，則可以盡去之道，能盡去就之道，則可以盡死生之道，飲食言語，去就死生，小大之勢一也，故君子之學，自微而顯，自小而彰。

右亦言下學上達之事自微而顯，自小而彰，則上下一以貫之矣。是天理因人而後明之也。宇宙眞理，惟人能表而出之，以人爲天地之心故也（《語一》二十一頁）《禮記祭義》亦言「聖人建陰陽天地之情，立以爲《易》。」《鄭注》「立以爲《易》，謂作《易》。」非僅《易》書由人而成，天地之道，亦因人以立矣。

參考書目

《二程全書》、《尚書》、《宋四子鈔釋》、《論語集註》、《禮記》。

五、程子以義理說《易》源於〈彖傳〉

伊川嘗謂萬物一理，故主類推以窮理。《全書卷十六．語一》十九頁下，二行，伊川曰：

格物窮理，非是要盡天下之物，但於一事上窮盡，其他可以類推。……如一事上窮不得，且別窮一事。或先其易者，或先其難者，各隨人深淺，如千蹊萬徑皆可適國，但得一道入得便可，所以能窮者，以爲萬物皆是一理，至如一物一事雖小，皆有是理。

萬物一理之「理」，伊川指言天地萬物所普徧表現之原理，即形上意義之「理」。此「理」一本絕待，爲萬有之根原，故謂「萬物一理」，又復散爲萬殊，故曰：「一物一事雖小，皆有是理。」知理之爲一，故可類推以求之。以類而推，乃切問近思之學。⑭自近而遠，下學上達，本末先後、小大一貫，此伊川善於說理之樞機也。伊川以理說經，本之〈彖傳〉，〈彖傳〉善於推理，曲盡天人之蘊，實開義理之先河。觀頤、咸……等卦〈彖傳〉之推理可知，於頤卦、就卦辭「觀頤」以推論自養、養賢以及萬民，所謂推頤之道也。〈頤卦辭〉「觀頤自求口實」〈彖傳〉「頤貞吉，養正則吉也。觀頤，觀其所養也。自求口實，觀其自養也。天地養萬物，聖人養賢以及萬民，頤之時大矣哉。」伊川本〈彖傳〉推養之義，復推及一人之養生、養形、養德、養人，同頁二行，傳曰：

> 聖人設卦推養之義，大至於天地之養萬物，聖人養賢以及萬民，與人之養生、養形、養德、養人，皆頤養之道也。動息節宣，以養生也；飲食衣服，以養形也；威儀行義，以養德也；推己及物，以養人也。

又中大象「飲食言語」，推而至於命令政教。〈頤大象〉「山下有雷頤，君子以愼言語，節飲食。」傳曰：

> ……以上下之義言之，艮止而震動，上止下動，頤頷之象。以卦形言之，上下二陽，中含四陰，外實中虛，頤口之象，口之所以養身也，故君子觀其象以養其身；愼言語以養其德；節飲食以養

其體，不惟就口取養義，事之至近而所繫至大者，莫過於言語飲食也，在身爲言語，於天下，則凡命令政教出於身者皆是，愼之則必當而無失；在身爲飲食，於天下，則凡貨資財用，養於人者皆是。節之則適宜而無傷。推養身之道，養德，養天下莫不然也。

「故君子觀其象以養其身」三句，以盡大象言人事之義。「不惟就口取養義」以下，則伊川推理之文也。故又曰「推養身之道」云，此伊川直法〈彖傳〉之推理也。〈彖傳〉即咸卦辭「取女吉」推極咸道，以盡天地萬物之理，則因人事以上推天道也。咸卦辭：「咸亨利貞，取女吉。」〈彖傳〉曰：「咸、感也，柔上而剛下，二氣感應以相與，止而說，男下女，是以亨利貞，取女吉也，天地感而萬物化生；聖人感人心而天下和平，觀其所感，而天地萬物之情可見矣」傳曰：

既言男女相感之義，復推極感道，以盡天地之理。……。

又即卦辭「習坎」之文，推言天地之險以及王公設險、用險之道，則因卦象而推及人事也。〈坎卦辭〉「習坎」。〈彖傳〉「習坎，重險也。……天險不可升也；地險，山川丘陵也。王公設險以守其國，險之時用大矣哉。」伊川於〈彖傳〉下，又明尊卑貴賤之所由分，以杜絕陵僭，體險之用，是因〈彖傳〉推險之義，而又廣險之用。此伊川善於說理之所本也〈程傳〉於〈彖傳〉右段下曰：

高不可升者，天之險也；山川丘陵，地之險也。……山河城池，設險之大端也。若夫尊卑之辨，貴賤之分，明等威，異物采，凡所以杜絕陵僭，限隔上下者，皆體險之用也。

參考書目

《二程全書》、《文公易說》、《易圖明辨》、《周易折衷》。

六、《程傳》略見義理一詞之內容

《六經》皆義理之教，言義理，自以《六經》爲淵海，而《易》又會《六經》之義理而握其環中。⑮天人性命，人倫日用之理，鉅細靡不該貫，此班孟堅所以以《易》爲《五經》之原也。《漢書藝文志》曰：「《六藝》之文，《樂》以和神，仁之表也；《詩》以正言，義之用也；《禮》以明體，明者著見，故無訓也；《書》以廣聽，知之術也；《春秋》以斷事，信之符也。五者蓋五常之道，相須而備，而《易》爲之原，故曰：《易》不可見，則乾坤或幾乎息矣，言與天地爲終始也。」《程傳》言義理，每含正、義、道、德諸義。《程傳》一三九頁八行，頤六三，「拂頤、貞凶，十年勿用，无攸利。」傳曰：

頤之道，唯正則吉。三以陰柔之質而處不中正，又在動之極，是柔邪不正而動者也，其養如此；拂違於頤之正道，是以凶也。得頤之正，則所養皆吉，求養、養人，則合於義，自養則成其德，三乃拂違正道，故戒以十年勿用。

〈象傳〉「十年勿用，道大悖也。」下傳曰：

所以戒終不可用，以其所由之道，大悖義理也。

本爻下，《傳》曰：「正」、曰「義」、曰「德」、曰「正道」，皆啓下行「義理」二字，前文謂六三「拂違正道」。〈象傳〉下《程傳》即曰：「大悖義理。」此明以「義理」對「正道」而言也（以義理代正道一詞）。又曰：「得頤之正」，「則合於義」，「則成其德」。皆假設六三能如此，則不悖義理，亦以「正」、「義」、「德」等字，針對「義理」而言。是「義理」一詞，含有正、義、德、正道之義無疑。亦曰「正理」《程傳》二〇三頁七行〈損卦辭〉下曰：

損，減損也。凡損抑其過以就「義理」，皆損之道也。……損而順理，則大善而吉。……人之所損，或過或不及，或不常，皆不合正理。

損之道，以義理爲準，過與不及，皆不合「義理」，即不合「正理」，故義理、正理，二名同實。理無不正，無不當義也。「義」也、「正」也，特「理」字之狀詞耳。亦曰「常理」，皆目義理《程傳》二六五頁二行〈歸妹彖傳〉下，曰：

男女有尊卑之序，夫婦有唱隨之理，此常理也。苟不由常正之道，循情肆欲。……則夫婦瀆亂。……夫陰陽之配合，男女之交媾，理之常也。然從（縱）欲而流放，不由義理，則淫邪無所不至，豈人理哉？

循情肆欲，非正道，自非常理，是所爲不由義理也。故曰：「從欲流放，不由義理。」則「義理」即與「常理」、「正道」同訓矣。又謂義理之精微曰「至善」，則「義理」，實萬善、萬理、諸德、百行之總名也。《全書卷十六・語一》三十八頁一行，伊川曰：

止於至善，不明乎善。此言善者，義理之精微，無可得名，且以至善目之。

按字訓、「理」字，當爲玉之文理。⑯引申爲一切有條理、有系統之名。義者事物之裁制，實含「正當」之意。「義理」者，「義」爲狀字，即正當之理而已也。由《程傳》則「義理」一詞已豁然貫通，怡然理順矣。

參考書目

《漢書藝文志》、《二程全書》、《孟子》。

七、程子以〈十翼〉解經

以〈十翼〉解經，《程傳》中亟見，〈彖傳〉〈象傳〉常引之矣，如〈乾初九〉爻下，引〈彖傳〉「乾道變化」句、〈履卦辭〉下引〈彖傳〉「柔履剛」之文，〈剝卦辭〉下引〈彖傳〉「消息」之文皆是。引〈象傳〉以釋經文者，如〈恆初六〉爻下，用〈象傳〉「始求深」之意，〈象傳〉「浚恆之凶，始求深也」下，傳曰：

初居下而四爲正應，柔暗之人能守常而不能度勢。四震體而陽性，以剛居高，志上而不下，又爲二三所隔，應初之志異乎常矣。而初乃求望之深，是知常而不知變也。……守常而不度勢，求望於上之深，堅固守此，凶之道也。

〈蹇九三〉用〈象傳〉「內喜」之意，〈象傳〉「往蹇來反，內喜之也。」同頁八行，本爻下，傳曰：

> 九三以剛居正，處下體之上，當蹇之時，在下者皆柔必依於三，是爲下所附者也。三與上爲正應，上陰柔而無位，不足以爲援，故上往則蹇也。來，下來也，反，還歸也。三，爲下二陰所喜，故來，爲反其所也，稍安之地也。

〈復六二〉用〈象傳〉「下仁」之文，〈姤九四〉用〈象傳〉「遠民」之意皆是。《程傳》二三一頁四行〈姤九四〉爻〈象傳〉「无魚之凶，遠民也。」同頁一一行傳曰：

> 四當姤遇之時，居上位而失其下，下之離，由己之失德也。四之失者，不中正也。以不中正而失其民，所以凶也。……在四而言，義有當咎，不能保其下，由失道也。豈有上不失道而下離者也。……四以下睽，故主民而言。……。

傳曰「下之離」，曰「失其民」，皆「遠民」之事。民之離己則失其民，即由己自取之也，故曰「由己之失德也。」伊川於〈象傳〉下又曰「遠民者，己遠之也。」此純用〈象傳〉「遠民」之說。引〈繫傳〉釋經者尤多。如謙六四引〈繫傳〉「多懼」⑰之文，〈噬嗑初九〉引「小懲而大誡」⑱數句，上九引「惡積而不可掩」（章同上）二句，〈大過初六〉引「藉用白茅」一段⑲咸九四引「天下何思何慮」⑳一段，〈解上六〉引「隼者禽也。」㉑之語，鼎九四引「德薄而位尊」㉒數句，皆藉以闡明經義，遂有冰釋之效，伊川尤愛〈繫傳〉文字，謂如化工之生物，元氣淋漓，而生意無既也。《宋四子鈔釋卷四》一三六頁九行曰：聞有《五經解》已成否？伊川曰：

惟《易》須親撰，諸經，則關中諸公分去，以某說撰成之。……聖人文章自深，與學為文章者不同，如〈繫辭〉之文，後人決學不得，譬之化工生物，且如生出一枝花，或有剪裁為之者，或有繪畫為之者，有時雖似相類，然終不若化工所生，自有一般生意。

伊川至愛〈繫辭〉文章，謂如造化之生物，無一毫人為之跡，即以〈繫辭〉非聖人莫能為也。又〈比卦辭〉下引「比樂師憂」、〈未濟彖傳〉下，引「未濟，男之窮也。」則〈雜卦傳〉之文也。而復以〈序卦傳〉分冠於六十四卦之首，此其尤著者也。〈十翼〉首以義理釋經，費氏又以〈十翼〉解經《漢書卷八十八儒林傳》曰：「費直，字長翁，東萊人也。治《易》為郎至單父令，長於卦筮，亡章句，徒以彖象系辭十篇文言解說上下經。」故伊川作傳，即本〈十翼〉之義理，又不失費氏之家法也。

參考書目

《宋四子鈔釋》、《漢書儒林傳》、《周易正義》。

八、程子踐履在《易》

坤六二：「直方大，不習无不利。」伊川以為即孟子所謂至大至剛以直（浩然之氣）也。坤六二爻下，傳曰：

二陰位在下，故為坤之主，統言坤道。中正在下，地之道也。以直方大三者形容其德用，盡地之道矣。由直方大，故不習而无不利。……直方大，孟子所謂至大至剛以直也。在坤體故以方易剛，猶貞加牝馬也。言氣、則先大，氣之體也。於坤、則先直方，由直方而大也。

〈文言傳〉又申之曰：「君子敬以直內，義以方外。」曰：「直其正也，方其義也。君子敬以直內，義以方外，敬義立而德不孤，直方大，不習无不利，則不疑其所行也。」《程傳》即謂主敬守義，內直外方曰：

直言其正也，方言其義也。君子主敬以直其內，守義以方其外。敬立而內直，義形而外方，義形於外，非在外也。敬義既立，其德盛矣。

伊川之剛直主敬，蓋於此深有所契，故云「敬以直內，便有浩然之氣」（《語一》）。伊川平生學術行誼，舉在於斯。故謂「切要之道，無如敬以直內。」（《語一》十四頁二行）其教人也，直用敬以直內爲本。《全書卷三十九．外書第十二》三二頁下三行：

尹彥明與思叔同時師事伊川先生。思叔以高識，彥明以篤行，俱爲先生所稱。常以先生教人，專以敬以直內爲本，彥明獨能力行之。

同頁七行，彥明嘗言：

先生教人，只是專令敬以直內。若用此理，則百事不敢輕爲，不敢妄作，不愧屋漏矣，習之既久，自然有所得也。

涵養須用敬，爲程門口訣，蓋亟言之矣，伊川即以此（敬以直內）爲操存之道，《全書卷十六．語一》十二頁三行，有言未感時，知如何所寓？先生曰：

操則存，舍則亡，出入無時，莫知其鄉（向），更怎尋所寓？只是有操而已，操之之道，敬以直內也。

未感之時，寂然不動，心固在腔子裏，何須尋所寓，曰：「只是有操而已。」則伊川以敬爲操存（按指心）之道也。故持己莊敬，至愛《禮記表記》中說：「君子莊敬日彊，安肆日偷。」蓋常人之情，才放肆，則日就曠蕩，自檢束，則日就規矩。持躬嚴整，每引大義以自重。《宋四子鈔釋卷八》一八七頁十一行：

元祐初，文路公以太師平章軍國重事，召程正叔爲崇政殿說書，正叔以師道自居，侍上講，色甚莊，以諷諫，上畏之，路公對上甚恭，進士唱名，侍立終日，上屢曰：太師少休，頓首謝，立不去。時年九十矣。或問正叔曰：君之倨、視路公之恭，議者以爲未盡。正叔曰：路公三朝大臣，事幼主，不得不恭；吾以布衣爲上師傅，其敢不自重，吾與路公，所以不同也，議者服其言。

與人相聚，不苟言笑，坐中無不肅然，《全書書卷三十九．外書十二》三〇頁九行：

明道猶有謔語，若伊川則全無。……伊川直是謹嚴，坐間無問尊卑長幼，莫不肅然。

即過其門者，亦未嘗不肅也。《全書卷二十八．外書十一》三頁下五行：

朝廷議授游定夫以正言，蘇右丞沮止，毀及伊川，宰相蘇子容曰：公未可如此，頌觀過其門者，無不肅也。

黃百家云：「先生從踐履入，非聖人之書不敢觀。」㉓又曰：「二程氣質剛方，文理密察，以削壁孤峰爲體。」㉔皆爲實錄。然伊川雖方正謹嚴如是，又能通識體要，不落迂闊，《全書卷十九・語四》五十一頁下、八行，問行不由徑，是小路否？曰：

只是不正當處，如履田疇之類，不必不由小路，昔有一人，因送葬回，不覺被僕者引自他道歸，行數里方覺不是，卻須要回就大路上，若此非中理，若使小路便於往來，由之何害？

即行不必不由徑，視其中理與否，中理雖徑可由，孟子曰：「言不必信，行不必果，惟義所在。」㉕即此之謂，宋儒嚴義利之辨，對「利」字深惡痛絕，不肯輕出諸口，然伊川謂利未嘗不可欲，仁義、即利之大者。《全書卷二十》四頁一行「利貞者性情也」言利貞便是乾之性情，因問利與以利爲本之利同否？先生曰：

凡字只有一個，用有不同，只看如何用。凡順理無害處便是利。君子未嘗不欲利，然孟子言何必曰利者？蓋只以利爲心則有害，如上下交征利而國危，便是有害，未有仁而遺其親，未有義而後其君便是利，仁義未嘗不利。

伊川謂「君子未嘗不欲利。」惟順理無害可也。故又曰：「仁義未嘗不利。」毫無固執拘泥之病，誠達人之言也。然其受《易》理（如利貞者性情也，利者、義之和也，皆見〈乾文言傳〉）之影響，亦至明白。伊川既主敬以直內，於事、又槪以義爲斷，此即敬義夾持之功也。其居敬窮理，由德性實踐以立人極有如此。門人尹彥明稱：「先生踐履盡一部《易》」㉖清人賀西涯云：「必如伊川之踐履盡《易》，則天人合矣。」㉗誠非虛譽。明儒高攀龍，以爲「伊川與曾子一般。」㉘蓋其誠篤弘毅有如曾子，加以沈潛《易》理與學問之功，交相修淬，其出處進退，大節卓立，非偶然也。伊川推其主敬，敬己、敬事，故雅重眞知實見。《全書卷十六．語一》三頁九行：

人皆稱柳下惠爲聖人，只是因循前人之語，非自見。假如人言孔子爲聖人，也須直待己實見聖人處方可信。

凡有眞知實見者，必不肯輕易信從，惟知之眞而後能信之篤也。眞知實見，自須從務實入，故曰：「今之學者，往往以游夏爲小不足學，然游夏一言一事，卻總是實。如子路公西赤言志如此㉙，聖人許之，亦以此自是實事，「後之學者好高，如人游心於千里之外，然自身卻只在此（同頁三行）。」此即伊川篤實之風，必如此而後始有眞知實見也。眞知實見由學而後得，學貴自得，故以爲學須潛心玩索，不可徒求諸文字。同卷二十一頁八行：

所謂日月至焉，與久而不息者；所見規模雖略相似，其意味氣象迥別，須潛心默識，玩索久之，庶幾有得！學者不學聖人則已，欲學之，須熟玩味聖人之氣象，不可只於名上理會，如此，只是講論文字。

於事物須見其實理，而後眞知實得。同卷六頁三行：

人苟有朝聞道，夕死可矣之志，則不肯一日安於所不安也。何止一日，須臾不能，如曾子易簀。㉚

須要如此乃安，人不能若此者，只爲不見實理，實理者，實見得是，實見得非，凡實理得之於心自別，若耳聞口道者，心實不見。

於事理，則無徵不信，故以《素問》有驗之言爲善，蓋篤實之至，同卷三十三頁二行：

《素問》之書，必出於戰國之末，觀其氣象知之。……然善言亦多！如言：善言天者，必有驗於人；善言古者，必有驗於今，善觀人者，必有見於己。

善言天者三句，似出於《荀子性惡篇》云：「故善言古者，必有節於今；善言天者，必有徵於人。」清姚際恆《古今僞書考》，內有《素問》，然伊川已疑之矣，故曰「必出於戰國之末。」而善其言者，固不以書廢言也。此亦見伊川篤實之處。由敬己、敬事，於事物見其實理，於事理無徵不信，盡其在我，故能爲宋儒之任者，常自謂得聖人之學，願以身任道。《全書卷六〇，伊川、文集二、元祐元年上太皇太后書》十四頁下一行。

陛下擇臣於草野之中，蓋以其讀聖人書，聞聖人道。……竊以聖人之學，不傳久矣，臣幸得之於遺經，不自度量，以身任道，天下駭笑者雖多，而近年信從者亦衆。

教人當以天下事自任。《全書卷二十五．語八下》七頁下四行：

學者不可不通世務，天下事譬如一家，非我爲，則彼爲，非甲爲，則乙爲。

踐形盡性，人之天職，人須盡人道。《全書卷十九．語四》四十二頁下三行：

惟聖人然後踐形，言聖人盡得人道也，人得天地之正氣而生，與萬物不同！既爲人須盡得人理。

於《易》立人之道曰仁與義（見說卦傳，已引見上）。伊川平時居仁由義，篤實踐履，未有外此者也，綜伊川一生，敬以直內、義以方外，敬義立而德不孤，此皆伊川潛心《易》道之功，充積力久，不自知其與《易》而爲一也。

參考書目

《二程全書》、《宋四子鈔釋》、《宋元學案》、《文公易說》、《清儒學案》、《明儒學案》、《荀子》、《古今僞書考》、《周易本義》。

九、程子發明易道明近之旨

伊川於〈大畜卦辭〉下，首發《易》道明近之旨，〈大畜卦辭〉「大畜利貞，不家食吉，利涉大川。」傳曰：

莫大於天而在山中，皆蘊畜至大之象也。在人、爲學術道德充積於內，宜在上位以享天祿，施爲於天下，則不獨一身之吉。……故不家食則吉，所畜既大，宜施之於時，濟天下之艱險，乃大畜之用也，故利涉大川，此只據大畜之義而言，象更以卦之才德而言，諸爻則唯有止畜之義，蓋《易》體道隨宜，取明且近者。

據傳所云「卦辭只取大畜之義」，〈彖傳〉更以卦之才德，「剛健篤實輝光，日新其德」而言，諸爻惟取止畜之義，皆至明近而切於人事，曰「體道隨宜」者，道不遠人，隨事之宜，而辭各有當，要以明近爲宗旨也。《易》推天道以明人事，人事固自明近者也。蓋《易》書自漢儒以降，歷代傳註，徒騖高遠，穿鑿大義，使《易》道榛蕪，日以否塞，伊川欲以明近之理，廓而清之，用意良深！《易傳序》曰：「求言必自近，易於近者，非知言者也。」蓋言以明道，尤貴簡約。《全書卷十九．語四》五十六頁下一行：

> 言貴簡，言愈多，於道未必明？杜元凱卻有此語云「言高則旨遠，辭約則義微。」（按杜預《春秋經傳集解序》中語）大率言語須是含蓄而有餘意，所謂「書不盡言，言不盡意」（見上繫第十二章，孔子語）

故聖人之言至尋常，亦至簡約《全書卷十六．語一》十五頁末行：

> 聖人之言依本分，至大至妙事，語之若尋常，此所以味長。釋氏之說，纔見得些，便驚天動地，言語走作，卻是味短。

又極稱孟子「不下帶」之言，蓋有深意。《全書卷三十一．外書二》五頁五行，伊川曰：

> 不下帶，言近也。

《全書卷三十四，外書六》十八頁下四行，伊川曰：

> 帶，蓋指其近處。下，猶舍也。離也，古人於一帶，必皆有意義，不下帶而道存，猶云只此，便有至理存焉。

按《孟子盡心下篇》曰：「言近而旨遠者，善言也；守約而施博者，善道也。君子之言也，不下帶而道存焉。」「不下帶而道存焉」，孟子即以申說「言近而旨遠」句之意。取言貴乎明近也。《六經》之言，明白正大，非故隱微其說，使人難以解喻，而注疏家，昧前人立言之本旨，好奇立異，徒逞臆說，有愧《程傳》多矣，朱子謂「《程傳》說理平淡，而義理平鋪如見」誠爲知言。《文公易說卷十九》曰：「程子此書平淡地慢慢委曲，說得更無餘蘊，不是那敲磕逼匝出底，義理平鋪地放在面前，只如此等行文，亦自難學。如其他峭拔雄健之文卻可做，若《易傳》淡的文字，如何可及。」（吳必大錄）解經，談義理之文字，自以平淡爲上乘，非重文字間也。朱子謂《易傳》「淡的文字，如何可及。」誠爲確論。亦深得伊川之心也。故知《程傳》言明白簡易之理，無艱深苦澀之辭，說經固宜如是，蓋義理之言如布帛菽粟，平淡味永，何嘗遠人乎哉。

參考書目

《二程全書》、《孟子》、《文公易說》。

十、程子以《易》爲有用之學

《易》非無用之空言。伊川以《易》爲有用之學，六爻人人可用《全書卷二十・語五》三頁下三行，伊川曰：

> 看《易》且要知時，凡六爻人人有用。聖人自有聖人用，賢人自有賢人用，衆人自有衆人用，學者自有學者用，君有君用，臣有臣用，無所不通，因問坤卦是臣之事，人君有用處否？先生曰：是何無用？如「厚德載物」，人君安可不用？

《易》以卦爻爲本，六畫而成卦，六爻人人可用者？六十四卦體貌宇宙之現象，窮萬有之變化，人物無不納入六十四卦三百八十四爻之中，人人可用，則《易》爲有用之學矣，太初用《易》以占吉凶，迨文、周系之以辭，而卦爻之象與理，因之（辭）而大明，後人又因象取理以行事，自恐懼修省，備物致用（繫傳所云蓋取者十餘卦）以迄倫常政制之建立，無不有資於《易》，《易》爲有用之學至明。而又云「看《易》且要知時」者，《易》以六爻往來升降於六虛之間，時異位移，變通無窮，而萬有變化之跡象以著，故曰：「以通神明之德，以類萬物之情。」（下繫第二章）然則《易》不惟有用，而其用誠宏通矣，故以治經爲實學，道理之精粗，森列其中，焉得不實。《全書卷一．語一》二頁下四行：蘇季明嘗以治經爲傳道居業之實，質之兩先生，伯淳先生曰：

> 修辭立其誠，不可不仔細理會。……修辭立其誠，爲實修業處。正叔先生曰：治經，實學也。譬諸草木，區以別矣。道之在經，大小遠近，高下精粗，森列於其中，譬諸日月在上，有人不見者，一人指之，不如衆人指之自見也。

《六經》之理，莫實於《易》，陳淳即以《程傳》爲「實學」，以其切近人事也，陳淳曰：「自秦以來，《易》幸全於遺燼，道則晦而不章，卑者泥於窮象數，而穿鑿附會爲災異之流；高者溺於談性命而支離放蕩，爲虛無之歸。程子蓋深病焉，於是作傳以明之，一掃諸儒之陋見，而傳即日用事物之著，發明人心天理之實學者，於是始知《易》為人事切近之書。（經義考卷二十）。」魏了翁曰：「程《易》明白正大，切於治身，切於用事，未易輕議，故無智愚皆知好之（同上經義考卷二十）。」蓋伊川作傳歸本「窮理盡性至命」之旨，自性命之理，教戒之義，治化之要，凡修己治人之道，靡不具備，美為實學，其為用誠宏遠矣。《易傳》成於晚年，朱子謂「伊川所見甚實，實則有用。」《文公易說卷十九》曰：「伊川晚年所見甚實，更無一句懸空說底話，今觀《易傳》可見，何嘗有一句不著實。」更就《易》道本身言，以不易為體，以變易隨時為用。大中至正之道，何施而不可，無往而非宜，固切實而有用也。吳澂曰：「若程子之傳，則因文王周公之辭，以發其眞知實踐之理，推之為修齊治平之用，宜與三古聖人之《易》而為四，非可以傳註論。」李瓚又曰：「伊川之《易》，有用之學也，自是程氏之《易》，與孔子〈十翼〉同功，非特解經而已，或者例以注疏觀之，非眞知程子者也。」㉜按《易》本為有用之學，六十四卦之大象多著「君子以」之語，尤為明證。《程傳》會天人之理而歸之於人事，既不昧其本原，而又人可施行，使《易》之大用，益以恢廓，伊川之力也，李瓚謂與〈十翼〉同功，非溢美之語也。

參考書目

《二程全書》、《經義考》、《文公易說》、《周易互言總論》。

【附註】

① 《孟子萬章下篇》孟子謂萬章曰：「一鄉之善士，斯友一鄉之善士。……以友天下之善士爲未足，又尚論古之人，頌其詩、讀其書，不知其人可乎？是以論其世也，是尙友也。」

② 本節參閱《宋史本傳》、《宋元學案》等書。

③ 《二程全書卷二十九》三十五頁四行。

④ 《二程全書卷二十七・伊川語第十》五頁下四行。

⑤ 皆見《文公易說卷十九》。

⑥ 呂堅中記尹和靖之語。

⑦ 皆見《年譜》朱子作。

⑧ 《文公易說卷十九》。

⑨ 《宋元學案・伊川學案下》三七七頁二〇行。

⑩ 《孟子萬章上》萬章問曰：「或謂孔子於衛主癰疽，於齊主侍人瘠環有諸乎？（主、舍於其家，以之爲主人）孟子曰否。不然也。……吾聞觀近臣以其所爲主（爲誰之主人），觀遠臣，以其所主（所投之主人）若孔子主癰疽與侍人瘠環，何以爲孔子？」

⑪ 《繫傳下第一章》曰：「天地之大德曰生。」

⑫ 按《孟子梁惠王下》有此數句曰：「書曰，天降下民，作之君，作之師，惟曰，其助上帝寵之，四方有罪無

罪惟我在，天下曷敢有越厥志。」

⑬《論語子路》樊遲問仁，孔子告之曰：「居處恭，執事敬，與人忠，雖之夷狄，不可棄也。」

⑭《全書伊川語八上》九頁三行。

⑮《莊子齊物論第二》曰：「彼亦一是非，此亦一是非，果且有彼是乎哉，果且無彼是乎哉，彼是莫得其偶，謂之道樞，樞始得其環中，以應無窮。」注：「今以是非爲環而得其中者，無是無非也。無是無非，故能應夫是非，是非無窮，故應亦無窮。」

⑯他物其文多在外表，惟玉之文，自外徹內，表裏如一。故以爲一切有條理、有系統之名，《說文》訓「理」爲治玉，似有未足。

⑰〈下繫第八〉曰：「二多譽，四多懼，近也。」

⑱〈下繫第四〉子曰：「小人不恥不仁。……不威不懲，小懲而大誡，此小人之福也。」

⑲〈上繫第七〉初六藉用白茅、无咎，子曰：「苟錯諸而可矣，藉之用茅，何咎之有，愼之至也，夫茅之爲物薄，而用可重也，愼斯術也以往，其無所失矣。」

⑳〈下繫第三〉子曰：「天下何思何慮，天下同歸而殊途，一致而百慮，天下何思何慮。」

㉑〈下繫第四〉子曰：「隼者禽也，弓矢者器也，射之者人也，君子藏器於身，待時而動，何不利之有，動而不括，是以出而有獲，語成器而動者也。」

㉒〈下繫第四〉子曰：「德薄而位尊，知小而謀大，力小而任重，鮮不及矣。」

㉓《宋元學案卷十六．伊川學案下》三七七頁二〇行。

㉔同上卷三一六頁一行，黃百家語。

㉕《孟子離婁下》孟子曰：「大人者，言不必信，行不必果，惟義所在。」

㉖《文公易說卷十九》

㉗《清儒學案卷一四〇》三〇頁。

㉘《明儒學案》六四一頁十八行。

㉙《論語先進篇》「子路曾晳冉有公西華侍坐，子曰：以吾一日長乎爾，毋吾以也。居則曰：不吾知也，如或知爾，則何以哉？子路率爾而對曰，千乘之國；攝乎大國之間，加之以師旅，因之以饑饉，由也爲之，比及三年，可使有勇，且知方也，夫子哂之。求爾何如？對曰：方六七十，如五六十，求也爲之，比及三年，可使有勇，如其禮樂，以俟君子。赤爾何如？對曰：非曰能之願學焉，宗廟之事如，會同，端章甫，願爲小相焉。……」

㉚《禮記檀弓上第三》「曾子寢疾病，樂正子春坐於牀下，曾元曾申坐於足，童子隅坐而執燭，童子曰：華而睆，大夫之簀與！子春曰：止，曾子聞之，瞿然曰呼！曰：華而睆，大夫之簀與，曾子曰：然，斯季孫之賜也，我未之能易也，元起易簀，曾元曰：夫子之病革矣，不可以變，幸而至於旦，請敬易之，曾子曰：爾之愛我也不如彼，君子之愛人也以德，細人之愛人也以姑息，吾何求焉，吾得正而斃焉，斯已矣，舉扶而易之，反席未安而沒。」

㉛ 元石一鰲《周易互言總論序》中語。

㉜ 《經義考卷二十》。

第二章　伊川易學之基本思想

研習一家之學術，必先尋其中心思想，孟子所謂觀水有術必觀其瀾（《孟子盡心上》）是也。北宋理學大師，無不言《易》，亦無不知《易》。考諸儒立言，所以不遠於《易》道者，以大《易》建立本體論，宇宙、人生，靡不含蘊於其中，明其一義，足資應用；發其至理，自能成家。況伊川畢生精神，盡萃於《易》，其《易》學之基本思想，幾無一不與《易》理相契，源源本本，悉可推溯，條理脈絡，每易指陳，觀其立言，自以論道之文居多，其釋道也，每自天道以敷暢之，以《易》善言天道也。論道之體用，本《易傳》形而上下之分，自《形》字引而上下，益見體用之一貫，伊川善推此理，故於道與理，理與氣，皆別之以體用，並以之說明性理及諸倫常行爲，其運用至爲廣泛。後之言體用者，無以復加矣，論《易》道，一本生生、元、仁之義而推衍之，統之有宗也。《易》本陰陽，有對待之理，伊川謂天地之間，物皆有對，凡相待之二物，雖相反相距，實則相須相求，反，適以成其用，相待之著者，莫如陰陽，因二氣之交感和合遂成生物之功，而爲大化之樞機，以其每動故也，故就本體之恆性而言動，明其本爲健動之體，動，爲本體之動，其所以動之理，爲生機之自然顯露，動與變相資爲用，陰陽實爲變化之原動力，《易》之大義，以變易爲主，不變不足以顯用，一變一動，無端無始，而天地賴之以恆久，故恆久之道，又以動與變爲其基則也。動，則氣化不息，變則富有日新，故恆久爲天地之常性，而非一成不變之謂，故《易》又尙變通之中道，以象天地之化變而有常，其變而之通者，莫大乎四時，此天地之中道也。所謂君子而時中，執兩而用中，皆本變通之義，以盡人事之用，時止久速，其尤顯者也。若論中德，則不偏不倚，固已觀其會通，酌乎時宜，所謂天理之中，全體瑩澈，固寂然而不動者，然感而遂通天下之故，則感通之道，又以中德爲經也，感通，乃物類之質性，生生不已之本能，萬有莫不相對相反，而復相感相應，以致生、成、變化之功，道之一陰一陽，即相與感通而無窮已，感通之至，無遠近幽深之間，雖天人亦有相應之理，即此而求天人之合德，亦理之自然耳。合之在人，主乎一心；心具天德，故天人之合，主在乎人，自情性、修爲以復其天德，則自合於道，伊川論天人之合，則以道爲依歸，天人之德，悉合於道，道無天人之別，論其本源，安有不合，故認人之本心、眞心之流露，即見天人合一之境界，則感通之力亦與焉。此伊川《易》學之基本思想，其體系之完整渾融，思惟之密察無間，善觀之者，亦可以默識而心通也，分述於下：

一、道

(一)道之訓釋

「道」字見於載籍者，幾不可勝舉。自六藝經傳，旁及百氏之書，無不競言侈陳，以爲立說之依據，所謂「文以載道」是也。然「道」之名實，究非如具體事物之可歷歷指目，故言之者固衆，得之者實寡。逮宋明理學諸大師於「道」之訓釋，始別具哲理，而伊川程子之言道，尤富形上之意義，伊川畢生精力注於《易》學，其於道之訓釋，多自大《易》紬繹而出，伊川以「天」爲道之專名，帝、鬼神、乾，爲道之別稱。《程傳》二三頁二行〈乾卦辭〉「乾、元亨利貞」下，曰：

> 乾、天也，天者、天之形體，乾者、天之性情。夫「天」專言之則道也，天且弗違是也；分而言之，則以形體謂之天，以主宰謂之帝，以功用謂之鬼神，以性情謂之乾。①

兩處均言天、帝、鬼神、乾、道，名殊而實一。伊川曰：「夫天專言之則道也。」是以「天」爲道之總名也。「天」，總攝「道」字，是「天」，即道也。《全書卷四》六頁下，伊川曰：

> 《易》言天不同，如天道虧盈而益謙，此通上下理亦如此，如言「天且弗違」，此直謂形而上者。

按《易傳》「形而上者謂之道（《繫上第十二》）。」仍是「天即道也。」明儒王陽明曰：「心即道，道即天。」②即本伊川之意。天即道者，蓋天者，道之本原，又理之所由出。朱子故謂「道之本原出於天而不易；其實體備於己而不可離。」③清儒王夫之曰：「天者，理而已矣，得理則得天矣。」④皆推衍伊川之意，同以「天」，爲道之代稱。分言之，曰天、曰道，連言之則曰「天道」。天道，爲自然之法則，日月經天，四運代序，天道之大者，伊川又以法則訓「道」字，〈明夷六二象傳〉：「六二之吉，順以則也。」傳曰：

六二之得吉者，以其順處而有法則也。則，謂中正之道。

按此以則訓「道」字，又以則爲法則，又〈明夷上六象傳〉「後入於地，失則也。」傳曰：

後入於地，失明之道也，失則，失其道也。

此仍以則釋「道」字，道，則互訓，道自有則，故有物必有則（大雅蒸民），天道，爲天之法則，〈乾文言傳〉「乾元用九，乃見天則。」傳曰：

用九之道，天之則也。天之法則，謂天道也。

「道」，爲自然之法則，此語至關緊要，亦至明確允當之訓釋。道爲自然之法則，天人悉在其中，《全書卷十九》一頁九行，人問盡人道謂之仁，盡天道謂之聖，何如？伊川曰：

此語固無病，然措意未是。安有知人道而不知天道者乎？道一也，豈人道自是人道，天道自是天道，《中庸》言「盡己之性。……則可以贊天地之化育」此言可見矣。

伊川論道，雖屢言天道，人道自在其中，道無天人之別，《中庸》「誠者，天之道也，誠之者人之道也」，已通天人爲一。儒家宇宙論，莫備於《易》，《易》言天道數矣，而未嘗忽於人道，〈說卦傳〉曰：「立天之道曰陰與陽；立地之道曰柔與剛，立人之道，曰仁與義。兼三才而兩之，故《易》六畫而成卦。」三畫六畫之卦，皆言三才，人居其中，與天地參，亦見天人之不二也。即字訓《說文》「道，所行道也。」古文道字《散氏盤》作[illegible]，從行（大道），從止（足），首聲，義爲人由道中行，動字。人所行道，名詞。實兼二義。道之倫理意義，爲日用事物當然之理，即人所共由之路。伊川謂「聖人之道，坦如大路」⑤孟子已言「夫道若大路然，豈難知哉。」⑥其形上義爲「天地萬物所以生成變化之總原理。」戴籍通名之曰道，其發用流行，即爲自然之法則，在大《易》爲太極、爲乾元、爲太和，即生生之眞機，於人曰仁，故伊川謂「元，即仁」（引見篇內）。以「仁」上通乾元，建立《周易》之形上學。又以「天」爲道之專名，蓋「天」，即萬有之統體。合天地鬼神乾諸名，統謂之天，伊川之學，出於大《易》，因天道以推人事，由人事以顯天道，後人謂程子《易》學專明人事，非深知伊川者也。

參考書目

《史記》、《傳習錄》、《周易內傳》、《莊子》、《詩經》、《大戴記》、《左傳》、《尙書》、《禮記．樂記．祭義》、《窓齋集古錄》、《說文解字》、《孟子》

㈡道之體用

體用說，由來已久，中國先哲尤側重於本體之探索，蓋欲以發宇宙之奧祕、究人生之極致，所謂本原之學也。體用一詞，先秦儒者罕言，二名並舉，始於魏王輔嗣，其《老子注》已標體用之名⑦，後世習稱本體現象，旨在研求宇宙所以形成之原因以及生化萬有之跡象，斯二名也，宋儒稱之爲體用。體，即本體，天地萬物所由生化之根源；用，則其功用，作用是也。言體者，理爲實體，固有其物，言用者，生意盎然，流行無間。體必有用，即用得體，二者名固有別，實不可截然分割爲二也。伊川《易傳序》，首倡體用一源曰：

至微者理也，至著者象也，體用一源，顯微無間。

《全書卷三十九》十四頁八行，和靖⑧嘗以《易傳序》請問曰：

體用一源，顯微無間，莫太露天機否？伊川曰：如此分明説破，猶自人不解悟。

按沈元用問《伊川易傳》何處是緊要處？尹曰：「體用一源顯微無間。」此是最切要處。伊川聞之曰：「君説固好，然須是看得六十四卦、三百八十四爻，都有下落處，方始説得此話，若學者未曾仔細理會，便與他如此說，豈不誤他。」⑨伊川自己亦重此二句，而日未曉《易》理，不可以遽語此，本體固難言。

伊川又以「沖漠無朕」狀之，《近思錄卷一》十九頁下四行，伊川曰：

沖漠無朕，萬象森然已具，未應不是先，已應不是後，如百尺之木，自根本至枝葉，皆是一貫，不可道上一段事，無形無兆，卻待人旋安排引入來，教人塗轍，既是塗轍，卻只是一個塗轍。

按伊川此處本訓「寂感」。⑩未應是寂然（喜怒哀樂未發之時）已應是感通，而「沖漠無朕」二句，在伊川本體論中，至爲重要，直開宋明哲學認識本體之津梁，明季大儒自王文成以下，咸奉爲圭臬，斯二語已明白指出體用一貫，即體即用之精微，「沖漠无朕」；當即虛淨玄遠，無形跡可言之義，《詩大雅文王》「上天之載，無聲無臭。」《箋》「天之道難知也，耳不聞聲音，鼻不聞香臭。」《詩》此二句，即形容道體之無形跡也。《大雅烝民》曰：「人亦有言，德輶如毛，民鮮克舉之」《箋》「輶，輕也，即言德之隱微也。」《禮記中庸》曰：「德輶如毛，毛猶有倫，上天之載，無聲無臭，至矣！」推形容本體之語，《詩》《禮》已有極重要、至明確之啓示，伊川當有取乎此。夫道有體有用，伊川又以「理」方「道」，謂理事一致，《全書卷二十八・語十一》十頁八行，伊川曰：

> 至顯者莫如事，至微者莫如理，而事理一致，微顯一源，古之君子，所謂善學者，以其能通於此而已。

據右引，伊川以「一源」、「無間」、爲同義之詞，曰「事理一致」，事，即用，理，即體也。明儒黃南山曰：「道有體用，體即理、用即事」⑪正此意，伊川論心、論忠恕，論隨時，歷張體用之說。

甲、心之體用

《伊川文集與呂大臨論中書》伊川曰：

> 心、一也，有指體而言者（寂然不動），有指用而言者，（感而遂通天下之故），惟觀其所見如何耳。

心，爲一身之主宰，具衆理而應萬事，荀子所謂「天君」是也。心所具之理，本原於天，天者，道之總名，又理之所自出，觀邵伯溫問孟子言心、性，天只是一理否？伊川曰：「然。自理言之謂之天，自稟受言之謂之性，自存諸人言之謂之心。」（語八上）故吾心所具之理即是體。陽明以良知爲心之本體，亦專就吾心所具之理而言。理，指實體。心之體惟寂然不動時易見，能應萬事而無窮，則心之用也，《全書語七下》伊川曰：

心、道之所在，心與道渾然爲一。

心與道爲一，道有體用，心亦有體用，至明。

乙、忠恕之體用

《全書卷五十一．伊川經說六》七頁七行，伊川曰：

夫子之道忠恕而已，盡心之謂忠；推己之謂恕、忠、體也，恕、用也。

《全書卷七》伊川曰：

維天之命，於穆不已，忠也；乾道變化各正性命，恕也。右條未明言體用，而其意已昭然無疑。

丙、時之體用

《全書卷十六．語一》三十九頁三行，伊川曰：

禮孰爲大？時爲大，亦須隨時，當其時作其事，隨時之義大矣哉！孟子言五百年必有王者興，其間必有名世者。……以其時考之則可矣。他嘿識得此體用。

時有體用者，就時之本位言，有是體（時），必有是用（王者興，名士出），時以何爲體？時與理爲體也，故曰：「時上盡窮得理。」此後張南軒曰：「未發已發，體用自殊。」⑬黃勉齋曰：「道之在天下一體一用而已，體則一本，用則萬殊。」⑭至朱子，則謂「伊川言體，實該體用。」⑮則本體論之建立，固屬伊川矣。

結語

謹按體用之說，本非玄遠，「物有本末，事有終始」（禮記大學）實即體用之謂。體用之名，雖倡自王輔嗣，而體用之學（本體論）實發自伊川。伊川以爲本體實有、存在。特富生化之功能，體用相因一貫之義，尤爲精到！自茲宋明諸儒言天人本原之學者，無不奉爲典憲，習爲故常。第伊川之於體用，不徒言之，且夙已默識心通，洞見眞機，明儒劉蕺山云：「『體用一源』，乃先儒卓見道體而後有是言。」⑯誠是。伊川盛稱《中庸》「不見而章，不動而變，無爲而成，天地之道，可一言而盡。」曰：使釋氏千言萬句說得許大，亦不能逃此三句（全書語四）今審此三句，本賅體用而無遺，不見不動（動靜無端）無爲（化機默運，無造作之跡）者，體也；而章、而變、而成者、用也，故曰「聖人一言，便全體用」（外書七）者，此之謂也。按本體隱微，難以言喻，後來哲人，多取譬況，而伊川則有根本，枝葉之喻，以暢發本體之生命活力、及體用一貫之精義，至爲眞切，其體用涵泳之功，於茲可見。伊川體用之學，蓋源於《易》《庸》（宋明哲學類如此）博通於群經，《易傳》言「形而上下」，即伊川體用分舉之所由出，自「形」字引而上下，一貫之意已具，故曰「體用一源」，他如「上天之載，無聲無臭」（詩大雅），「維天之命，於穆不已」（周頌），則無形有性之意具，「形色、天性也」（孟子），即用即體之義備，皆伊川之所以斟酌挹取者，至「顯微無間」句，竊以實自《中庸》「鬼神之爲德其盛矣乎，視之而弗見，聽之而弗聞，體用而不可遺！夫微之顯，誠之不可掩如此夫」一章化出，蓋伊川言鬼神，不視爲祭享之對象，直以爲造化之功能耳。⑰曰：「以功用謂之鬼神」（程傳二三頁），曰：「鬼神造化之功」（全書經說一）皆是，「夫微之顯」句，「之」字已含「無間」之義，「誠之不可掩」，則體必顯爲大用，尤爲明洽，此伊川體用學之淵源也，伊川於《易傳》「閑邪存其誠」句下曰：「閑邪則誠自存。」實乃即工夫即本體之卓論。又下開明儒論「工夫即本體」之先河也，綜觀伊川體用之學，可謂體大思精、系統完整，其於融貫天人（體用一源），啓迪德慧（性命即在孝悌人倫之中）之功，尤不可磨滅，溯其本來，雖導源於先秦儒學，亦兼融二氏之旨趣，若謂伊川體用之學全出於二氏，固近魯莽，而謂其絕不相干，亦非公論也。

參考書目

《老子王注》、《莊子》、《新唯識論》、《近思錄》、《詩鄭箋》、《周易傳義附錄》、《陽明傳習錄》、《宋元學案》、《明儒學案》、《孟子》、《廣近思錄》、《文史通義》、唐君毅《哲學概論》。

(三)道之屬性

事物所具之各種質性，謂之屬性，道之爲物（老子語）亦有其性質，近人熊十力云：「所謂道者，性恆虛靜，而動用不窮。」⑱胡適之先生曰：「老子最大的功勞，在於超出天地萬物之外，別假設一個道字，這個道的性質，是無聲無形，有單獨不變的存在。」⑲皆持道有性質之說，用物必諳其品類，知人必觀其器識，論道必析其屬性，道既有其體矣，即體所發之功能，可以言述，道之本體固難知，而其屬性，則可推繹而概乎言之者也，故融會天人物我，一以貫之，是爲：

1. 貫通性

《全書卷十九．語四》二頁五行，伊川曰：

揚子曰：通天地人曰儒，通天地而不通人曰伎。此亦不知道之言，豈有通天地而不通人者哉？天地人，只一道也。纔通其一則餘皆通，如後人解《易》言乾天道、坤地道，便是亂説，論其體，則天尊地卑，如論其道豈有異哉？

天地人只一道，才通其一，則餘皆通，則道之有貫通性至明，《宋元學案》三五二頁七行，問觀物察己，還因見物反求諸身否？伊川曰：

不必如此説，物我一理，纔明彼，即曉此，合內外之道也。

右言「物我一理」，道通物我，無內外之分，前人論道之貫通性者莫切於莊子，《知北遊》曰：「東郭子問於莊子曰：所謂道惡乎在？莊子曰：無所不在，東郭子曰：期而後可，莊子曰：在螻蟻。曰：何其下邪？曰：在稊稗，曰：何其愈下邪？曰：在瓦甓，曰：何其愈甚邪？曰：在矢溺。」按事物莫非道之顯用，雖至瓦甓、矢溺之微末，論其本原，亦莫非道。黃勉齋曰：「所謂道體者，無物不在，無時不然，流行發用，無少間斷。」⑳而道之充塞兩間，體物不遺，亦可見矣。

2. 真實性

《宋元學案》三五四頁，又語及太虛，伊川曰：

亦無太虛，遂指虛曰：皆是理，安得謂之虛？

伊川謂「理」，即目道體言，道之眞實，乃能通乎天人一切也，《程氏經說八・中庸至誠不息章》曰：

言至約之理，惟至誠而已。盡天地之道，亦不越此。窮盡實理，得之、有之，如使之非實，則有時而息矣。

此言天地之道（至誠之理），至爲眞實，乃能不息不已。

3. 含容性

夫道至大無外，覆載若天地，具萬理、備諸德，此其包羅廣大，有其含容性。《程傳》三十一頁五行「夫大人者」句下傳曰：

大人與天地日月四時鬼神合者，合乎道也，天地者，道也。

天地者，道也。天地，即道也。天地至大無外，惟道亦然，含宏廣大，靡不包舉，如天地之無不持載，無不覆幬（中庸語）若推其本，天地亦自道出（莊子大宗師先天地生而不爲久）此道之含容性也。《全書卷十九・語四》十四頁八行，伊川曰：

人量隨時長，惟天地之量則無滿，故聖人者，天地之量也。聖人之量，道也。惟知道者，量自宏大。

聖人有天地之量，而又曰：「聖人之量，道也」，則是以道爲量，故能有天地之量也。「天地之量無滿」，則道之量亦無滿。又曰：「惟知道者，量自宏大」者，以「其體道之量故，尤足見道之量大，道之有含容性亦至明，自昔言道之含容性者，莫要於莊子曰：「夫道覆載萬物者也，洋洋乎大矣哉！」（莊子天地篇），莫備於淮南曰：「道至高無上，至深無下，包裹宇宙而無表裏，洞同覆載而無所礙，是故體道者，不哀不樂不喜不怒。」（淮南繆稱訓），此蓋伊川之所本也。

4.統攝性

惟道一尊，總領萬殊，而有其統攝性，《全書卷四十六．伊川經說一》五頁或曰乾坤《易》之門，其義難知，餘卦則易知？伊川曰：

> 乾坤、天地也。萬物烏有出天地之外者乎，知道者，統之有宗則然也。

右明道之有統攝性也。事物萬殊，以道觀之，則易得其條貫、綱紀，如由乾坤二卦之理以觀餘卦者然，其原委本枝，毫釐不爽也。《全書卷三十六》六頁下八行，伊川曰：

> 正其理，則萬事一，一以貫之也。

理道同義（說詳下節）正其理，則萬事一，即統之有宗之意，《程傳》一五八頁三行咸九四：「貞吉悔亡。……朋從爾思」數句下，伊川曰：

> 四在中而居上當心之位，故爲感之主，故戒於貞感之道，夫貞一，則所感无不通。……雖物有萬殊，事有萬變，統之以一，則無能違也。

此爻戒於貞感之道，伊川謂萬殊萬變，統之以一，則無能違，此一、謂貞一，即〈下繫第一章〉「天下之動，貞夫一者也」句中之貞一，一指「道」而言，《淮南原道訓》「所謂無形者，一之謂也，一者，無匹合於天下者也。」《易》以乾坤統攝六十二卦故曰「乾坤其《易》之門」（下繫第五）又曰：「乾坤其《易》之蘊邪，乾坤毀，則无以見《易》。」（上繫第十二）亦足見道之有統攝性也。

5. 延續性

道無終始，亙古常新，又有其延續性。《程傳》二六五頁四行〈歸妹大象〉「澤上有雷歸妹，君子以永終知敝。」下傳曰：

> 雷震於上，澤隨而動。陽動於上，陰說而從，女從男之象也。故爲歸妹。君子觀男女配合，生生相續之象而以永其終知其敝也。永終，謂生息嗣續，永久其傳也。知敝，謂知物有敝壞，而爲相繼之道也。天下之事，莫不有可久可繼之道，觀歸妹則當思永終之戒也。

天下事莫不有終有敝，莫不有可繼可久之道，按「可繼可久」是爲道之延續性也。男女配合，生息相續，特人道（人事）之至著者也。《易》言天道，天道生生不息，凡其發用流行，無一非宇宙生命力之直接呈露，是即道之延續性。「永終」爲永久其傳，使可久也。知敝者知其敝壞滅息，而爲相繼之道也。然而敝壞滅息，非可住也。《卷十九．語四》十九頁下五行，伊川曰：

> 釋氏言成住壞空，便是不知道，只有成壞，無住空，天下之物，無有住者，長的自長，滅的自滅，不相干也（按不相干一語，至精，言滅不妨生，生不止滅，生滅皆無住，可繼之義也。）

物方滅即生，方生又滅，生滅滅生，無際無端，可繼之道也。莊子謂「物方生方死，方死方生」（齊物論），即知敝之義，由是知道之延續性，乃宇宙持續不已之活力所顯示，實則生生之《易》道耳。

6. 變通性

《易》有三義：簡易、變易、不易，而以變易爲之樞，施之人事，隨時措宜，此爲其變通性。〈恆卦辭〉「恆亨无咎利貞」下傳曰：

> 夫所謂恆，謂可常久之道，非守一隅而不知變也。

《全書卷十九・語四》十七頁七行，問前世所謂隱者，或守一節或敦一行，然不知有道否？伊川曰：

> 若知道，則不肯守一節一行也。如此等人，鮮明理，多取古人一節一行專行之。是以東漢尚名節有雖殺身不悔者，只爲不知道也。

道貴宏通，理有常、變，恆久之道，貴在知變。故伊川以專守一節一行爲不知道，此道之有變通性也。荀子曰：「夫道者，體常而盡變，一隅不足以舉之；曲知之人，觀於道之一隅，而未之能識也。」（解蔽篇），即伊川「專守一節一行非知道」之見也。

7. 循環性

《易》言「反復」，老云「好還」。四時代序，往來不已，則道之循環性也。《程傳》二十六頁二行，〈復彖傳〉「反復其道，七日來復，天行也。」句下，傳曰：

> 其道反復往來，迭消迭息，七日而來復者，天之運行也。

天道運行，往復不已，迭消迭息，往而必復，此其循環性也。伊川又以「極則必反」言之，《程傳》

七十九頁四行，〈否上九〉「傾否，先否後喜」句下，傳曰：

上九、否之終也，物理（天道）極而必反，故泰極則否；否極則泰，上九，否既極矣，故否道傾覆而變也。

又〈象傳〉「否終則傾，何可長也」句下，傳曰：

否終則必傾，豈有長否之理，極而必反，理之常也。

極而必反，爲理之常，理指天道。《全書語八上》問天道如何？曰：

只是理，理，便是天道。

按《周易》又曰「終則有始」《程傳》一〇一頁十行〈蠱彖傳〉「先甲三日，後甲三日，終則有始，天行也。」下傳曰：

夫有始則必有終，既終則必有始，天之道也。

終則有（又通）始，終而復始，如環之無端，此固天道之循環性，以終始闡明循環之理，至爲精當，此道之屬性，其大較可得而言也。

結　語

謹按伊川嘗謂荀楊不識道（語五），伊川固深於道者也，伊川雖未明指道之屬性，但其論道說理處，隨在可考，首發道之貫通性、眞實性，本乎體用一貫之義也。以道之貫通天地，故見其含容性，以理一萬殊而知其統攝性，即其恆久彌新而明其延續性，皆自本體以敷暢厥詞，論道之極致，無遠也、無近也；無不離不可離也（見語十一）而於道之循環性，言之至詳，蓋天道周流，生生不息，其顯現於宇宙間者至爲明著。伊川謂「天下之理，終而復始，所以恆久而不窮。」[21]曰：物極必反，曰：終始聚散，曰：反復往來，曰：盈虛消息，即循環之理，擴而充之。《莊子則陽篇》「窮則反，終則始，此物之所有。」道家亦嘗言之。《戴記》謂「陰陽長短，終始相巡（祭義）」謂天道如日月東西相從而不已。《左傳》謂「盈必毀，天之道也」（卷二十九）《國語》曰：「天道盈而不溢（卷二十一越語下）悉由道之循環性，推見人事盛衰得失之因，伊川以天道明人事之深意，舉在於茲。然伊川之論循環，非如機械之形式，周而復始，守常不變，而闡「滅故生新」之宏論（似循環而非循環），以演《大易》生生日新之精義，又非後世言天道者所可企及之也。

參考書目

《十力語要》、《中國古代哲學史》、《二程全書》、《宋元學案》、《楊子法言問道》、《莊子齊物論．則陽．知北遊》、《淮南原道訓》、《說苑辨物》、《周易本義》、《荀子解蔽》、《老子二十五．七七．九．各章》、《正蒙太和篇》、《近思錄卷十四》、《禮記祭義》、《大戴卷一》、《左傳卷二十九》、《國語．越語》。

(四) 道與理

道理二字，今已流爲口語，大抵受宋代理學之影響故也。蓋宋以前，載籍多言道，迨宋，則道也。理也盛稱，並富哲理，伊川於此二字論述尤多，蓋即理即道，爲其宏綱《程傳》八十七頁二行，〈大有上九〉「自天祐之，吉无不利。」句下，傳曰：

上九在卦之終，居无位之地，是大有之極，而不居其有者也。……有極而不處，則无盈滿之災，能順乎理者也。五之孚信而履其上，爲蹈履誠信之義，五有文明之德，上能降志以應之，爲尚賢崇善之義，其處如此，合道之至也。

〈象傳〉「大有上吉，自天祐也」句下，傳曰：

大有之上，有極當變，由其所爲，順天合道，故天祐助之，所以吉也。

伊川於理，道二字，相與代用，均指本體，右二條云：上九「能順乎理」，曰「順天合道。」又曰「合道之至。」按文例，則理、道、天道一義，皆指道體，《易傳序》曰：「至微者，理也；至著者，象也。」明以理爲本體，則「理」，即道也。又曰：「夫天，專言之，則道也」（傳二十三頁）天爲道之專名，天即道也。天者，理之所自出，理與天，皆指「道」言，故曰「合於道」，是理即道，道即理也。《程傳》七十五頁二行曰：

理當然者，天也。

天即道，道者，日用事物當然之理，是理即道也。《宋四子鈔釋》一〇七頁，伊川曰：

聖人之道，更無精粗，從灑掃應對至精義入神，通貫只一理。

伊川以理爲本體，此理充塞兩間，發爲大用，顯起事象，故雖灑掃應對之粗，亦在萬象之內而爲用，即用識體，通貫（體用一源）只一理，理一而道無待，故理即道也。伊川以道，理二字，相互代用，固有所本，蓋道、理互訓，古籍屢見。《莊子》繕性：「道，理也」《管子君臣》「順理而不失之謂道。」《呂覽愼行》「則可與言理矣」注：「理，道也。」《淮南脩務訓》「殊體而合乎理。」注：「理，道也。」皆是。自莊子以下，道理互訓，至宋尤爲普徧。

結語

謹按道理二字，可分而不可分，可分者，以有二名，不可分者，其相互間有極密切之關係在，伊川既皆以理、道指目本體矣，必不得已則竊以爲道者，本體之名，理者，本體之實而已。道理二字均見於《易》，然道字多出，理字僅見於〈上繫首章〉，「易簡而天下之理得矣，天下之理得，而成位乎其中矣。」〈說卦傳〉曰「和順於道德而理於義，窮理盡性以至於命。」次章又曰：「昔者聖人之作《易》也，將以順性命之理。」數理字，似有形上之義。吾人若言伊川之重視「道」字，無寧言伊川之特重視「理」。蓋道自是假名，理，則實有其體，理爲實體，故曰「太虛皆是理。」則充塞天地之間，亦皆是此理，亦猶道之無所不在，伊川於此，蓋眞有所見也。又恐人疑道之爲虛無杳冥，而不肯篤實踐履，故以「理」實之，謂確有此理，此伊川之特識，與其苦心之所在也。於理之中，又特重性理而忽於具體物之理，雖曰：一草一木皆有「理」，但此謂物之「通理」（指道），即所謂「一物之理，即萬物之理也。」此科學之知，所以不爲前人所注重，而科學知識亦積久而不能發揚也。

參考書目

《宋四子鈔釋》、《莊子繕性》、《管子君臣》、《廣雅釋詁三》、《呂覽愼行》、《淮南脩務訓》、《近思錄》、《續近思錄》、《宋元學案》、《論語》、《漢書藝文志》、《韓非子解老》、《詩經》。

(五)理與氣

伊川畢生精力盡萃於「易」。其論道與理，理與氣，無不本《大易》以立言。又視道與理爲一物，以爲道者，本體之名，理者本體之實而已，惟伊川特重視「理」。但伊川言理與氣相屬時，則以體用分別理之與氣。按體用一貫，本枝同體，則二者究不可分。後人謂伊川倡理氣二元之說，似與實際不甚相符，其於氣也，自充乎人之支體，配義與道之浩然正氣，以及塞乎兩間，化育萬品之元氣，皆具論之，則氣又兼具體用二者，若斯之類，頗滋混淆，易爲後世所詬病，而其大略仍以體用貫串說明，亦可謂言之有物，怡然而理順也。茲就伊川理氣之言，析論於次：伊川平居言理、物理（事理）與性理並舉。《全書卷二十．語五》一頁，問格物是外物，是性分中物？曰：

不拘，凡眼前無非是物，物皆有理，如火之所以熱，水之所以寒，至於君臣父子間皆是理。

此言格物，自一事一物如水火之理以至君臣父子間之理皆須格。是事理、性理並舉也。但對氣言理時，特重萬物普徧表現之理；即指原理、實理（本體）是也。《全書卷十六．語一》二十三頁八行，伊川曰：

近取諸身，百理皆具，屈申往來之義，只於鼻息之間見之，屈申往來只是理，不必將既屈之氣，復爲方申之氣，生生之理，自然不息。如言七日來復，其間元不斷續，陽已復生，物極必反，其理須如此。有生便有死，有始便有終。

理一而已，宇宙只此一理，故無小大內外物我之別，自一身以觀天地，理無不同，故曰「近取諸身，百理皆具」，此理即指道體。「屈伸往來只是理」，屈伸往來雖爲人之呼吸，而陰陽開闔之機（升降消息動靜），由斯可見。此「理」字，亦指本體。「物極必反」天道之循環性，《易》所謂「无平不陂，无往不復」者也。「其理須如此」，此「理」字固是本體，而「生生之理」爲萬有之本源、萬化之樞機，不息不已，此「理」字，自是目本體無疑。此段所言「理」字，與氣對舉皆目本體。故伊川言理與氣對舉時，則此「理」字，指原理，實理是也。「生死始終」，承屈伸往來而言，實即氣之聚散而已。氣聚則成形爲生，散則遊魂爲死。始而氣伸，終而氣屈（屈者，氣竭之義），故生死始終，亦爲氣而言也。論氣，則有眞元之氣與外氣之分。《全書卷十六．語一》三十一頁下二行：

眞元之氣，氣之所由生，不與外氣相雜，但以外氣涵養而已。若魚在水，魚之性命，非是水爲之，但必以水涵養，魚乃得生爾。人居天地氣中與魚在水無異。至於飲食之養，皆是外氣涵養之道，出入之息者，闔闢之機而已。所出之息，非所入之氣，但眞元自能生氣。所入之氣，止當闔時隨之而入，非假此氣以助眞元也。

眞元之氣能生外氣，但與外氣不相雜。二者不但別爲二物，顯有親子之分。又眞元之氣，不假外氣之助，但以外氣涵養，明眞元之氣，至眞至足。眞元之氣，蓋即元氣，爲外氣之所由生。故本爲一氣，概稱天地之氣。《粹言心性篇》子曰：

眞元之氣，氣所由生，外物之氣，不得以雜之，然必資物之氣，而後可以養元氣，本一氣也。

人居天地一氣之中，猶魚之在水，飲食之眞味，寒暑之節宣，皆外氣涵養之道也。

《粹言》宋張南軒以爲龜山變語錄而文之者也，龜山，伊川親炙之高弟。《粹言》即謂眞元之氣爲元氣，其言信是。外氣與元氣雖不相雜，然外氣生自元氣，實本一氣而充溢於兩間也。元氣爲萬物所資始，當其渾然爲一之初，又曰太一《禮記禮運》「夫禮必本於太一」《正義》「太一者，謂天地未分，混沌之元氣也。極大曰太，未分曰一，其氣既極大而未分，故曰太一也。」天地未分，先有元氣，則天地萬物，莫不資之而生也。其充塞兩間者，則曰浩然之氣。《全書卷十六．語一》二十二頁二行：

浩然之氣，所養各有漸，所以至於充塞天地，必積而後至。行不慊於心，止是防患之術，須是集義乃生。

浩然之氣，亦天地之氣，即磅礴宇宙之正氣也。至理與氣之別，伊川以爲仍即形上形下、體用之分而已。《程傳》一六二頁一行〈恆彖傳〉「日月得天而能久照，四時變化而能久成，聖人久於其道而天下化成，觀其所恆而天地萬物之情可見矣。」數句下，傳曰：

此極言常理。日月，陰陽之精氣耳。惟其順天之道，往來盈縮，故能久照而不已。得天、順天理也。四時，陰陽之氣耳。往來變化，生成萬物，亦以得天，故常久不已。聖人以常久之道，行之有常而天下化之，以成美俗也。觀其所恆，謂觀日月之久照，四時之久成，聖人之道所以能常久之理，觀此，則天地萬物之情理可見矣，天地常久之道，天下常久之理，非知道者，孰能識之？

日月四時皆陰陽之氣。日月順天之道，往來盈縮，四時亦以得天而生成萬物，「得天謂順天理。」又曰：「此極言常理。」又曰：「順天之道。」則此「理」字，即指形上之本體，氣，則形而下者也。又謂日月四時（陰陽之氣），順天理而往來變化，則是氣順理而行，而理爲之主矣。若是，則理氣之爲體用，其關係亦至爲明著。《全書卷十六．語一》二十六頁下五行，伊川曰：

離了陰陽更無道，所以陰陽者是道也。陰陽，氣也。氣是形而下者，道是形而上者，形而上者，則是密也。

氣，是形下者；道，是形而上者，道即理（凡言即者，是一非二）。道者，天地人物之通理（船山語），是理即形而上者也。理爲形上之體，氣爲形下之用。伊川倡之於前，至朱子而其說尤備。《朱子文集卷五十八》五頁，答黃道夫書曰：「天地之間有理有氣。理也者，形而上之道也，生物之本也；氣也者，形而下之器也，生物之具也。」朱子高弟黃勉齋則就體用相關之義，以說明理氣。《廣近思錄卷一》五頁八行勉齋曰：「太極本體難以形容，緣氣察理，溯流求源，則可知矣。一靜一動，靜動初終，此氣之流也。是孰爲之哉？理也，天其運乎，地其處乎，日月其爭於其所乎，孰主張是？孰綱維是？理之謂乎。有是理故有是氣，理如此，則氣亦如此，體用所以一源，顯微所以無間也。」是理與道同，道爲公名，理其實體。然理字時亦兼稱體用。《宋元學案卷十五・伊川學案》三四八頁十三行。

問義莫是中理否？曰：中理在事，義在心内，苟不主義，浩然之氣從何而生？理只是發而見於外者。

「理只是發而見於外者」，意謂理者物之條理，亦即韓非所謂「理者成物之文也」（解老）則本體之發用，亦可稱之爲「理」（與道之發用亦可稱之爲道者全同）《粹言論道篇》曰：

至顯者莫如理，昔有人鼓琴而見螳螂捕蟬者，或人聞之而曰琴胡爲有殺聲也。夫殺在物，見在心，而聽者以聲知之，非至顯歟？

《易傳序》則曰：

至微者理也，至著者象也，體用一源，顯微無間。

按序以理爲體，與象相對，粹言以理爲至顯，與至微之體相對，是稱「用」，亦曰「理」也。《全書卷七》十二頁「見於事之謂理」，亦指用而言也。又曰理無形、氣有形，凡涉於形聲者皆曰氣，以指明氣之實際。《全書卷三・二先生語二》下十一頁，曰：

心所感通者，只是理也。知天下事，有即有，無即無。古今前後，至如夢寐，皆無形，只是有此理，若言涉於形聲之類，則是氣也。物生則氣聚，死則散而歸盡，有聲則須是口，既觸則須是身，其質既壞，又安得有此，乃知無此理便不可信。

右條無名，但以死生聚散，生則新生諸語觀之，則頗肖伊川語。氣者，大段有形體之物也。《全書卷十六·語一》七頁五行。

浩然之氣，既言氣，則已是大段有形體之物。

同卷二十六頁四行曰：

氣，盡有形體。

論萬有之本原，則有氣化生人物之說。《全書卷十六·語一》二十五頁下六行：

隕石無種種於氣，麟亦無種亦氣化，厥初生民亦如是，至如海濱露出沙灘，便有百蟲禽獸草木無種而生，此猶是人所見，若海中島嶼稍大，人不及者，安知其無種之人不生於其間，若已有人類，則必無氣化之人。

《全書卷十九·語四》二十四頁三行，問太古之時，人還與物同生否？曰：

同。莫是純氣爲人，繁氣爲蟲否？曰：然，人乃五行之秀氣，此是天地清明純粹氣所生也。或曰：人初生時，還以氣化否？曰：此必燭理，當徐論之，且如海上忽露出一沙島，便有草木生，有土而生草木不足怪，既有草木，自然禽獸生焉。或曰：先生語錄中云，焉知無氣化之人如何？曰：是近人處固無，須是極遠處方有，亦不可知。

氣化生人物，蓋本《大易》（宇宙論）「絪縕化醇」之義〈下繫第五〉曰：「天地絪縕，萬物化醇，男女構精，萬物化生。」《正義》「絪縕，相附著之義。……二氣絪縕，共相和會，萬物感之共相變化而精醇也。」二氣交會以感生萬物，此《易》之宇宙論，伊川氣化生人物說之所本也。然先秦舊典，已夙言氣生。《國語魯語上》「古者大寒降，土蟄發，水虞於是乎講罛罶，取名魚登川禽而嘗之寢廟，行諸國，助宣氣也。」《韋注》「是時陽氣起，魚涉負冰故令國人取之，所以助宣氣也。鳥獸孕，水蟲成。」《大戴記解詁卷十》三頁曰：「初氣生物，物生有聲。」《解詁》「初氣謂太初之氣，易說曰：太初者，氣之始也。主物者，主於生物也。」《禮記樂記》「合生氣之和」《集說》「生氣之和，造化發育之妙也。」記又曰：「氣衰則生物不遂。」《集說》「物類之生，必資陰陽之氣，氣衰耗，故生物不得成遂也。」淮南，論衡又詳申之。《淮南天文訓》「天地未形，馮馮翼翼，道始於虛霩，虛霩生宇宙，宇宙生氣，氣有涯垠，清陽者薄靡而爲天，重濁者凝滯而爲地，天地之襲精爲陰陽，陰陽之專精爲四時，四時之散精爲萬物。」《論衡齊世篇》「上世之民，下世之民也，俱稟元氣，元氣純和，古今不異，一天一地，並生萬物，萬物之生，俱得一氣。」由上，氣化萬有，繼生人物之說，由來已久。宋興，周張先後闡發。《宋元學案卷十二·濂溪學案下》二九二頁九行，太極圖說：「無極之眞，二五之精，妙合而凝，乾道成男，坤道成女，二氣交感，化生萬物。……」又卷十七《橫渠學案》二八六頁五行，正蒙太和篇，「太和所謂道，中涵浮沈升降動靜相感之性，是生絪縕相盪勝負屈伸之始。……太虛不能無氣，氣不能不聚而爲萬物。」周、張二氣交感，太和涵性，皆明斯義，伊川又謂氣化肇始，繼以形化。《全書卷十九·語四》二十四頁末行：

今天下未有無父母之人，古有氣化，今無氣化何也？曰有兩般，有全是氣化而生者，若腐草化螢是也。既是氣化，到合化時自化，有氣化之後而種生者，且如人身上著新衣服，過幾日便有蟣虱生其間，此氣化也，氣既化後，更不化，便以種生去，此理甚明。

《粹言人物篇》子曰：

萬物之始，氣化而已，既形氣相禪，則形化長而氣化消。

伊川謂氣化之後，繼以形化，按形氣嬗代之說，莊子已發其端。《莊子至樂》「莊子妻死，惠子弔之，莊子則方箕踞鼓盆而歌。惠子曰：與人居，長子老身，死不哭亦足矣，又鼓盆而歌，不亦甚乎？莊子曰不然，是其始死也。我獨何能無慨然，察其始而本無生，非徒無生也，而本無形，非徒無形也，而本無氣，雜乎芒芴之間，變而有氣，氣變而有形，形變而有生，今又變而之死，是相與爲春秋冬夏四時行也。」至樂爲莊子外篇，不必爲莊子手筆，然爲莊學之徒所作無疑。至樂言氣變形變，雖未言氣化形化，而形氣代化之意已見。原此生成萬有之氣，始爲元氣，分爲陰陽之氣，二氣交感而生品物，故曰「絪緼陰陽之感」（語一）又曰「氣便是二」。《宋元學案卷十五・伊川學案上》三六八頁十行：

一陰一陽之謂道，此理固深，說則無可說，所以陰陽者道。既曰氣則便是二，言開合已是感，既二則便有感，所以開合者道，開合便是陰陽。

氣之精而常存者爲日月，更代迭運者爲四時，與夫霜露雹等，均爲天地之氣，皆形而下者也。《程傳》一六二頁四行。

日月陰陽之精氣耳，四時，陰陽之氣耳。

《全書卷十九·語四》四十八頁。

霜與露不同，露，金氣，星月之氣，霜亦星月之氣，看感得甚氣而爲露，感得甚氣而爲霜，如言露結爲霜非也。

同卷七十九頁一行。

雹是陰陽相搏之氣，乃是沴氣，聖人在上無雹，雖有不爲災，雖不爲災，沴氣自在。

按日月四時，皆二氣之所鍾聚，淮南已有此語。《天文訓》「陰陽之專爲四時。……積陽之熱氣生火，火氣之精爲日，積陰之氣爲水，水氣之精者爲月。」又曰「是故陽施陰化，天之偏氣，怒者爲風，地之含氣，和者爲雨。陰陽相薄，感而爲雷，激而爲霆，亂而爲霧，陽氣盛，則散而爲雨露，陰氣勝則凝而爲霜雪。」仍二氣之所化，天文訓又明言之，此前人對自然現象之解釋，固不必以現代科技斥之爲妄耳。若僅以氣爲形象、爲材質，實未足以明其大用，蓋氣之所以能生成萬物者，以其神也。故伊川又有「神氣爲一」之論，明氣有造化之功能。《全書卷二十四·語八上》十五頁末行：問既有氣，則莫有神否？曰：

只氣便是神也。今人不知此理，纔有水旱，便去廟中祈禱，不知雨露是甚物，從何處出？復於廟中求耶？名山大川能興雲致雨，卻都不說著，卻於山川外木土人身上討雨露，木土人身上有雨露耶？

伊川謂氣便是神，此神氣爲一之論也。氣而曰神，明氣有造化之功能也。伊川不以廟中土木人爲神，而以氣爲神，就神氣有造化之妙用而言，故曰以妙用謂之神（程傳二十三頁）神，即道之顯發而見其功用之謂。故曰：「顯明於道而見其功用謂之神」（伊川經說一，此語本釋繫上傳第九「顯道神德行」）一句，以明氣之功能，不可度思，故以「神」字神之也。伊川神氣並言，但並不以神爲形而上者，朱子及羅整庵嗣從其說。《廣近思錄卷一》羅整庵曰：「朱子嘗言，神亦形而下者，又云：神乃氣之精英，須曾實下工夫體究來，方信此言，確乎其不可易，不然，則誤以神爲形而上者有之矣。」朱氏、羅氏皆以神爲形而下者，特就氣之化育流行而言。然氣之功化爲神，出於荀卿《荀子天論》曰：「列星隨旋，日月遞炤，四時代御，陰陽大化，風雨博施，萬物各得其和以生，各得其養以成，不見其事而見其功，夫是之謂神。」此言氣化之神，曰：「不見其事而見其功」，可謂賅備精約之至。而氣之闔闢變化，實本於《易》〈繫上傳第十一〉「是故闔戶謂之坤，闢戶謂之乾，一闔一闢謂之變，往來不窮謂之通。」朱子本義釋此數句曰：「闔闢動靜之機也，先言坤者由靜而動也，乾坤變通者，化育之功也。」朱子言動靜，猶伊川之言終始，動靜終始，無端無際，則爲其機，亦即氣化之神處。〈上傳第九〉子曰：「知變化之道者，其知神之所爲乎。」此變化之道，當即闔闢往來之變化，氣化妙用，其機莫測，神之所爲也。《全書卷十六・語一》二十八頁一行。

> 凡物之散，其氣遂盡，非卻是將已涸之水爲潮，此是氣之終始開合，便是《易》一闔一闢謂之變。（前章已引，此略）

按《禮記祭義》「氣也者，神之盛也。」伊川謂氣便是神（神，是極妙之語全書卷四・六頁）言其主闔闢之機，顯變化之道也。故曰「此是氣之終始開合。」終始即言開合，終始者，終則有始，開合亦然。不息不已，《易》所謂往來不窮也。是氣乃造化之神功，天道之大用，非直謂器質而已。《全書卷十二．明道語二》「冬夏寒暑，陰陽也。所以運動變化者神也。」同頁下四行又曰：「窮神知化，化之妙者，神也。」氣既神矣，當有爲之主宰者，伊川又曰：北辰者，氣之主。《全書卷十六．語一》三十二頁八行：

星辰若以日月之次爲辰，則辰上恐不容二十八舍，若語五星，則不可稱辰。或恐是言北辰，皆星也。何貴乎北辰？北辰自是不動，只不動，便是爲氣之主，故爲星之最尊者。

又曰帝者氣之主。《全書卷二十四．語八上》十四頁五行，問六天之說，曰：

此起於讖書，鄭玄之徒，從而廣之，甚可笑也，帝者，氣之主也。

按北辰天極至尊之星，帝者天之別名，均目本體，是又以氣爲本體之顯現也。《程傳》二十三頁三行：

以形體謂之天，以主宰謂之帝。

帝，爲天之別名，北辰，天極至尊之星，伊川每以帝，天直目本體。（道或理，說見前節）是猶以理爲氣之主。明儒羅整庵即主斯說曰：「理只是氣之理，當於氣之轉折處觀之，往而來，來而往，便是轉折處也。夫往而不能不來，來而不能不往，有莫知其所以然而然，若有一物主宰乎其間，而使之然者，此理之所以名也。」《易》有太極，此之謂也。」㉒整庵以太極（理，道之總名）之氣之主宰，伊川以帝，北辰爲氣之主，均以氣爲本體之顯現也。明儒羅凝庵曰：「盈天地間，一氣而已，自其條理之不可亂，若有宰之者，故謂之帝。」㉓凝庵以帝主宰乎氣，即承伊川之意以立言。氣之在人，充乎四體，弗養則爲暴戾，善善之則能持志勝氣，中有所主也。《全書卷十九．語四》三十四頁下三行：

持其志勿暴其氣，內外交相養也。

《卷十六．語一》十七頁三行曰：

學者爲氣所勝，習所奪，只可責志。

人能養其氣，則清明在躬，氣志如神（禮記孔子閒居），斯時之氣，又名之日夜氣，或平旦之氣皆存乎人《全書卷二十四》十七頁三行，問夜氣如何？曰：

此只是言休息時氣清耳。至平旦之氣（朝氣），未與事接亦清，只如小兒讀書，早晨便記得也。

《孟子告子上》「雖存乎人者豈無仁義之心哉。……其日夜之所息，平旦之氣，其好惡與人相近也者幾希。……梏之反覆，則其夜氣不足以存。」朱注：「平旦之氣，謂未與物接之時，清明之氣也。人有此平旦之氣，則能以志帥氣，以志勝氣。」《全書卷十六．語一》二頁四行：

志氣之帥，不可小覷。

《卷十九．語四》十二頁下四行，或問人倦怠，豈志不立乎？曰：

若是氣體勞後須倦，若是志，怎生倦得？人只爲氣勝志，故多爲氣所使，若是志勝氣時，志既一定，更不可易。

志亦須養，直內，所以養其志《全書卷十六．語一》十二頁下三行：

率氣者在志，養志者在直內。

敬以直內，則其氣浩然。《全書卷十六·語一》一頁七行：

主一無適，敬以直內，便有浩然之氣。

直內養志而後志爲之主，乃能生浩然之氣。《全書卷十六·語一》二十六頁下八行：

志，氣之帥，若論浩然之氣，則何者爲志？志爲之主，乃能生浩然之氣。

是氣也。配義與道爲其體用《全書卷二十四·八上》十六頁下七行：伯溫問至大至剛以直，以此三者養氣否？曰：

不然，是氣之體如此。

又問配義與道如何？曰：

配道言其體，配義言其用。

又《卷十六·語一》七頁下六行：

浩然之氣，是集義所生者，既生得此氣，語其體，則與道合；語其用，則莫不是義。

浩然之氣有體有用者，蓋此氣與道爲體，言其與道合而爲一也；以義爲用者，既與道爲一，則其發用，無不當義也。若是，則與天地之正氣（清明純粹）通流，《易》所謂直方大也。《全書卷十六·語一》三十七頁七行：

浩然之氣難識，須要認得，當行不慊於心之時，自然有此氣象，然亦未盡，須是見至大至剛以直之三德，方始見浩然之氣。若要見時，且看取地道坤六二「直方大不習无不利」。方便是剛，大便是大，直便是直，於坤不言剛而言方者，言剛則害於地道，故下復云「至柔而動也剛」，以其先言柔而後云剛無害，大，只是對小而言大也，剛只是對柔而言是剛也。直只是對曲而言是直也。如此，自然不習无不利。

伊川之意以爲孟子言浩然之氣，本之於坤六二，故嘗言孟子知《易》者，此其一也。氣在天壤間，因其自然之消息，而主乎盛衰之運。《全書卷十六．語一》四頁下三行：

蓋古人今人，自是年之壽夭，形之大小不同。……蓋自是氣有淳漓，正如春氣盛時，生得物如何，春氣衰時生得物如何，必然別。今之始開荒田，初歲種之可得數倍，及其久，則一歲薄於一歲，此乃常理。觀三代之時，生多少聖人，後世至今，何故寂寥未聞。蓋氣自是有盛則必有衰，衰則終必復盛，若冬不春，夜不晝，則氣化息矣。

氣有盛則必有衰，衰終則必復盛，此天道之循環性，實本消息盈虛之常理，故曰「此乃常理。」即年之壽夭，形之大小，古今人亦不同，皆氣之盛衰所致，若冬不春、夜不晝，則氣息，此天道之動而變，所以恆久而不已也。國之興亡，人事之隆替，實氣爲之。故曰：氣便是命。《全書卷十九．語四》二十五頁八行：問上古之人多壽，後世不及古何也？莫是氣否？曰：

氣便是命也。曰：今人不若古人壽，是盛衰之理歟？曰：盛衰之運，卒難理會，且以歷代言之，二帝三王爲盛，後世爲衰。一代言之，文武成康爲盛，幽厲平桓爲衰。以一君言之，開元爲盛，天寶爲衰。以一歲則春夏爲盛，秋冬爲衰。以一月，則上旬爲盛，下旬爲衰。以一日，則寅卯爲盛。一時亦然，如人生百年，五十以前爲盛，五十以後爲衰，然有衰而復盛者，有衰而不復反者，若舉大運而言，則三王不如五帝之盛，兩漢不如三王之盛，又其下不如漢之盛，至其中間又有多少盛衰，如三代衰而漢盛，漢衰而魏盛，此是衰而復盛之理。……若論天地之大運，舉其大體而言，則有日衰削之理。

《全書卷十六．語一》十八頁二行：

時所以有古今風氣人物之異者何也？氣有淳漓，自然之理。

《粹言天地篇》：

天地陰陽之運，升降盈虛，未嘗暫息。陽常盈，陰常虧，一盈一虧，參差不齊，而萬變生焉。故曰「物之不齊，物之情也。」㉔莊周強齊之（齊物論），豈能齊也？

此言二氣盈虛而生物不齊（盛衰之氣之致）。天地之氣，和沴並生，因人而異，天人之際固微，而天人之氣則通。《全書卷十九．語四》五十九頁下一行，問莫見乎隱，莫顯乎微何也？曰：

人只以耳目所聞見者爲顯見，所不見聞者爲隱微，然不知理卻甚顯也。……人有不善，自謂人不知之，然天地之理甚著，不可欺也。曰：如楊震四知然否？曰：亦是。然而若說人與我，固分得。若說天地，只是一個知也。且如水旱亦有所致，如暴虐之政所感，此人所共見者固是也。然人有不善之心，積之多者，亦足以動天地之氣，如疾疫之氣如此。不可道事至目前可見，然後爲見也。更如堯舜之民，何故仁壽，桀紂之民何故鄙夭？壽夭乃是善惡之氣所致，仁者，善氣也。所感者亦善，善氣所生，安得不壽。鄙則惡氣也，所感者亦惡，惡氣所生，安得不夭？

人氣足以感天地之氣，人氣善，則感天地之善氣；人氣惡，則感天地之惡氣（沴氣）則是天人之氣通流（本一氣也），天人固無際（際，畔也，交接處）也。曰：「天地之理至著」莫見乎隱，莫顯乎微，隱微者，理之本體，本體見爲大用，故必須顯見。氣，則其「勢之所至」耳。天人之氣相感而應，固是理之自然。善氣所生則壽，惡氣所生則夭，天地之氣相應，固因人而異也。《禮記樂記》曰：「世亂則禮慝而樂淫，是故其聲哀而不莊。……感條暢之氣，滅和平之德。」禮慝樂淫，是衰亂之氣，足以感傷天地條暢之氣，而沴氣隨之而至矣。此即言天人之氣相感之事也。故曰：和氣致祥，戾氣致殃，捷若影響。《全書卷十九．語四》七十九頁三行，問鳳鳥不至，河不出圖。不知符瑞之事，果有之否？曰：

有之。國家將興必有禎祥。聖人不貴祥瑞者，蓋因災異而修德則無損，因祥瑞而自恃則有害也。問五代多祥瑞何也？曰：亦有此理。譬如盛冬時發出一朵花相似，和氣致祥，戾氣致異此常理也。然出不以時，則是異也。

伊川盛言天人之氣相與感通，然亦未嘗忽略此「理」，故於論性時嘗曰「性即理也」《宋元學案卷十五．伊川學案》三五六頁十五行：

性即理也，所謂理性是也。

又曰性不易，氣使之然。《全書卷二十八．語十一》十頁下四行：

形易則性易，性非易也，氣使之然也。

與夫性才並舉者《全書卷二十・語五》八頁：

性出於天，才出於氣，氣清則才清，氣濁則才濁。……才有善與不善，性則無不善。

《宋元學案卷十五・伊川學案上》三四七頁十行：

氣有善不善，性則無不善也。人之所以不知善者，氣昏而塞之耳。

皆循理氣以立言。性之與才，實即理氣之分。性惟有善而才有善不善，則「理氣」，固所以釋人性之善惡也。《全書卷二十四・語八上》二十頁二行：

人性皆善（性即理，理無不善），所以善者，於四端之情可見。……問才出於氣否？曰：氣清則才善，氣濁則才惡，稟得至清之氣生者爲聖人，稟得至濁之氣生者爲惡人。

後人遂謂理氣二元，發自伊川。《宋元學案卷十五・伊川學案上》三四八頁二十一行，問人敬以直內，氣便充塞天地否？曰：

氣須是養，集義所生，積習既久，方能生浩然氣象。人但看所養何如，養得一分，便有一分，養得二分，便有二分，只將敬，安能便到充塞天地處。且氣自是氣，體所充，自是一件；敬，自是敬，怎生便合得？如曰：其爲氣也，配義與道。若說氣與義自別，怎生便能使氣與義合。

黃百家曰：「配義與道一段，師說云：正釋上段氣之所以塞於天地之故，言此氣自能有條理而不橫溢，謂之道義。流行之中有主宰也。若無此主宰，便不流行，則餒而不與天地相似，豈能充塞哉？」楊開沅云：「伊川之說，理氣分而為二，師說：理氣合而為一，不同處只在此。」楊開沅謂伊川分理氣為二，伊川此段末云：「若說氣與義自別，怎生便能使氣與義合。」伊川此句之「氣」，僅是體之充者，是指未養之氣，故不能與義合。若既養（積義久）之後，則道為其體，義為其用，故曰「語其用，則莫不是義」（引見上行），氣已養而為浩然，氣不僅與義合，且與道為一矣。非謂浩然之氣與義各自為一物也。其於敬，亦是言未養之氣，不能與敬合，故曰：「氣須是養。」又曰：「但看所養何如」？又曰：「只將敬，安能便到充塞天地處。」明其間須加工夫耳。此即楊氏所謂分理氣為二也。據黃、楊之說，則謂理氣本是一物，理不過為氣之條理，氣仍未離乎理也。伊川於此段，只謂未養之氣，與義自別，浩然之氣，與道為體，無分而為二之理。蓋自孟子「配義與道」配字生意耳。伊川以理為體，以氣為用（說見上），理氣既屬體用之關係，則無本末先後精粗之別，所謂本枝一貫，可分者其名，不可分者其實耳。曰：形而下者氣，則自有形而上之理存焉，以形字系屬上下，則不可分割為二明矣。由是宋明理氣之爭，紛紜轇轕，不可究詰。曰：理氣先後，《朱子語類卷一》「問先有理抑先有氣？曰：理未嘗離乎氣，然理，形而上者；氣，形而下者，自形而上下言，豈無先後。」曰：理在氣中。《明儒學案卷四十七》四八七頁。羅整庵曰：「理果物也哉？蓋通天地，亙古今，無非一氣而已，而一動一靜，一往一來，一闔一闢，一升一降，循環無已。積微而著，由著復微，為四時之溫涼寒暑，為萬物之生長收藏，為斯民之日用彝倫，為人事之成敗得失，千條萬緒，紛紜轇轕，而卒不克亂，有莫知其所以然而然，是即所謂理也，初非別有一物依於氣而立，附於氣而行也。」又《卷二十六》二六四頁十八行，唐凝庵曰：「盈天地間一氣而已，生生不已皆此也，乾元也，太極也，太和也，皆氣之別名也。自其分陰分陽，千變萬化，條理精詳卒不可亂，故謂之理，非氣外別有理也。」曰：理氣不離。《明儒學案卷三．崇仁學案卷三．十七頁二十四行．魏莊渠復余子積論性書》曰：「尊兄謂理常渾淪，氣纔有許多分別出來，若如愚見，則理氣原不相離，理渾淪只是一個，及至開闢一氣，大分之則爲陰陽。小分之，則爲五行，理隨氣具，各各不同。」《廣近思錄卷四》六十八頁二行。胡敬齋曰：「理氣不相離，心與理不二，心存則氣清，氣清則理益明，理明氣清，則心益泰然矣。」曰：唯氣無理。《明儒學案卷五十．諸儒學案中四》五二五頁五行，王浚川雅述：「天地之先，元氣而已矣，元氣之上無物，故元氣爲道之本。」同卷五二六，二行：「愚謂天地未生，只有元氣。元氣具，則造化人物之道理，即此而在，故元氣之上無物，無道無理。」由上宋明諸大儒，要在以主從合離，明二者之關係，但就伊川以理爲體。以氣爲用之言觀之，則諸儒之辯，徒紛紛耳。宋明諸儒理氣之辯，自朱子而下，紛紛不一，朱子以理氣本無先後之可尋，但理爲形而上，氣爲形而下，自無形生有形言之，則理固爲先，曰先後，亦姑爲之說，不過主從之分耳。羅整庵以通天地古今只有一氣，理自然運行乎一氣之中，是理在氣中以氣爲主也。唐凝庵以理爲氣之條理，非氣外別有理，與整庵同以氣爲主，而又以理未嘗離乎氣也。魏莊渠則謂理氣本爲一體。胡敬齋謂理氣相因而清明。魏胡皆謂二者不相離，王浚川則主唯氣之說，而又曰元氣爲道之本，則理隨氣在，僅在氣之次，非絕無理，是理氣仍未離絕也。要之，諸儒不過以主從合離說明二者之關係，但有理氣二名在，非主則從，不合則離，必居一於是矣。反不如伊川理體氣用（理無不善，體也；氣有善有不善，用也）之說，則理、氣二者非一非二，其關係至明。

結語

謹按伊川以形而上下分理氣，謂理無不善（形而上）；氣有善不善（形而下），即以理爲本體，氣爲作用，氣爲本體之顯現也。由是理氣二名，遂生激烈之爭執（理氣爲二爲一）明儒羅整庵啓其端，攻之尤力者爲劉蕺出及其弟子黃梨洲等。整庵謂伊川有二理氣之嫌，據「所以陰陽者道」一語中之「所以」二字爲辭，曰：所以固指形而上者。……以伯子「元來只此是道」觀之，自見渾然之妙，似不須更著「所以」字也。意即「所以」二字明示「一陰一陽」之變化，別爲一物（道）致之使然，即有外力爲之主動，是道氣分而爲二也。羅又曰：「或者（伊川）因《易》有太極一言，乃疑陰陽之變易，類有一物主宰乎其間者」同頁，則斥伊川以理爲氣之主宰，是認理別爲一物也。然整庵又曰：「理是氣之理，當於氣之轉折處觀之。……夫往而不能不來，來而不能不往，有莫知其所以然而然，若有一物主宰乎其間而使之然，此理之所以名也（引見前）。」此段整庵直曰：「理爲氣之主宰」，何其自相矛盾若是。後劉蕺山力斥程朱理生氣之見，以爲凡道理皆從形器而立，專言形而上，也陷於「提高一層」之見。㉖此即力斥伊川二分理氣也。蕺山弟子黃梨洲繼之，攻程朱益力，曰：「所謂有物先天地者，不爲二氏之歸乎。……只爲將此理另作一物看……夫盈天地止有氣質之性，更無義理之性。」㉗梨洲蓋是唯氣論者，其言曰「天地間只有氣，更無理。」㉘此種唯氣之說，本自橫渠（橫渠以氣爲形而上，爲萬有生生之本原，然氣之凝聚成形，則爲形而下，又以氣爲實在）其後王船山從之，亦以氣爲根本，梨洲、習齋，皆受橫渠論氣之影響，故其言多同。要之，攻詆理氣二元之重點（實則理氣二元說成自朱子）不過理生氣，理高出於氣之上，理爲氣之主宰而已。質言之，即謂程朱以理別爲一物，故與氣爲二元。今按以理別爲一物，是指伊川以理爲本體也（將理提高一層），然蕺山仍尊體用之說，葉廷秀問體用一源？蕺山曰：「體用一源，乃先儒（伊川）卓見道體而後有是言。……須知此理流行心目之前。……蓋自其可見者而言，則謂之用；自其不可見者而言，則謂之體，非截然有兩事也。」㉙蕺山極贊體用說，並謂「體用非截然爲二事」則伊川以體用言理氣，固截然爲二事乎？明儒詆伊川言理氣不免支離，則攻之者亦不免有支離之嫌。曰：唯氣而已。又曰：理爲氣之條理，則理僅爲空具之形式，以氣爲實在，理從形器而立，是則別立形器（氣）以頓放理，寧不支離耶？朱子謂「理搭在陰陽上，如人跨馬相似（語類卷九四）」如蕺山言（理從形器而立），則「理亦附在氣上矣。」嘗思伊川必以理氣言者，固所以釋人性之善惡，蓋氣有善不善，故陽明謂此語（氣有善不善）爲伊川分義理，氣質二性之根（伊案三四七頁），此亦見伊川用心之所在也。伊川不言器而言氣者，亦有深意。器，是固定物事，氣則能流通變化，與生化作用無礙，所謂天機活潑是也，伊川又以神名氣，與橫渠重視氣之義同，橫渠言氣，以神爲體（正蒙神化），伊川以氣爲用，又以氣爲神，主在顯大化之流行，條暢周溥，非謂氣必聽命於理，而爲理所驅使也。氣者，理之氣也。故曰：「有理則有氣」（經說一），此以體用說理氣，則理氣固一物（本枝一體），體用無本末之分。平心而論，理氣與道器實同，道器以形字分上下，同爲一物，理氣亦以形而上下爲分，亦是一事。攻之者，竟以理生氣斥爲二分（實則理自顯發而爲氣，非是生，亦猶唯氣論者以理自氣之條理相似，皆是二名一物），則是理氣之辯，浸淫流爲意氣之爭（理學、心學對立），亦未爲允當。唯伊川分氣爲眞元與外氣，但眞元之氣與陰陽二氣有何關係？使眞元與二氣不同，則二者各有何用？使其同也，則二名歧出，易生淆亂，既有陰陽，何須眞元？且二氣已能化育，則眞元何用？又謂眞元能生氣，所生者究爲何氣？伊川於此等處，均未明言，頗滋疑竇，竊謂眞元，即是陰陽二氣，未分爲眞元（即橫渠之所謂一，一故神，見正蒙參兩篇），分則爲陰陽（兩故化），眞元與陰陽，即在未形已形之際，若如是，則眞元或即乾元歟？至伊川論古今壽命，決於氣運，而曰「氣便是命」，則伊川夙命論之所根據，不免爲後世星相術士立言矣。

參考書目

《說文解字第一篇》、《禮記禮運・樂記・祭義》、《禮記正義》、《禮記集說》、《朱子文集卷五十八》、《廣近思錄卷二》、《宋元學案卷十五・十二・十七》、《左傳昭元年》、《國語魯語上》、《大戴記解詁》、《淮南精神訓・天文訓》、《論衡齊世言毒・訂鬼》、《濂洛關閩書卷十二》、《莊子至樂》、《詩邶風・小雅小弁》、《荀子天論》、《明儒學案卷二十六・四十七・三・五十・四十七・六十二》、《孟子告子》、《朱子語類卷一》。

(六)易道

道外無物，道一而已，然則道之外詎別有所謂《易道》哉？蓋《易道》者、《易經》一書，所言之道也。《周易》中之「易」字，每有專指《易書》者，如〈繫傳下第八〉曰：「《易》之爲書也，不可遠。」〈繫下傳第九〉曰：「《易》之爲書也，原始要終以爲質也。」第十曰：「《易》之爲書也，廣大悉備。」皆出書字固無疑，而〈繫上第二〉曰：「是故君子所居而安者《易》之序也。」第四，「《易》與天地準，故能彌綸天地之道。」第九，「《易》有聖人之道四焉……」第十一，「《易》有太極。」〈說卦傳〉曰：「昔者聖人之作《易》也……故《易》六畫而成卦。」上引諸「易」字，似皆指《易書》而言也。故謂「易道」，即《易經》一書所言之道也。《易》道廣大，靡不賅備，自近及遠，曲盡天地萬物之理，〈繫上傳第六〉曰：「夫《易》廣矣，大矣，以言乎遠則不禦，以言乎邇，則靜而正，以言乎天地之間則備矣。」伊川曰：

《易》道廣大，推遠則無窮，近言則安靜而正，天地之間，萬物之理，無有不同。

故曰：「《易》之道，其至矣乎。」〈繫上第七〉子曰：「《易》其至矣乎。夫《易》聖人所以崇德而廣業也。知崇禮卑，崇效天，卑法地，天地設位，而《易》行乎其中矣。」伊川曰：

《易》之道其至矣乎！聖人以《易》之道，崇大其德業也。知則崇高，禮則卑下，高卑順理，合天地之道也。高卑之位設，則《易》在其中矣。

右二則總論《易》道，僅贊頌之辭耳。伊川或舉《易》學全體，亦曰《易》之道。《全書卷五十一．伊川經說六》十五頁二行：

子曰加我數年，五十以學《易》，可以無大過矣，此未贊《易》時言也。更加我數年，至五十以學《易》道，無大過矣。古之傳《易》，如八索之類皆過也。所以《易》道未明，聖人有作，則《易》道明矣。

《全書卷二十．語五》四頁八行，謝師直爲長安漕，明道爲鄠縣簿，論《易》及《春秋》，明道云，運使猶有所長（謂《春秋》）《易》則全融會不得，師直說與先生，伊川答曰：

據某所見，二公（明道、師直）皆深知《易》者也。師直曰：何故？先生曰：以運使能屈節問一主簿，以一主簿而敢言運使不知《易》，非深知易道者不能。

伊川以謝師直能屈節，明道敢言，爲知《易》道，屈節，謙抑也，知盈虛之理。〈謙彖傳〉「天道虧盈而益謙，人道惡盈而好謙。」〈初六象傳〉「謙謙君子，卑以自牧也。」皆明示謙抑之事。又〈大畜彖傳〉「剛健篤實，輝光日新。」是質直之義，若此之類，雖亦《易》道，未目本體，《易》與天地準，其義即天地之道。《全書卷四十六．伊川經說一》二頁二行，伊川曰：

聖人作《易》以準則天地之道。《易》之義，天地之道也，故能彌綸天地之道。彌，徧也。綸，理也。徧理天地之道，而後仰觀天文，俯察地理，驗之著見之迹，故能知幽明之故，原究其始，要考其終，則可以見死生之理，聚爲精氣，散爲游魂，聚則爲物，散則爲變，觀聚散，則見鬼神之情狀，以幽明之故，死生之理，鬼神之情狀觀之，則可以見天地之道，《易》之義與天地之道相似，相似，謂相同也。模量天地之運化而不過差，委曲成就萬物之理而無遺失，通晝夜闔闢屈伸之道而知其所以然，如此則得天地之妙用，知道德之本原，所以見至神之妙無有方所，而《易》之準道，無有形體。

右段伊川所以釋〈繫上第四章〉「《易》與天地準故能彌綸天地之道。……故神無方而《易》無體。」全章，言《易書》準則天地之道，其曰「模量天地之運化四句，即已知道德之本原。又曰「以幽明之故，死生之理，鬼神之情狀觀之，則可以見天地之道。」則《易》之義實與天地之道等同，故謂「即天地之道也。」是《易》道與天道爲一也。天地之大德曰生（繫下第一章）天地唯此生德而已。《全書卷十九．語四》五十八頁三行，或問上經是天地生萬物，下經是男女生萬物？伊川曰：

天地中只是一個生，人之生於男女，即天地之生，安得爲異？

天地中只是一個「生」，生男女，生萬物，均是生，同出一源（乾元），是天地之生德如此，故其道生生不息，生生之謂《易》（上繫第五章）是也。《全書卷十六．語一》九頁八行，伊川曰：

道，則自然生萬物。今夫春生夏長了一番，皆是道之生。道，則自然生生不息。

《周易傳義附錄卷十》伊川曰：

生生之謂易，是天之所以爲道也，天只是以生爲道。

按生生一詞，載籍嘗數言之。《尚書盤庚篇》「女萬民乃不生生，暨予一人猷同心。」又曰：「往哉生生，今予將試以女遷，永建乃家。」又曰：「無總於貨寶生生自庸。」「生生」二字僞孔傳，孔疏均訓「進進」。集傳則曰：「樂生興事，則其生也厚，是爲生生。」集傳訓義較允，按「生生」，實有日新創進之義，蓋先民已深知天地生生之大德，故以厚生爲施政之綱領。《左傳文公七年》郤缺引夏書曰：「正德利用厚生，謂之三事。」《大戴禮衛將軍文子第六十》孔子曰：「高柴執親之喪，則難能也，開蟄不殺，則天道也；方長不折，則恕也，恕則仁也。」此亦體天地好生之德，所謂仁恕是也。由知先民仁恕思想，均由重視生德之古訓所孕育，其來久矣！至《周易彖傳》推本萬物之始，乃立「乾元」之名，故伊川謂乾元之統天道，爲萬物之所資始，亦即萬物之本原，《易》之道固在是矣。〈乾彖傳〉「大哉乾元，萬物資始乃統天」下，伊川曰：

> 乾元，統言天之道也。天道始萬物，萬物資始於天也。

乾元爲萬物之所資始，固即萬有之本原，萬化之初基！故爲《易》道，亦爲天地之道，《易》道即天地之道也。明唐凝庵曰：「惟《易》標出一個乾元來統天，見天之生生，有個本來，其餘經書，只說到天地之化育而已，蓋自有天地而乾元不可見矣。然學者不見乾元，總是無頭學問。」[30]誠見道之名言，所謂學問大頭腦也，故伊川曰：「《易》道從一起。」《全書卷三十九．外書十二》十六頁四行，伊川自涪陵歸過襄陽子安（楊子安侍郎學禪不信伊川），子安問《易》從何處起？時方揮扇，伊川以扇柄畫地一下曰：「從這裡起。」子安無語。項安世《周易玩辭卷一》曰：「在《易》象，則奇爻一，畫之始也。萬變皆起於奇，故奇之一畫，足以統《易》之全象。」項氏玩《程傳》甚久，而謂奇畫一，統《易》之全象，足見其於伊川「《易》道從一起」之言，已深有所得也。有一必有二、有三，以至於無窮。《全書卷十九．語四》六十一頁六行，伊川曰：

有陰便有陽，有一便有二，纔有一二，便有一二之間便是三，以往更無窮。老子亦言三生萬物（老子四十二章：「道生一、一生二、二生三、三生萬物」）。此是生生之謂《易》，理自然如此。

伊川右段，即用老子自一至三演生之義。所謂一，即乾元也。〈繫下第一章〉曰：「天下之動，貞夫一者也。」虞注：「一，謂乾元。萬物之動，各資天一（即太一）陽氣已生，故天下之動，貞乎一者也。」伊川所謂「《易》從一畫起」。一，即是乾元，一畫奇，正象陽氣之靜專動直。《說文解字一篇》一字下曰：「惟初太極，道立於一，造分天地，化成萬物。」許氏訓「一」字與乾元之義暗合。「元」者，氣之始，《九家易》曰：「元者氣之始」《明儒學案卷五十》五二五頁五行，曰：「天地之先，元氣而已矣，元氣之上無物。」善之長，《乾文言傳》爲四德之首，猶五常之仁。《程傳》二十四頁末行，伊川曰：

四德之元，猶五常之仁，偏言則一事，專言則包四者。

又謂「元，即仁也。」《程傳》二十六頁三行，〈文言傳〉「君子體仁足以長人」句下，伊川曰：

體法於乾之仁，乃爲君長之道，足以長人也。體仁，體元也，比而效之謂之體。

曰「體法於乾之仁」，乃體法「乾元」之仁，元、仁，皆全生理。又曰：「體仁，體元也。」故「仁」即元也；元，即仁也，宋、明諸大儒於「元」、「仁」有同一之義訓，不爲無本。《全書卷二十四・語八上》九頁一行，范季平問「博學而篤志，仁在其中」（《論語子張篇》）如何？伊川曰：

仁，即道也，百善之首也。

元，即乾元，謂道（伊川語，見上引）而此曰：「仁即道也。」是元、仁之義畢同，元、仁一義，後儒尤多暢發之者。《文公易說卷七》「愚謂四德之元，猶四時之春，五常之仁，乃天地化育之端，萬物之所從出，故曰萬物資始。」《廣近思錄卷一》十三頁五行，薛敬軒曰：「滿天地是生物之心，滿腔子是惻隱之心。天道，元而已；人道，仁而已。」天地之心與惻隱之心，同爲生道，故天地之元，人心之仁，其義一也。王夫之《周易外傳》曰：「元者，仁也，善之長也。」上引，自朱子以下，均言元與仁同，本伊川之說也。仁者以天地萬物爲一體，蓋物我同有此仁德，同稟天地之元氣而生者也，天心至仁。《全書卷三十九．外書十二》二十六頁下九行，尹和靖初見伊川先生，一日有江南鮑某守官西京見伊川問仁曰「仁者愛人」，便是仁乎？伊川曰：愛人、仁之事耳，和靖時侍坐，歸取《論語》說仁事致思久之，忽有所得，遂見伊川請益曰：某以爲「仁」，惟「公」可以盡之，伊川沈思久之，曰：

思而至此，學者所難及也。天心所以至仁者，惟公耳，人能至公便是仁。

伊川明言「天心至仁」，人又天地之心（禮記禮運篇語），故仁通天人。《全書卷十六．語一》二十一頁九行，伊川曰：

所謂人者天地之心及天聰明自我民聰明。㉛止謂只是一理。

天人一理，天道即乾道，天道生育之功，即其仁德之表現，所謂「乾道變化，各正性命」，即顯化之謂也。乾元一氣之流行，在人心目之前，至易發現，可謂無物不具。《全書卷三十九・外書十二》十七頁四行，和靖嘗問伊川「鳶飛戾天，魚躍於淵。」㉜莫是上下一理否？伊川曰：「到這裡，只得點頭。」按鳶飛二句朱子於《中庸》引此句下注曰：「以明化育流行，上下昭著，莫非此理之用。」伊川盛讚鳶飛二句，蓋魚鳥各極其自得之趣，乃乾元流行，生機洋溢，無物不得其所，此天地生德之昭察。無往而非在人心目之前，質而言之。《易》之道，即乾元，乾元即宇宙，即天地之生機，生生不息之眞機也。萬物之生成變化，胥賴乎此，乃宇宙生命之原動力，亦即道之本體也。

結語

謹按宇宙之本體爲生機。伊川已見宇宙生機具有無既之潛能，故謂「生生之理爲實理」（語一）又曰：「生生之理自然不息（同上）」曰「自然」者，莫或爲之也。故又曰「維天之命，於穆不已，自是理之相續不已（語四）。」論萬有之衍生「有一、有二、有三以至於無窮。」則引《老子》三生萬物之句而默許之。與其平素專斥老學之態度迥乎不同。足見儒道之於眞理，其所見固有同者（聖無二致）。所謂「道並行而不相悖」者與。又按《易》以太極、乾元爲體，（二名一實）太極，爲體之蘊積；乾元，爲氣之流行，要惟生機之一隱一顯而已。〈大傳〉言「天地之大德曰生」，又曰「生生之謂《易》」（引見本節）已明白指出宇宙之生命爲「生機」。《易》準天地之道，《易》之道，亦不外「生機」而已矣。仁者，生機之表德，故天壤間生機洋溢，則爲天地之仁德；人性仁愛，亦具天地之生理，則《易》道之所以以生道、仁德爲本原，而儒家自孔子即本此大生廣生生化不息之天道，而建立人本仁道之哲學，以開創富有日新之人生也。伊川闡明《易》道，亦以元、仁發揚天地之生德；以仁、元會觀天人之際，所謂「自一身以觀天地」者，惟此同具之生理、生機而已矣。以後宋明諸大儒相繼揄揚此義，以爲人生之蘄嚮，俾知人性之本然，而人道因之以立，人紀由是而彰，皆大《易》重視生生之德有以先之也。

參考書目

《尚書盤庚篇．大禹謨》、《大戴記卷六》、《老子四十二章》、《周易虞氏義》、《說文解字一篇》、《周易集傳序》、《文公易說卷七》、《廣近思錄卷一》、《周易外傳卷一》、《禮記禮運》、《陽明語錄》、《詩大雅旱麓》、《詩集傳》、《中庸》、《近思錄卷一》、《理學宗傳卷二十二》、《莊子齊物論．天運》、《宋元學案卷三十九》、《傳習錄卷一》。

二、對待與陰陽

(一)對待

宇內萬有之變化，每有兩相對待之現象，令人、物自然彼此間發生極密切之關聯，亦因此對待之律則而變化不息，生生不已。此種若爲規律之自然法則，亦即天道之常，乃宇宙之所以爲變，以持其常度者也。故《大易》即以此精微之原理，明析宇宙萬變之情狀。觀《易》中對待之詞可知，如天道：則有天地、乾坤、日月、動靜、剛柔、闔闢、盈虛、消息、微顯、泰否、損益之別；人事：則有男女、夫婦、君子小人、出處、語默、行止、出入、進退、俯仰、明晦、逆順、治亂、安危、盛衰、得失、善惡之分。上舉對待之詞，皆有一陰一陽之義。〈繫上傳首章〉曰：「天尊地卑，乾坤定矣，卑高以陳，貴賤位矣，動靜有常，剛柔斷矣。」六句中《易》之大義悉賅，而對待之理至爲章明。〈泰彖傳〉曰：「內陽而外陰，內健而外順，內君子而外小人，君子道長，小人道消。」此卦三陰居外，三陽在內，相與對待，故〈彖傳〉云然。蓋太極渾然一物，而動靜之理已具，道固如是。《全書卷十六．語一》二十六頁七行，伊川曰：

天地之間皆有對，有陰則有陽，有善則有惡，君子小人之氣常停，不可都生君子，但六分居子則治，六分小人則亂；七分君子則大治，七分小人則大亂。

陰陽乃大化流行一氣之兩面，屬於天道之相對者，善惡，係就人生價値而言，有此相對之二名。君子小人，專指人之行爲而分，此三者爲對待現象至大至顯之例，舉一概三，故曰「天地之間皆有對」，事物必有對待，爲理之必然。《程傳》二〇四頁五行，〈損彖傳〉「曷之用，二簋可用享，二簋應有時，損剛益柔有時。」句下，伊川曰：

夫子特釋曷之用，二簋可用享，卦辭簡直，謂當損去浮飾。曰：何所用哉？二簋可以享也，厚本損末之謂也。夫子恐後人不達，遂以爲文飾當盡去，故詳言之，有本必有末；有實必有文，天下萬事，無不然者。

有本必有末，有文必有實，曰「必」者，理之必然也，其勢必不容已。推之於天下之事，無有不然，事物必有對待之情狀也。明道亦曰「萬物莫不有對，一陰一陽，一善一惡，陽長則陰消，善增則惡減，斯理也，推之其遠乎。」㉝故伊川曰：理必有對待，〈賁彖傳〉「賁亨。……文明以止，人文也。」句下，伊川曰：

此承上文言，陰陽剛柔相文者，天之文也。止於文明者，人之文也。止，謂處於文明也，質必有文，自然之理，理必有對待，生生之本也。

蓋一不獨立，二則爲文。《程傳》一一七頁五行：

有上則有下，有此則有彼，有質則有文，一不獨立，二則爲文，非知道者，孰能識之。

理必有對待，一故不能獨立，二則爲文，本之《國語卷十六．鄭語》史伯對鄭桓公問和同？曰：「於是乎先王聘后於異姓，擇臣取諫工而講以多物，務和同也，聲一無聽，物一無文，味一無果。」史伯之意，謂王不知去同而取和，和必二以上之物相協調，略如今化學之所云「中和」，如是，則異物之優劣短長相和合，此兼異物之長，非相對待，然不取一（獨一），對待之意已寓，伊川則取其「一不成用」之意，而曰：「一不獨立，二則爲文」是善用古語也。竊謂「一不獨立」二句，爲對待論中之綱領，「二則爲文」非僅文（去聲）之而已，而生化本原，胥在於是。故曰：「非知道者，孰能識之」？一故有待於二，二乃能化。二，固所以爲合，亦所以致和也，〈序卦傳〉云：「夬，決也。決必有所遇，故受之以姤。」伊川曰：

姤，遇也。決，判也，物之決判，則有遇合，本合則何遇？物本合，何所遇？故物已決判，乃有遇合，決判者，二之之謂。是二乃所以爲合和也。對待之名，相因而起，相形而生。無此則無彼，無彼亦無此。凡對待之物事必相須相求，此理勢之自然也。天地絪緼（二氣密接），萬物化醇，此之謂也。

結語

謹按對待原理，莫備於《易》，如陰陽之合闢往來，天道之盈虛消息，皆相待而起，相對而生。太極已涵對待之原理，人事之錯綜紛紜，其間對待之現象，尤爲叢雜！先聖作《易》以通神明之德，以類萬物之情，因貳（對待）以濟民行，以明失得之報，皆教人以處「對待」之方也。伊川見天地間無一物之無對，人自不能外此，故特明相對二物之相須相求，適以成其用，見其必有合和之勢，化除彼此相對之外貌，則人類互相親比和洽，而太和之氣象可致，人世紛爭對峙之險巇，可以泯滅，故雖對而實無對，則對待反爲人類所利用矣。在對待相形之下，吾人可以截長補短，見賢思齊，見不賢而內自省，水固不可以濟水，水火相敵，反成既濟之功。由是相形相感，相與攻錯，由質而文，踵事增華，而人文之化以成，故曰二則爲文，文所以承夫質之不足而有以更新創進，則對待不爲害而爲福，此伊川論對待之精闢處，然謂「理必有對待」據何云然？似未言明，不如濂溪謂「太極動而生陽，動極而靜，靜而生陰，靜極復動，一動一靜，互爲其根，分陰分陽，兩儀立焉（太極圖說）。」一段中指出相爲對待之陰陽動靜，已蘊於太極之內，則「理必有對待」一語，乃有實據，故伊川於對待論中倡「二則爲文」（本外傳而恢宏其義）之說，以明對待足以增進人類文明之意，頗有創發，而於對待原理之闡釋仍嫌其稍有未足也。

參考書目

《老子二章・四十四章》、《莊子逍遙遊・秋水篇》、《宋元學案卷十二》、《濂洛關閩書卷三》、《國語鄭語》、《春秋繁露天道無二》、《詩匏有苦葉・摽梅》、《文公易說卷十三・二》、《周易外傳卷七卷四》、《周易集解卷二》、《禮記郊特牲》、《大戴記卷二》。

㈡陰　陽

陰陽，相對之物也。對待、陰陽，理無二致。《程傳》二四七頁六行。〈鼎九二〉「鼎有實，我仇有疾。」句下伊川曰：

仇，對也，陰陽相對之物，謂初也。

陰陽，天道之大者，故《易》唯言陰陽而已矣。陽奇陰偶，卦爻以生，由是六十四卦唯以陰陽奇偶，錯綜交合，闡明宇宙萬象之變化。《易》有三義，而以變易爲之樞，萬變實起於陰陽之動靜，即此環中以應無窮之變化，故萬變不離夫陰陽也。朱子曰：「易字義只是陰陽，《易》不離陰陽，千變萬化，只是這兩個。」（文公易說卷二）陰陽之化，不疾而速，不行而至，無先無後，無始無終，其惟神乎！

《近思錄卷一》十頁六行，伊川曰：

動靜無端，陰陽無始，非知道者，孰能識之？

《全書卷十六・語一》二十四頁四行，伊川曰：

陰陽開闔，本無先後，不可道今日有陰，明日有陽，如人有形影，蓋形影一時，不可言今日有形，明日有影，有便齊有。

陰陽大化，本無先後終始之可尋，如其可尋，則有際斷矣，焉能不息不已以大生廣生耶？按陰陽無始相反乎無端，而莫知其所窮。《莊子》書中亦嘗及之。田子方篇曰：「至陰肅肅，至陽赫赫。……兩者交通成和而物生焉。……始終相反乎無端，而莫知其所窮。」天地如洪爐，陰陽者，冶金之火也，萬物之生成變化，胥賴其鎔鑄之功。傳曰：「陰陽不測之謂神」（繫上第五）故天下之物未有能離乎陰陽者也。《全書卷四十六・伊川經說一》四頁二行，伊川曰：

天下之有，不離夫陰陽，唯神也，莫知其鄉（向）。

《文公易說卷九》問天下萬事不離陰陽？答曰：「泛觀天地，近觀人情，物理皆然。」均申明此意。陰陽，氣也，氣者理之顯發固爲形而下者。《全書卷十六・語一》二十六頁三行，伊川曰：

離了陰陽更無道，所以陰陽者是道也。陰陽，氣也。氣是形而下者，道是形而上者。

《全書卷四十六・伊川經說一》三頁下一行，伊川曰：

道爲一陰一陽也。

道者，一陰一陽也。一陰一陽，往來變化，是之謂道。道非陰陽，所以陰陽者是道也。道，理也，道者總名，理其實體，陰陽乃理之顯發，故爲形而下者。《文公易說卷十》問「一陰一陽之謂道」，是太極否？曰：「陰陽不是太極，道是太極，蓋所以一陰一陽者也。流行運用，未有定質者爲陽，此繼之者善也；已附著成形不可變易者爲陰，此成之者性也。」又曰：「一陰一陽之謂道，則陰陽不是道，所以爲陰陽者乃道也。」朱子於道與陰陽二者，分疏至爲明洽，道者在能所以爲陰陽，玩「所以」之義，蓋是莫或爲之，若或爲之也。陰陽爲氣，二氣感應以相與，首發於〈咸彖傳〉曰：「咸感也，柔上而剛下，二氣感應以相與。」傳曰：

兌女在上，艮男居下，亦柔上而剛下也。陰陽二氣相感相應而和合，是相與也。

陰陽和而後萬物生，此對待之常情，二物相須相求以至於化生，即伊川所謂有二必有三以至於無窮（引見前）老子所謂三生萬物，生生不息，新新相續乃自然之通性，但陰陽又各有性能，天施地生（益彖傳），陽施陰化，陽喜上進，陰則下行《程傳》四十八頁一行，伊川曰：

陽之爲物，剛健上進者也。又曰：陽皆上進之物（一三四頁三行）。

《程傳》二八二頁三行，伊川曰：

六三陰柔，上下俱陽而獨之四者，陰性下也。

陰陽以一氣之消長闔闢，往來屈伸，令宇宙萬有滅故起新，生生不已，此大化流行之樞機，宇宙生命之活力，不明陰陽之理，何足以言《易》？

結　語

謹按陰陽爲相對待之二氣，本爲一物，以生生之理（生機）具有潛能，必須顯於外，乃化而爲二（即太極顯爲陰陽之對待），天地之內，自人之生成以及品物之繁衍，無一不在陰陽大化之中，大化煦嫗孕育，萬物日賴其涵泳長養而不自知，譬猶魚之在水而相忘也。一旦離陰陽之化，未有不憔悴立斃也。陰陽之大用至矣！唯陰陽之生物，賴和合而後爲功，自六藝諸子於二氣和合生物之旨，持論先後一揆，故伊川之論陰陽，特即其和合之要敷暢之而已。陰陽和合，因二氣之交感，伊川於此，亦亟言之，但二氣何以能感，自應有其交感之性，此性當體於太極，太極陰陽雖本一物，但陰陽已化爲二，又不能不與太極相對，則太極、陰陽通此交感之性處，伊川似未明言，陽明謂「太極之生生，即陰陽之生生（傳習錄卷二）。」似較伊川「所以陰陽者道」一語爲直捷，但於交感之性，仍未脫然指出，惟橫渠謂「道中涵浮沈升降動靜相感之性。」㉞中有「相感之性」四字，然後兩（陰陽）之爲用，有所自來也。橫渠此言本明浮沈升降動靜對待之理，是生絪緼相盪之始，即生陰陽之始，高忠憲曰：「浮沈升降動靜者，陰陽二氣自然相感之理，是其體也；絪緼交密之狀，二氣摩盪，是其用也。」㉟高氏謂浮沈升降動靜，爲二氣相感之理，固是其體，則道中已具對待相感之性，而陰陽交感之性，由是有自來矣。伊川嘗謂橫渠談理，有強探力索之病，然此等處正見其樸質周到，故明儒王夫之言本原處多宗之，蓋有以也。又陰陽生物之性，散爲萬殊，萬殊各稟陰陽之性，故皆有相繼衍生之可能（性能），此於陰陽生物（陰陽大化）之功用上，極爲緊要，伊川於損六三爻下發傳謂絪緼交密之狀，天地之氣相交而密則生萬物，男女精氣交構則化生萬物。已喻物類稟涵陰陽生物之性，微嫌其發揮較少耳。意者以天地陰陽生化之妙用此理固深，一落言詮，易生故障。孟子曰：「天下之言性也，則故而已矣，所惡於智者，爲其鑿也。（孟子離婁下篇）」伊川曰：「故者本如是者也，此皆爲智者而發」（語一）是以不肯詳耳。

參考書目

《春秋繁露．陰陽出入上下第五十．天道無二第五十一．陽尊陰卑第四十三》、《文公易說卷二．卷十》、《近思錄卷一》、《莊子大宗師．田子方篇》、《傳習錄卷二》、《周易傳義附錄卷十》、《廣近思錄卷一》、《禮記樂記．禮運》、《荀子天論》、《淮南氾論訓．泰族訓》、《國語周語》、《大戴記卷五》、《周易義海撮要卷七》、《宋元學案卷十七》、《續近思錄卷一》、《周易略例卷十》、《孟子離婁篇》。

三、動

孟子嘗謂「體有小大，養其大者爲大人。」又曰：「心之官則思，思則得之，此天之所以與我者。」

㊱則人之大體，固爲心矣。心者，身之主宰也。人不能無心，以人而擬諸天地，天地亦未嘗無心，故〈復卦彖傳〉曰：「復其見天地之心乎！」當剝極來復，乾坤否閉，天地之心未動，不可得而見，迨夫冬至，一陽初動，而萬物未之或生，則其端見矣，蓋未動不見，盛動難見，唯初動可見耳。故伊川曰：「動之端，乃天地之心也。」《程傳》一二六頁四行，彖傳「復其見天地之心乎」句下，伊川曰：

先儒皆以靜爲見天地之心，蓋不知動之端，乃天地之心也，非知道者，孰能識之。

按漢儒孟喜卦氣，剝在九月，坤在十月。十月積陰，陽氣潛藏，天地生物之心，固未嘗息，但無端倪可見，惟復卦在十一月，冬至一陽既復，生意發動，乃始可以見其端倪，故伊川曰：「動之端乃見天地之心。」天地之心，實即天地生物之心也。《程傳》一二六頁三行，伊川曰：

一陽復於下，乃天地生物之心也。

天地之大德曰生（繫下第一）。天地固以生物爲心也。「陽起初九，爲天地心。」㊲陽氣生育萬物（《程傳》一二五頁）故天地生物之心無疑。天地雖有心，而必於陽動之初乃見者，所謂一陽復於地中，方動靜之間，新生之陽易見也。《程傳》一二四頁末行〈復卦辭〉前，伊川曰：

爲卦，一陽生五陰之下，陰極而陽復也。歲十月（坤卦主事）陰盛既極，冬至則一陽復生於地中，故爲復也。

陽復於地中，陽氣初起，承靜極動初之際，一靜一動，相即不離，故動雖微而仍顯，所謂涇以渭濁者也（按涇水本濁，渭本清，方涇之未入渭前，雖濁而人不見其濁，迨已入渭，以渭清而顯出涇之濁）

亦猶靜動之間相形，而動之一面，尤爲顯現也。朱子曰：「這裡見得親切，那個（消剝之陽）不如那新生的鮮好，故指接頭再生者言之，則可以見天地之心親切！」㊳此陽謂陽氣。《程傳》一二五頁一行〈復彖傳〉「復亨出入无疾」句下，伊川曰：

復亨，既復則亨也。陽氣復生於下，日漸亨盛而生育萬物，出入謂生長，復生於內，入也；長進於外，出也。先云出，語順耳，陽生非自外也。

曰：「陽生非自外。」又曰：「陽氣復生於下。」則陽，即指陽氣自明。《程傳》二十五頁七行，〈乾初九〉象曰：「潛龍勿用，陽在下也」句下，伊川曰：

陽氣在下，君子處微，未可用也。

此亦以陽氣釋陽字，一陽，朱子以爲即乾元，甚是。曰：「貞下起元，此際惟見乾元始萬物之道至大，那時只有個天地之心著見，天地之心即指乾元。」㊴蓋乾天下之至健，故乾元爲剛健之體，一陽初生，其氣雖微，但本具剛健之性，乃天地生物之仁心。《全書卷三十九》二十六頁二行，和靖見伊川請益曰某以爲仁惟公可以盡之，伊川曰：「思而至此學者所難及。」伊川曰：「天心至仁者惟公爾。」是天有仁心，〈乾文言〉「君子體仁足以長人」伊川曰：「體仁，體元也。」元、仁同訓，元，即乾元。乾元始生萬物，於此亦見天地之仁心，所謂動而見天地之心者此也。天心唯動，雖窮陰剝極，而未嘗或息。《程傳》一二二頁十行〈復卦〉下，伊川曰：

物無剝盡之理，故剝極則復來，陰極則陽生，陽剝極於上，而復生於下，窮上而反下也。

物無剝盡之理，物，指陽氣，一元之氣運行於四時，雖有消息盛衰之象，而未嘗或息，剝極復來，間不容髮《全書卷四十》六十五頁末行，伊川曰：

一事息則一事生，生息之際，無一毫之間，碩果不食（剝上九爻），即爲復矣。

剝上九碩果不食，碩果以喻一陽，不食，喻孤陽之僅存，將有復生之理，陽之未嘗息，以天心之動而不已也。此恆動之天心，即宇宙之本體。《全書卷二十．語五》六頁四行，伊川曰：

子在川上曰：逝者如斯夫！言道之體如此，這裡須是自見得，張繹曰：此便是無窮，先生曰：固是道無窮。

逝者如斯夫，不舍晝夜，此即見道體之不息不已。「動」之謂也。《詩周頌》「維天之命，於穆不已。」箋：「命，猶道也。」正此之謂，天者道之總名，天即道也（解見前）故恆動之天心，即宇宙之本然，唯其剛健不息，故宇宙之本體，唯動而已矣。《程傳》一六一頁十一行〈恆象傳〉「利有攸往，終則有始也」句下，伊川曰：

天下之理，未有不動而能恆者也，動則終而復始，所以恆而不窮。

天下之理，理指實體（本體）「理未有不動而能恆」恆者，貞常義，但非一定之謂（程傳一二六頁首行）故必須動，動而後變化生焉，故又曰：「動則終而復始。」終則去故，始又生新，滅故生新，變化無窮，乃可以持續宇宙之大生命以至於無窮，宇宙化生，唯此一動，乾動也直，坤動也闢，乾坤雖亦言靜，但爲動之靜非對動言靜，蓋動靜無端也。《全書卷四十六．粹言天地篇》一頁五行，伊川曰：

冬至之前，天地閉塞，可謂靜矣，日月運行，未嘗息也。則謂之不動可乎？故曰動靜不相離。

右言天地之恆動而云「靜」者，則動之靜，動之徐徐云爾，天地之化，不容如是之迫（伊案三十六頁）也。船山曰：「時習而說，朋來而樂，動也；人不知而不慍，靜也，動之靜也。嗒然若喪其耦，靜也，廢之靜也。」（《思問錄內篇》三頁二行）船山發揮動之義至精。謂靜，為動之靜，力斥廢然之靜（完全靜止不動）所謂槁木死灰，了無生意可言也。伊川「動乃天地之心」一語，至船山而推闡益精，遂有「宇宙唯動」之論而曰：「太極動而生陽，動之動也，靜而生陰，動之靜也，廢然無動無靜，陰惡從生哉？一動一靜，闔闢之謂也，由闔而闢，由闢而闔皆動也，廢然之靜，則是息矣，至誠無息，況天地乎？維天之命，於穆不已，何靜之有？」此船山宇宙唯動之宏論，即自伊川「動乃天地之心」引申廣大而立言，尤為精至也。

結語

謹按動非某物體之移動，僅變更其方所而已。動字，即《易》道而言，其理至為精深，蓋《易》之大義，生生與變易二者實交互為用，生生之原理為體，變易之條貫為用，動，則兼體用之全而互濟其功也（體用均無不動）。宇宙之本體恆動，但動非即宇宙之本體，動，不過宇宙之恆性而已。本體為健動之體，人心亦然，其體亦以動而益顯（今人乍見孺子將入於井，皆有怵惻隱之心。孟子公孫丑上），故動為本體之動，非本體即是動也。天人之動，均須順理合道，伊川於此等處嘗言及之，至其動字之理，則自「仁」字生意，仁，備天人之理，仁，通天人之心，心，生道也。仁，主生發，人心有是仁，天地生物之心，亦係仁體，天地之大德曰生，生生不息，即天地仁德之表現，伊川所以以動為天地之心者，推本「仁」字而言也。然動字雖由伊川揭發，而動字內蘊之推衍無餘，則有賴於船山，伊川謂動乃見天地之心，天心之動，將由一陽生物之後始見耶？則見固在外，非由內也，若必須驗之於身心之間，方為實得是理，則何由驗之？伊川嘗言「實理得之於心自別。」實理須實見得（伊案三五〇頁）天聰明自我民聰明（尚書語，引見語一）即謂以此理質諸人而無疑，伊川所謂自一身以觀天地（伊案三六七頁）是也。誠若此，則天心應自人身上求之，求之而有得（默識心通），方為實得。於此似不若船山之言天心曰：「天地之心不易見，於吾心之復幾見之爾。」㊵乃以人心證天心，如此方為實見得。然後伊川人者天地之心，天人一理（語一）之語，可以不言而喻，又謂聖人有以見天下之動而觀其會通，會通，綱要也，其綱要為何？伊川亦未言明，此豈孟子所謂「引而不發」（盡心上篇）者與！船山主人宜常動以感通人己物我（天仍一物），亦是沿流溯源之論，不落空虛。故曰：「人之所以生者，非天地之心乎。」㊶蓋謂人心即天地之心，此言亦頗簡捷，前修未密，後出轉精，然無椎輪，安有大輅，要之，伊川以動字說《易》理，以動字觀天地之心，則達人之卓見，為不可易也。

參考書目

《孟子告子篇》、《文公易說卷七》、《濂洛關閩書》、《橫渠易說卷一》、《周易集說》、《宋元學案卷十一・三十九》、《詩谷風》、《清儒學案卷一・五十》、《論語子罕》、《崇程卷三》、《思問錄內篇》、《周易內傳卷二》、《周易外傳卷六》、《莊子庚桑楚》、《禮記樂記》、《中國古代哲學史》、《孟子離婁》、《詩小疋小宛》、《周易集解》。

四、變

《易》道尙變，故《易》之爲書，推極古今萬有之變，而見於爻畫奇耦之間。《程傳》二十三頁二行，「乾元亨利貞」下，伊川曰：

> 上古聖人始畫八卦，三才之道備矣，因而重之，以盡天下之變，故六畫而成卦。

《全書卷四十六・經說一》四頁下末行，伊川曰：

> 變化，爻之時義。

《易》以卦畫之陰陽奇耦相與往來錯綜以盡天下之變，故前人稱《易》爲變經㊷，所見良是。明儒胡居仁曰：「天下之變無窮，惟《易》可以盡之，若天地之闔闢，氣運之盛衰，日月之更迭，寒暑之往來，陰陽之消長，人物之死生，國家之興亡，其消息盈虛，進退存亡，幽明終始，皆是此理。」此中伊川之言而尤爲詳備。如乾之上九唯不識進退存亡得喪之理而謂之亢。〈乾文言傳〉「亢之爲言也，知進而不知退。……知進退存亡而不失其正，其唯聖人乎」聖人知變而不失其正。《乾鑿度》曰：「天地不變，不能通氣。」而況於人乎！人立天地之間，凡耳目所及，無一而非變，蓋其跡有可見也。

《全書卷四十一·經說一》一頁八行，〈繫上傳第一〉在天成象；在地成形，變化見矣。」句下，伊川曰：

> 象見於天，形成於地，變化之跡見矣。

言不論爲象、爲形，其變化之跡皆已形見，而可以目取也。《詩》三百篇嘗言之矣，高岸爲谷，深谷爲陵（小雅十月之交），此山澤之變也；昔我往矣，楊柳依依，今我來思，雨雪霏霏（小雅采薇），此時序之易也；月出皎兮（陳風月出），東方明矣（齊風雞鳴），此晝夜之異也；曀曀其陰，虺虺其雷（邶風終風），此天象之變也。凡此謂之非變可乎？所遇無故物（古詩），物無時而不變也，蓋物有聚散，聚則爲物，散則爲變。《全書卷四十六》二頁下八行，伊川曰：

> 聚爲精氣，散爲游魂，聚則爲物，散則爲變，觀聚散，則見鬼神之情狀，萬物始終聚散而已。

既變則無物《全書卷十九·語一》十二頁二行或問游魂爲變，是變化之變否？伊川曰：

> 既是變，則存者亡，堅者腐，更無物也。又曰：釋氏言成住壞空，便是不知道，只有成壞無住空，天下之物，無有住者。

以物無時無變，故曰物無住者，此理前人夙有所見。莊子〈齊物論〉曰：「方生方死，方死方生。」又曰：「其分也，成也；其成也，毀也。」〈秋水篇〉「物之生也，若馳若驟，無動而不變，無時而不移。」是也。惟天地亦然，每以盈虛爲變。《程傳》二六九頁五行〈豐彖傳〉「天地盈虛與時消息。」句下，伊川曰：

天地之盈虛，尚與時消息，況人與鬼神乎，盈虛，謂盛衰；消息，謂進退。

盈虛謂盛衰，盛衰即言變，由盛而衰，衰而復盛皆然，故天地之盈虛，即天地之變也，日月寒暑四時之推移，其尤著者也。《程傳》二四一頁六行〈革大象〉「澤中有火革，君子以治歷明時。」句下，伊川曰：

水火相息爲革，革變也。君子觀變革之象，推日月星辰之遷易以治歷數，明四時之序也，夫變易之道，事之至大，理之至明，跡之至著莫如四時，觀四時而順變革，則與天地合其序矣。

〈繫下傳第五〉「日往則月來，月往則日來，日月相推而明生焉，寒往則暑來，暑往則寒來，寒暑相推而歲成焉。」日月四時寒暑之消息盈虛，乃所以成變化之原理也。《程傳》一二一頁〈剝彖傳〉「君子尙消息盈虛，天行也。」句下，伊川曰：

君子存心消息盈虛之理而能順之，乃合乎天行也。理有消衰，有息長、有盈滿、有虛損，順之則吉，逆之則凶，君子隨時敦尚，所以事天也。

天地以盈虛消息而爲變，人亦有盛衰得失以順天常，理無不同，變原於天道之本然，故謂之天行，但變之中又有其不變者在，而天地之爲變，亦有其道（法則），相反相成，爲其通則，故必有對而後有變《宋元學案卷十五．伊川學案》三四三頁二十四行，伊川曰：

天地之化，既是兩物，必動已不齊，譬之兩扇磨行便其齒齊不得，齒齊既動，則物之出者，何可得齊？從此參差萬變，巧歷所不能窮也。

「天地之化，既是兩物」明其有對也。又曰：「物之出者，何可得齊」，則已爲變耳。物之不齊爲自然之法則，故孟子曰：「夫物之不齊，物之情也。」（滕文公上）。從此巧歷不能窮者，不能窮其變也，此明由對待而生變化之理，蓋對待感遇，兩相際會，一二爲三而變化自生。《全書卷十九・語四》伊川曰：

有一便有二，纔有一二，便有一二之間，便是三，已往更無窮（引見易道篇，此略）

對待感遇而生變化，《大易》言之至明，〈說卦傳第六〉曰：「故水火相逮，雷風不相悖，山澤通氣，然後能變化，既成萬物也。」其中水火、雷風、山澤，悉二名對待，而曰相逮，不相悖通氣云云，即二者感遇之事實，句終以「然後能變化」五字結之，此發明對待變化之理，固後儒言「變」之胎祖矣。孰主張是，孰綱維是？則陰陽是也，萬有之變化，必有大力以爲之驅策，而陰陽，則爲一切變化之總動力，大化流行之樞機，樞機發而後化育之功興，故萬變未能離乎陰陽也。《全書卷四十六・經說一》三頁八行，伊川曰：

通晝夜闔闢屈申之道而知其所以然。……《易》之準道，无有形體，道者，一陰一陽也。

按晝夜闔闢屈申之道，即陰陽爲變化之道也。故曰：道者一陰一陽也。一陰一陽，即闔闢屈申（感遇交媾）之謂，知此，則知大化之妙用，凡此神妙莫測之變化，皆一陰一陽之所爲，故萬變未能離之也。明道志康節之墓曰：「先生少時自雄其才玩心高明，觀天地運化陰陽之消息，以達萬物之變」（《全書卷四十一》）按天地運化，即陰陽之消息，以此而達萬物之變，益知萬變出於陰陽也。莊子云：「《

易》以道陰陽（天下篇）」，他亦自看得」（文公易說卷三）朱子之言，尤爲簡明，陰陽爲變化之動力，陰陽自身亦有其恆常之律動，以往來交際，則所謂動靜闔闢之機，即《易》一闔一闢謂之變也。《全書卷十六．語一》二十三頁六行，伊川曰：

人之有寤寐，猶天之有晝夜，陰陽動靜開闔之理也，如寤寐須順陰陽始得。

動靜闔闢，陰陽自身之活動，開闔與闔闢一義，人之寤寐與天之晝夜一理，小大不同，其事理則一，所謂自一身以觀天地。故謂「寤寐須順陰陽」即陰闔時則寐，陽開時則寤而起。《易隨大象》曰：「君子以嚮晦入宴息」是也。《全書卷十六．語一》二十八頁三行，伊川曰：

至如海水潮，日出則水涸，是潮退也，其涸者已無也。月出則潮水生，又非是將已涸之水爲潮，此是氣之終始闔闢，便是《易》一闔一闢謂之變。

終始闔闢，乃一氣開闔之終始，但終則有始，開闔亦不息不已。《易》言「一闔一闢謂之變，往來不窮謂之通」（上繫第十一章）。通者，通泰條暢，品物和洽生遂，各正其性命，是以謂之通，此實二氣之往來上下消息盈虛，而變化由之以生。《全書卷四十六》二頁下行，伊川曰：

聖人既設卦觀象而繫之以辭，明其吉凶之理以剛柔相推而知變化之道，進退消長，所以成變化也。

《程傳》七十四頁六行〈泰九三象〉曰：「无往不復，天地際也。」句下，伊川曰：

陽降於下，必復於上，陰升於上，必復於下，屈申往來之常理也。

又一六二頁〈恆彖傳〉「四時變化而能久成」下伊川曰：

四時，陰陽之氣耳，往來變化，生成萬物。

右引皆言由陰陽之活動，而變化生焉。《易》之大義去故取新於鼎革二卦暢發無餘。故變化與生生實有相濟之功，變，則生生而無窮。《程傳》三〇一頁一行，未濟卦下，伊川曰：

既濟矣，物之窮也。物窮而不變，則無不已之理。《易》者變易而不窮也。故既濟之後，受之以未濟而終焉，未濟，則未窮也，未窮則有生生之義。

《全書卷四十六》二頁下八行，伊川曰：

天地聖人之盛德大業，可謂至矣。富有，溥博也；日新，無窮也。生生相續，變易而不窮也。

唯其變而不窮，乃能富有而日新，天地不變烏可乎！

結語

謹按《易書》前人號曰變經。伊川《易傳序》曰：「《易》變易也，隨時變易，以從道也。」《易》道即天地之道，而曰從道者，變易，《易》之大義，不變不足以顯本體之大用，變則日新而無窮，乃克盡生生之效能，故人亦隨時變易以從道，乃合於日新創進之義也。宇宙本爲變化無既之途程，人物品類，無一不在萬變未息之洪流中，無時而不變，無境而不變，變之時義大矣！變化之動力爲陰陽，由於陰陽之推盪和合（相反相成）而萬變繁興，故《易》以陰陽對待，明示宇宙萬變之理，荀子首云

「陰陽接而變化起。」（荀子禮論篇），一語破的，先儒於此多有所見，伊川論變化於動靜闔闢之機，言之頗詳；而謂天之晝夜，人之寤寐，即見陰陽闔闢之理，俾人由近而遠，自一身以觀天地，可謂切問近思，鉅細靡不該貫，《易》中變化之大義，莫過於去故納新，伊川於此，亦發抒盡致。而於變化與生生之義攸關，析論尤爲精至，伊川又言物無住者，而曰嬰兒一生，長一日便減一日，然長自長，減自減，各不相干，以此說明人之一身，亦具消長變化之理，長自長，消（減）自消，各不相妨，不相妨，則相濟相成也，則是消無窮，長亦無窮，消者反以助夫新生（新陳代謝）。消，去故也。所謂瀉惡而受美，去故而納新是也。一消一長，是之謂變，變與生生，相濟而不窮，釋變之義，推變之理，於斯爲極。即此消息之變（去故納新）而言，不惟生生不已，而富有日新之《易》義，由此益彰，人類革新進步之光景，常映目前，伊川之功，可謂與《易》俱尊矣！惟陰陽動靜與「道」之間彼此有何關聯，言之未甚清晰，試問動靜與陰陽，是否即爲一事，是否動靜即陰陽之動靜，是亦即爲道之動靜（陰陽爲道之顯用），則道、陰陽、動靜爲三層級矣，不如直言動靜爲道之動靜，義反明白也。如又云道有動靜，陰陽亦有動靜，則此二種動靜是一或爲二？仍不得而知，伊川僅言動靜無端，陰陽無始而已。若此等處，頗費思索，伊川言陰陽，每與道爲鄰，曰：離了陰陽更無道，道者，一陰一陽也。道非陰陽，所以陰陽者，道也。而動靜與道之關係，殊少提及，或以動靜僅爲陰陽之動靜歟。

參考書目

《廣近思錄卷三》、《詩小雅國風》、《古詩十九首》、《莊子齊物論．秋水》、《列子天瑞》、

《世說新語文學篇》、《淮南泰族訓》、《禮記大傳》、《宋元學案卷十五》、《孟子滕文公篇》、《荀子禮論》、《文公易說卷三》、《大戴記卷一》、《經學通論》、《中國古代哲學史》。

五、恆久

《易》有三義，固以變易爲主，然變之中有常，變易所以見其不易也。《全書卷十六．語一》九頁六行，伊川曰：

天地之化，雖廓然無窮，然而陰陽之度，日夜寒暑晝夜之變，莫不有常，此道之所以爲中庸。

陰陽、日月、寒暑、晝夜，皆在天所成變化之象，其跡有可見，然而陰陽之相反相成，日月寒暑、晝夜之更代推移，往復不已，則其常度也。故謂變之中有常，中庸之義，貴乎時中，隨時處中，乃爲常道，亦變而後能常，以中庸之道明足此義。《全書卷四十一．粹言天地篇》六頁一行，伊川曰：

天地之化，雖蕩無窮，然陰陽之度，寒暑晝夜之變，莫不有常久之道，所以爲中庸也。

首段言「莫不有常」，而右段言莫不有常久之道。常，即常久之道，即不易之道也。此因變易而後見（變易循此一理而變），是變易而後乃見其不易也。不易，即天地恆久之道，所謂常道也。《程傳》一六一頁九行〈恆彖傳〉「天地之道，恆久而不已也」句下，伊川曰：

天地所以不已，蓋有恆久之道。

一六二頁二行〈恆彖傳〉「觀其所恆而天地萬物之情可見矣」一段下，伊川曰：

天地常久之道，天下常久之理，非知道者，孰能識之？

天地常久之道，即常道也。質而言之，即是「道」。故曰：「非知道者，孰能識之」。道而曰常者，贊其德也。其德恆常不易，故曰常道也。朱子論常道，謂其體常而用變，曰：「論其體終是常，然體之常，所以爲用之變；用之變，所以爲體之常。」㊹實則常兼體用，如天有常度，係指用，而變，亦專就大用而言，不變不足以顯體，惟變而有常耳。陳本堂曰：「道，天常也，常之外安有道，外常以求道，妄而已。」㊺本堂曰：「道，天常也。」即是不易之義，又曰：「常之外安有道。」是「常」，即是道。《國語越語》謂：「因陰陽之恆，順天地之常。」恆常，皆指道而言也。伊川曰：恆久也，常久也。（《程傳》一六一頁三行及一六〇頁末行）然非固定之謂〈恆彖傳〉「利有攸往，終則有始也。」句下，伊川曰：

凡天地所生之物，雖山岳之堅厚，未有能不變者也。故恆非一定之謂也。一定，則不能恆矣。

《程傳》一六四頁一行〈恆六五爻〉「恆其德貞，婦人吉，夫子凶」句下，伊川曰：

五應於二，以陰柔而應陽剛，居中而所應又中，陰柔之正也。故恆久其德，則爲貞也。夫以順從爲德者，婦人之道，在婦人則爲貞，故吉。若丈夫而以順從於人爲恆，則失其剛陽之正乃凶也。

六五恆其德貞同也，而曰：「婦人吉，夫子凶」，同一貞德，同一時位，而夫婦之吉凶迥異，即顯示恆之中而有變之義也。又非常住之謂，於是有動之義焉。《程傳》一六一頁末行〈恆彖傳〉「利有攸往，終則有始也」句下，伊川曰：

> 天下之理未有不動而能恆者也，動則終而復始，所以恆而不窮。

故天地恆久之道，順動而已矣。《程傳》一六一頁三行〈恆彖傳〉「雷風相與巽而動」句下，伊川曰：

> 雷風相與，雷震則風發，二者相須，交助其勢，故云相與，乃其常也。巽而動，下巽順，上震動，爲以巽而動，天地造化，恆久而不已者，順動而已。巽而動，常久之道也。動而不順，豈能常也。

動，爲常理，陰陽升降往復，此動也，而變之義在焉。《程傳》七十四頁六行〈泰九三爻象〉曰：「无往不復，天地際也」句下，伊川曰：

> 陽降於下，必復於上，陰升於上，必復於下，屈申往來之常理也。（同頁又曰）夫陰陽之升降，乃時運之否泰，或交或散，理之常也。

陰陽之升降往復，即陰陽之由動而變，動變相因，幾不可分，動即變，變則動，乃天地之常，故曰常理。《程傳》七十六頁五行〈否卦辭〉「否之匪人」句下，伊川曰：

> 消長闔闢，相因而不息，泰極則復，否終則傾，无常而不變之理。

天道終而復始，即能動能變之實。《程傳》一六一頁〈恆彖傳〉「終則有始也」句下，伊川曰：

> 動，則終而復始，所以恆而不窮。

終而復始，固是動，然終始往復，非循環（僅類似），終始之際，已革其故者，舍故而趨新，則已是變，故終而復始，即能動能變之實，惟動而變之道，乃可以久。《程傳》一六二頁〈恆彖傳〉「日月得天而能久照，四時變化而能久成。」句下，伊川曰：

日月，陰陽之精氣耳，惟其順天之道，往來盈縮，故能久照而不已。得天，順天地也；四時陰陽之氣耳，往來變化，生成萬物，亦以得天，故常久不已。

伊川言日月，則曰「往來盈縮。」言四時，而曰「往來變化」，皆謂其動且變也。以其動而變，故皆能常久而不已。是天地恆久之道，必以動變爲其基因也，於人，則夫婦有常道。《程傳》一六〇頁八行〈恆卦辭〉前，伊川曰：

恆長男在長女之上，男尊女卑，夫婦居室之常道也。

君子有常德。《程傳》一六二頁七行〈恆大象〉「雷風恆，君子以立不易方」句下，伊川曰：

君子觀雷風相與成恆之象，以常久之德，自立於大中常久之道，不變易其方所也。

君子有常德，所以法恆卦之象。《荀子天論》曰：「天不爲人之惡寒也輟冬，地不爲人之惡遼遠也輟廣，君子不爲小人之匈匈也輟行。天有常道矣，地有常數矣，君子有常體矣，君子道（由也）其常而小人計其功。」即言君子有常德，與天之常道相應，語尤明切！伊川謂恆爲常度法則。《程傳》一八二頁末行，〈家人卦大象〉「風自火出家人，君子以言有物而行有恆。」句下，伊川曰：

君子觀風自火出之象，知事之由內而出，故所言必有物；所行必有恆也。物，謂事實，恆，謂常度法則也。

常度、法則、在《易》、即爲中正之道。《程傳》〈恆九二爻〉「悔亡」句下曰：

在恆之義，居得其正，則常道也。九二以中德而應於五，其處與動皆得中也，是能恆久於中也。能恆久於中，則不失正矣。

意謂能恆久於中，不失其正，乃所謂常，常道也。體常盡變，荀子已夙言之，曰：「夫道，體常而盡變，一隅不足以舉之。」（解蔽篇）所謂知常知變也。《程傳》一六二，頁九行〈恆初六爻〉下，伊川曰：

四震體而陽性，以剛居高，志上而不下又爲二三所隔，應初之志，異於常矣，而初乃求望之深，是知常而不知變也。

初爻與四爻爲正應，初求於四；是其常也。但四以剛居高，志上而不下，又爲二三所隔，應初之志異乎常矣。是其情景已迥乎不同，而仍求望之深，則知常而不知變也。於恆之義，固以知常知變爲止也，蓋變乃常道。變，所以爲常，不變則不能常也。

結語

謹按《易》道即天地之道，《易》道所重在生生不息，新新相續之大義。即所以明示天地恆久之道也。天地有恆久之道，即以此持續天地無窮無已之大生命，此恆久之道，以動與變爲其中樞。動，則氣化不息，變則富有日新，伊川揭發動、變之義，獨具卓見，義至精微，反復推詳底蘊悉張，誠不刊之鴻教也。恆，非一定之謂，一定，則不能恆，故須變通以濟其恆，久者，常久之義，動而不息則久，其意既遠，其用宏深，故曰：觀其所恆而天地萬物之情可見矣。恆九三曰：「不恆其德，或承之羞。」六五曰：「恆其德貞。」故恆久，實天地之常性，本此，則變動無已，以顯眞體之流行，常度不易，復爲變動之始基，故天道有動有變，以持其恆久；人道有動有變以合乎時中，其動其變，諒非躁動、詭變之意，大中至正之道，乃其歸趣如此，庶乎人道之常，故恆久與中道又相爲因依也。

參考書目

《文公易說卷五》、《荀子天論．解蔽》、《昭明文選答客難》、《國語越語》、《宋元學案卷八十六．八十八》、《明儒學案卷三十四》、《中國哲學史（馮著）第十五章》、《易學象數論卷三》、《周易義海撮要卷一》。

六、中

《易》立三才之道，而人在其中，〈說卦傳第二〉曰：「昔者聖人之作《易》也，將以順性命之理，是以立天之道，曰陰與陽；立地之道曰柔與剛；立人之道曰仁與義，兼三才而兩之，故《易》六畫而成卦。」中，所以立人極。人，爲天地之中也。〈上繫第二〉「六爻之動，三極之道也。」六爻，初二爲地，三四爲人，五上爲天。動，即變化也，極，至也。三極，天地人之至理（周易本義），故《易》莫尙乎中也。《程傳》二五四頁四行〈震六五爻〉下，伊川曰：

> 六五雖以陰居陽，不當位爲不正，然以柔居剛又得中乃有中德者也，不失其中，則不違於正矣，所以中爲貴也。諸卦二五雖不當位，多以中爲美，三四雖當位，或以不中爲過。

按《易》道尙中，得其中雖否，剝亦吉；失其中雖泰，復亦凶，故〈彖傳〉言吉，必以得中之故。〈訟彖傳〉「窒惕中吉，剛來而得中也。」〈解彖傳〉「其來復吉，乃得中也。」〈困彖傳〉「貞大人吉，以剛中也。」〈坤六五象傳〉「黃裳元吉，文在中也。」其例至多。楊子雲曰：「龍之潛亢，不獲其中矣，是以過中則惕，不及中則躍，其近於中乎。」（法言先知第九）蓋中道元吉，違之則凶，欲人之趨中德也。爻有六位，二、五爲中，中之名，由位而生，處得其中也。《程傳》四十三頁四行〈蒙彖傳〉「蒙亨以亨行時中也」一段下，伊川曰：

> 時，謂得君之應。中，謂處得其中。

中之德，因名而立，中以行正也。《程傳》三〇二頁〈未濟九二象傳〉「九二貞吉，中以行正也。」曰中、曰正，其義微別，中可以概正。《程傳》一五二頁八行〈離六二象傳〉「黃離元吉，得中道也。」伊川曰：

> 所以元吉者，以其得中道也。不云正者，離以中爲重，所以成文明，由中也，正在其中矣。

中，重於正也。《程傳》一六三頁二行〈恆九二〉「悔亡」下，伊川曰：

在恆之義，居得其正。……其處與動，皆得中也。中，重於正，中則正矣。正，不必中也。

《程傳》二五四頁五行，〈震六五爻〉下，伊川曰：

中常重於正也。蓋中則不違於正，正，不必中也。

伊川論中、正之義有別，以爲中常重於正，中則正矣，正不必中，言中，則正在其中，是以重輕、全偏別其義界也。故就其應用言，正，亦不如中之停當適稱。宋吳沆曰：「《易》之爲道，非中則正，而言正者有謂可，至於言中，乃未有言利不利，可不可者，亦無所謂艱厲凶咎之辭，是正有時而不可；中，无時而不可也。」（易璇璣貴中篇），而中正，正中，亦差不同，大抵中正以德舉，正中、據位而言也。《程傳》六十二頁二行〈比九五象傳〉下，伊川曰：

比以不偏爲善，故云正中，凡言正中者，其處正得中也，比與隨是也；言中正者，得中與正也，訟與需是也。

伊川論正中與中正之別：於正中則曰：「以其所居之位得正中也。」又曰：「其處正得中也。」言位、言處，皆據位而言也；至論中正，則曰「得中與正也。」得中與正，不言所處，當係就德行言，《易》以中正之德爲極致也。然伊川舉喻中正兩卦（訟需）而需彖傳曰「以正中也。」〈彖傳〉又云「中正」，則是中正、正中同義，不必強爲分別也。較而言之，二五俱中，而以九五爲貴，蓋九五中正，得中正之道。《程傳》一六七頁末行〈遯九五〉「嘉遯貞吉」下，伊川曰：

九五中正，遯之嘉美者也，處得中正之道，時止時行，乃所謂嘉美也，故爲貞正而吉。

九五之德，亦具至善之義。《程傳》二三九頁六行〈井九五象傳〉「寒泉之食，中正也。」下，伊川曰：

寒泉而可食，井道之至善者也，九五中正之德，爲至善之義。

九五之德，即中正之德，亦即中正之道。道德一義，中正之道所以至善者，蓋中則不偏，正則無邪，天下之正道，中德固至善無疑，五，又中之尊位。《程傳》九十六頁首行〈豫六五象傳〉「六五貞疾乘剛也，恆不死，中未亡也」下，伊川曰：

貞而疾，由乘剛，爲剛所逼也，恆不死，中之尊位未亡也。

於是大中至正之道，爲《易》所獨尊，百行莫先於此矣。伊川論中之義有三，曰用中、曰時中、曰中道，分述於下：

㈠用　中

昔堯之咨舜曰「天之曆數在爾躬，允執其中」（論語堯曰篇）朱註：「此堯命舜而禪以帝位之辭，曆數，帝王相繼之次第。允，信也，中者，無過不及之名。」《書稱》「建中於民」（僞古文仲虺之誥）又曰「民協於中」（僞古文大禹謨）中道由來尙矣，不可不知其用，舜之繼堯，號爲大知，不過用其中於民㊻，孔子嘉回之爲人，亦惟擇乎中庸而已，用中之義大矣哉。用中者，求中之用。《程傳》一四二頁一行〈大過卦〉前，伊川曰：

> 大過者，陽過也，故爲大者過，過之大與大事過也。聖賢道德功業大過於人，凡事之大過於常者皆是也。夫聖人盡人道，非過於理也。其制事以天下之正理，矯時之用，小過於中者則有之，如行過乎恭，喪過乎哀，用過乎儉是也。蓋矯之小過，而後能及於中，乃求中之用也。

以天下之正理，矯天下之時弊，自不免稍過於中，然稍過而能及於中，則中之用宏，使中道爲人所用也。此用中之一方也，以中制事，事過則約之以中。《程傳》一五四頁三行〈離上九爻〉下，伊川曰：

> 九以陽居上，在離之終，剛明之極者也。明則能照，剛則能斷，能照足以察邪惡，能斷足以行威刑，故王者宜用是剛明以辨天下之邪惡而行其征伐，則有嘉美之功也。

又本爻「折首獲匪其醜无咎」句下，伊川曰：

> 夫明極則無微不照，斷極則無所寬宥，不約之以中，則傷於嚴察矣！天下之惡，若究其漸染詿誤，則何可勝誅？所傷殘亦甚矣，故但折取其魁首，所執獲者，非其醜類，則无殘暴之咎也。

明極則无微不照，斷極則无所寬宥，明極，斷極，皆事之過也。明極，則失之察，水至清則无魚，人至察則无徒，即以此爲戒也。斷極則傷於殘，此漢史所以有「屠伯」（酷吏列傳）之名，既以此示警，故必約之以中，以中道裁抑之，使不稍過也；然過之若宜，患其不敢過，過然後中也。《程傳》二九五頁二行〈小過象〉曰：「山上有雷小過，君子以行過乎恭，喪過乎哀，用過乎儉。」句下，伊川曰：

> 雷震於山上，其聲過常，故爲小過。天下之事，有時當過，而不可過甚，故爲小過，君子觀小過之象，事之宜過者則勉之，行過乎恭，喪過乎哀，用過乎儉是也。當過而過，乃其宜也，不

當過而過則過矣。

中者，剛柔相濟也。《程傳》一四四頁五行〈大過九三爻〉「棟橈凶」句下，伊川曰：

居大過之時，興大過之功，非剛柔得中，取於人以自輔，則不能也。九三以大過之陽，復以剛自居而不得中，剛過之甚者也。以過甚之剛，故不勝其任，如棟之橈，傾敗其室，是以凶也。

立大過之業，非剛柔得中則不能，剛柔得中，即剛柔相濟之意也。九三以大過之陽，復以剛自居，剛過之甚也。故不得中，言不知剛柔相濟，易以僨事，況能立大功乎。然剛過而用中，則大有可爲。《程傳》一四三頁十行〈大過九二爻〉下，伊川曰：

九二當大過之初，得中而居柔，與初密切相與，初既比於二，二復無應於上，其相與可知，是剛過之人而能以中自處，用柔相濟者也，過剛則不能有所爲，九三是也，得中用柔，則能成大過之功，九二是也。

九二剛過之人而能以中自處，用柔相濟，是知用中者也，故能成大過之功，而大有所爲，九三過剛而不用中，故致凶危，用中之功著矣，用中之方，求不失中。《程傳》二五四頁三行〈震六五爻〉下，伊川曰：

當君位爲動之主，隨宜應變，在中而已，故當億度无喪其所有之事而已，所有之事，謂中德也。苟不失中，雖有危不至於凶，億度，謂圖慮，求不失中也。

六五所圖慮者，求不失中也，恆守中道，道德之善也。《程傳》一六三頁五行〈恆九二象傳〉「九二悔亡，能久中也」下，伊川曰：

所以悔亡者，由其能恆久於中也。人能恆久於中，豈止亡其悔，德之善也。

故伊川盛讚湯之執中，而非子莫；以子莫知執之而不知權也。《全書卷十九．語四》四十五頁一行。

湯執中而不失，將以用之也；若子莫執中，子莫見楊墨之過不及，遂於過不及二者之間執之，卻不知有當摩頂放踵利天下時；有當拔一毛利天下不爲時，故中而不通變，與執一無異。

故用中尤貴知權。《全書卷三十四》九頁下五行，伊川曰：

權，與權衡之權同，稱物而知其輕重者也。人無權衡，則不能知輕重。

《全書卷四十》十七頁首行，伊川曰：

中無定體，唯達權，然後能執之。

權以義爲斷，求中用中，須斷之以義。《全書卷十九．語四》八十九頁下二行，伊川曰：

大抵聖人以道不得用，故考古驗今，參取百王之中制，斷之以義。

《全書卷四十粹言論道篇》十頁五行，伊川曰：

世之學者，未嘗知權之義，於理所不可，則曰姑從權，是以權爲變詐之術而已也。夫臨事之際，稱輕重而處之以義，是之謂權。

義者，裁制之名，事物之權度也。義，即道也。《全書卷二十八．語十一》四頁四行，伊川曰：

自性而行皆善也，聖人因其善也，則爲仁義禮智信以名之，以其施之不同也，故爲五者以別之，合而言之皆道也，別而言之，亦皆道也。

五常皆是道，而義在其中，故義即道也，伊川又以道爲人心之權度，所謂心通乎道，然後能辨是非也。《全書卷六十三．伊川六集五》十三頁八行，伊川曰：

夫心通乎道，然後能辨是非，揆之以道，則是非了然，不通乎道而較古人之是非，猶不持權衡而酌輕重，雖使時中，君子不貴也。

道即吾心之權衡，伊川全取孟荀之意。孟子曰「權然後知輕重，度然後知長短，物皆然，心爲甚。」（梁惠王上），荀子曰：「道者，古今之正權也，離道而內自擇，則不知禍福之所託。」（正名篇）又曰：「何謂衡？曰道，故心不可以不知道」（解蔽篇）。要以人心自有權度，爲用中之所資，用中尤貴知權也。

結　語

謹按伊川論用中，旨在廣中道之宏效，主以中制事，其大趣在此。欲人之行止悉合於中也，謂人之用中，有時不可不過，必過之而後合於中，亦常見所不逮也。其歸，在求不失中，欲人之恆守中道而已。又以常人多如子莫之執中，就過與不及二者之間取中，大非理義，不知中無定所（謂事事物物皆天然有個中在那上），不可膠著，蓋中，因人、物、時、地而異，一有定所，則不得爲中，中道固變通也。故用中必須知權，權量輕重而得其宜，得其宜則中矣。權本稱錘，當其構物時，必隨物而有所移動。所謂因物付物，然最後必獲一中點，於此，輕重即得其宜（可謂權即中，中即權也）人之忖度事理，亦若用權，必先知變動，而後歸之於通，即《易》觀會通以行其典禮之意。典禮固不可易，然必先知變而後有此不可易之結果，此即由變而返之於常，而合於中，純爲用權之道也。權所以濟經之不足，而非反經，故用中之道，以用權爲主，伊川於用權之理發揮尤爲精到，固後世所弗及也。

參考書目

《論語堯日篇》、《書仲虺之誥·大禹謨》、《中庸》、《明儒學案卷六十二》、《文公易說卷十三》、《理學宗傳卷九》、《荀子正名·解蔽篇》。

㈡時　中

《大易》之與《中庸》，義每相通。〈蒙卦〉首出「時中」之名，蒙之亨行，時中也。〈蒙彖傳〉「蒙，山下有險，險而止蒙，蒙亨以亨行，時中也。」《程傳》曰：

山下有險，內險不可處，外止莫能進，未知所爲，故爲昏蒙之義，蒙亨以亨行，時中也，蒙之能亨，以亨道行也，所謂亨道，時中也。

《中庸》曰「君子而時中」是《易》《庸》同尚夫時中也。時中者，得中之謂，隨事、隨時皆合於中也。《全書卷十九·語四》二十七頁九行，或問有未發之中，有既發之中？曰：

非也，既發時，便是和矣。發而中節固是得中（原注，時中之類），只爲將中和來分說，便是

> 和也。

得中、時中之類。時中，自具得中之意。即發而中節之謂也。伊川以中，不可分爲未發，既發，如此分，是先後際斷，喜怒哀樂（七情之類）方有未發、既發之分也。喜怒哀樂發而中節即是得中（合於中、中和一體）故時、便是得中，合於中之義《全書卷四．粹言論道篇》十二頁，或問何謂「時中」？伊川曰：

> 猶之過門不入，在禹稷之世，爲中也；時而居陋巷，則過門不入，非中矣。居於陋巷，在顏子之時爲中也。時而當過門不入，則居於陋巷非中矣。蓋以事言之，有時而中，以道言之，何時而不中也。

右段即言隨事、隨時乃合於中。時中之義在此，故曰：「以事言之，有時而中。」言「時中」，必須配合「時」義也。夫時之義，在《易》爲至大！不明時義，則不諳時中之義。《程傳》一六六頁二行〈遯彖傳〉「遯之時義大矣哉」句下，伊川曰：

> 故聖人贊其時義大矣哉，或久或速，其義皆大也。

久、速，時也。可以久則久，可以速則速，乃隨時之宜，即時中之義，故其義至大也。〈艮彖傳〉謂行止動靜不失其時。《程傳》二五六頁二行，伊川曰：

> 止之道唯其時，行止動靜不以時則妄也。不失其時則順理而合義，乃其道之光明也。孟子曰：可以仕則仕，可以止則止，可以久則久，可以速則速，孔子也。（公孫丑上）

時有可義。《全書卷五十三》二頁二行，伊川曰：

此章（仲尼曰君子中庸。……君子而時中……）言中庸之用，時中者，當其中而已，猶冬飲湯、夏飲水而已之謂。

時有「可」之義，如恆言「適可而止。」則是止得其所也。時，乃事之端，聖人待時，待其可爲之時爲之則宜。宜，即時也。《程傳》一三〇頁〈无妄六二爻〉下，伊川曰：

聖人隨時制作，合乎風氣之宜，未嘗先時而開之也。若不得時，則一聖人足矣，豈待累聖繼作也？時乃事之端，聖人隨時而爲也。《中庸》所謂時措之宜也。

結語

謹按時中之義，發自孔子，《易》道貴時，尤貴中，故孔子作〈彖象傳〉言時、言中之處至多，〈彖傳〉言時者二十四卦，言中者二十五卦，〈象傳〉言時者六卦，言中者三十六卦。於〈蒙彖傳〉則直揭「時中」之名，其義當含時與中二名之義，而融爲一體，故伊川論時中，即合時而合中，可以仕則仕，此時也，可以仕，已具識時知變之義，則仕，變而之宜也。於是乎趨舍以定，變之而宜則爲中。中道，合宜之道也。《程傳》一九八頁一行，故謂仕止久速，時也，而未嘗不合中，是伊川以時中一詞，即寓變通之義（隨時處得其宜），此即用中之道也。伊川於孔子時中之義，揄揚悉盡，時主變，中主宜，亦「變易從道」之意也，以見時中之道，無施而不宜，觀會通以行其典常，仍歸於變通之《易》義，故《易》之義爲變，《易》之用爲通，均於「時中」之道見之耳。

參考書目

《中庸》、《孟子公孫丑上篇》、《禮記學記．仲尼燕居》、《書仲虺之誥》、《周易內傳卷三上》、《荀子不苟篇》、《文公易說卷九》。

㈢中　道

中道元吉，《易》尚中道，可一言以蔽之矣。《程傳》一五二頁〈離六二象傳〉「黃離元吉，得中道也。」句下，伊川曰：

所以元吉者，得中道也。

中無不正，中正，乃君子之正道。《程傳》八十頁八行〈同人彖傳〉「文明以健，中正而應，君子正也。」句下，伊川曰：

以二體（離下乾上）言，其義有文明之德而剛健，以中正之道相應，乃君子之正道也。

同人六二、九五皆在中位，以中正之道相應，故爲君子之正道，大中至正之道，何施而不元吉。《程傳》五十三頁七行〈訟九五象傳〉「訟元吉，以中正也。」句下，伊川曰：

中正之道，何施而不元吉？

故天下之理，莫善於中。《程傳》二五四頁四行〈震六五爻〉下，伊川曰：

以柔居剛又得中乃有中德者也，不失中則不違於正矣。所以中為貴也。中常重於正也，蓋中則不違於正，正不必中也，天下之理，莫善於中，於六二、六五可見。

不失中則不違於正，又「中則不違於正。」此「正」字當目正理，理無不善，故曰「天下之理，原其所自，未有不善，喜怒哀樂之未發，何嘗不善，發而中節則無往而不善。」㊽「喜怒哀樂未發謂之中。」即謂中何嘗不善也。言中者，謂其德，言善者目其理，故曰「天下之理，莫善於中。」陽明曰：「中，只是天理（傳習錄卷一）」中，是天理，自無不善，尤足以發明伊川之意，人之行莫大於中。中，即道，中德也。道、德互用，義同。中道、中德，其揆一也。《程傳》一二八頁一行〈復六五象傳〉「敦復、无悔，中以自考也」句下，伊川曰：

以中道自成也，五以陰居尊，處中而體順，能敦篤其志，以中道自成，則可以无悔也。自成，謂成其中順之德也。

右段前言中道，末句又云「中順之德」而皆係以「自成」二字，明釋象傳「中以自考」句，考成也，故道、德互用，二字義同，中道、中德，其義一也。《程傳》七十五頁六行〈泰六五象傳〉「以祉元吉，中以行願也」句下，伊川曰：

所以能獲祉福且元吉者，由其以中道合而行其志願，有中德，所以能任剛中之賢，所聽從者，皆其志願也。

中道、中德，皆指六五，道德互文同前。論德、伊川則以剛中為至善。《程傳》一三四頁六行〈大畜九二象傳〉「輿說輹，中无尤也」句下，伊川曰：

輿說輹而不行者，蓋其處得中道，動不失宜，故無過尤也。善，莫善於剛中，柔中者，不至於過柔耳，剛中者，中而才也。

剛中可以履險犯難。《程傳》一四八頁首行〈坎九二〉「坎有險，求小得」句下伊川曰：

二當坎險之時，陷上下二陰之中，乃至險之地，是有險也。然其剛中之才，雖未能出乎險中，亦可小自濟，不至如初益陷於深險，是所求小得也。君子處險艱而能自保者，剛中而已，剛則才足自衛，中則動不失宜。

有剛中之德，即有剛明之才，德因位見。《易》即二、五之位以言中，伊川又以中爲體而和爲用。《全書卷十八．語三》九頁下四行，伊川曰：

喜怒哀樂未發謂之中，只是言一個中體，既是未發那裡有個甚麼？只可謂之中，天下事物皆有中，發而皆中節謂之和，非是謂之和，便不中也。言和，則中在其中。

喜怒哀樂未發，此中體固在，體必待用而後顯，已發爲用，發而中節謂之和，和即用也。體用一源，本枝相貫，故曰「非是謂之和便不中也。」《中庸》言大本固爲體，曰達道，則其用也。《全書卷六十三，伊川與呂大臨書》十八頁九行，伊川曰：

若謂性與道，大本與達道，大本言其體，達道，言其用。

自內外言，未發爲中，已發爲和，致中和，則上達天理，此其極致也。《全書卷十六．語一》二十四頁九行，伊川曰：

中和者，只於人分上言之，則喜怒哀樂，未發，既發之謂也。若致中和，則是達天理，便見得天尊地卑，萬物化育之道。

然識中匪易，求之亦有其道，不可求之於喜怒哀樂未發之前。《全書卷十九．語四》二十六頁下九行，伊川曰：

或曰喜怒哀樂未發之前求中可否？曰：不可。既思於喜怒哀樂未發之前求之，又卻是思也，既思，即是已發，纔發便謂之和，不可謂之中也。

當觀之於喜怒哀樂已發之際，同卷二十七頁七行，問中是有時而中否？何時而不中？以事言之，則有時而中，以道言之，何時而不中？伊川曰：

固是所爲皆中。然而觀於四者未發之時，靜時自有一般氣象，及至接事時又自別，何也？曰：善觀者不如此，卻於喜怒哀樂已發之際觀之。

已發，動也，於動而求靜，觀所止也。常人每患不知止，聖人於此，則示之以止。《全書卷十九．語四》賢且說靜時如何？曰：謂之無物則不可，然自有知覺處，伊川曰：

既有知覺，卻是動也，怎生言靜？人說「復其見天地之心」，皆以謂至靜能見天地之心，非也。復之卦，下面一畫便是動也，安得謂之靜？或曰：莫是於動上求靜否？曰：固是，然最難！釋氏多言定，聖人便言止。且如物之好須道是好，物之惡須道是惡，物之好惡關我這裡甚事？若說我只是定，更無所為，然物之好惡，亦自在裡，故聖人只言止。所謂止，如君止於仁，臣止於敬（見大學）之類是也。《易》之艮言止之義曰：「艮其止，止其所也。」〈艮彖傳〉言隨其所止而止之，人多不能止，蓋人萬物皆備，遇事時，各因其心之所重者，更互而出，纔見得這事重，便有這事出，若能物各付物，便自不出來也。

曰：「有知覺便是動」，則已發便是動也。「動而見天地之心」，即所以喻動而見未發之中也。喜怒哀樂未發，不見有甚物，必待其既發而動，乃可見其為中，即所謂「觀中於喜怒哀樂已發之際也」。於動上求靜者，就已發之際觀中，觀其所止。止，非停息，當是四者之發而有所止，此際或喜或怒，則繼之以當喜則喜，當怒則怒，所謂發而中節，即是止其所，即是得其所止，得其所止，則是物各付物，其習心之所重者，便自不出來也。人有禮則安，知其所止，其心亦安，常人多患不知止，於此，故聖人示之以止也。識中固在已發，若言存養，宜在喜怒哀樂未發之時。《全書卷十九·語四》二十七頁二行，伊川曰：

若言存養，於喜怒哀樂未發之時則可，若求中於未發之前則不可。

未發、已發，為宋明儒者最樂道之語。伊川僅教人於未發之時多作存養工夫，不欲人觀中於未發之前，陽明曰：「伊川恐於未發前討個中，把作一物看，故令只於涵養省察上用功，延平恐人未便有下手處，故令人時刻求未發前氣象，使人正目而視惟此，傾耳而聽惟此，即是戒慎不覩，恐懼不聞的工夫，皆古人不得已誘人之言也（傳習錄卷一），故未發時要在涵養而已，涵養須用敬也。」《全書卷十九·

語四》二十七頁五行，問於未發之前當如何用功？伊川曰：

於喜怒哀樂未發之時，更怎生求，只平日涵養便是。涵養久，則喜怒哀樂發自中節，又曰：學者且先理會得敬，能敬則自知此矣，或曰：敬何以用功？曰莫若主一。

伊川又謂中無形體，而有形象，以中自有理在也。《全書卷十九．語四》二十七頁二行，伊川曰：

中有甚形體，也須有個形象，曰：當中之時，耳無聞，目無見，然見聞之理在，始得。

見聞之理，此理，蓋即伊川「沖漠无朕，萬象森然已具」者也。陽明所云「如明鏡全體瑩徹，無纖毫點染。」（明案卷十），理即道（道爲公名，理其實體），道無不中，中即道也。故知道者，知用中而不滯執於中，以期合於時中，則中德備而人紀立，天地位而萬物育，則可與天地參矣。

結語

謹按《易》尚中正之道者，二、五在兩體之中，中德因位以見，故〈艮大象〉曰：「君子思不出其位」，蓋有以也，六爻之中，二多譽，五多功，已與諸爻迥異，吉凶悔吝之生，固以剛柔之推盪變化而千別萬殊，然其得中則吉，違中每凶，要歸一揆，皆足以見中道之重要也。中道爲變而通之道，天地之化，神妙莫測，然而陰陽寒暑四時之變，靡不有常，此天地之中道也。人世物我人己善惡是非，在在有兩極之對立；往往有兩端之爭執，於是相與推排傾軋，靡所底止，惟中道可以消融人世兩端之執滯，而建立中和平粹之正道，示人以「變易從道」之旨，凡此，伊川均嘗言之，中之體用，即心之體用，伊川論心有體用，論中亦然，但心與中體，究為一、為二？伊川謂「喜怒哀樂出於性。」又謂「心本善，發於思慮而有善有不善，既發謂之情，不可謂之心」（皆見語四），則中存諸性？抑存諸心？發於思慮之發，是否即喜怒哀樂未發，既發之發？伊川皆未明言。又云中有形象，其形象為何？亦引而未發，又引致中和則天地位萬物育之言而亟稱之，致之之道，亦無明文，凡此，均有待於後來之修補，其告示學者，不願人之求中，主觀中於喜怒哀樂已發之際，以為動而可見中之體，故言中力主存養於四者未發之前，恐人之於中道，巧為安排，玩弄光景，而不務實學，將至半途而廢，或不得其門而入，故欲人平時多事涵養以蓄其德，積久純熟，自見天理之中，其意至精，其法允是。中之已發未發，有宋一代，自介甫以下遂為人所樂稱，伊川於已發示觀其所止，未發之先，事存涵養，均令人有所持循，祛其空虛無著之虞，亦後儒所景從也。至中體寂然不動，感而遂通天下之故，感通之道，亦以中德為基，自理之宜然。

參考書目

《宋元學案卷十五・九・二十五・三十一・三十九・五十》、《傳習錄卷一》、《論語先進篇》、《周易集解卷一・五・六》、《惠棟易例》、《明儒學案卷十・十七・十八・三十七・五十四・五十八》、《禮記樂記》、《國語周語下》、《荀子儒效・天論・樂論》、《近思錄卷四》、《廣近思錄卷一》、《中國哲學史十五章》。

七、感通

盈天地之間皆感應也。《全書卷十六‧語一》十三頁五行，伊川曰：

> 天地間只有個感與應而已，更有甚事？

此蓋就感應之理而言也，明儒羅整庵曰：「程子嘗言，天地間只有一個感應而已，更有甚事，夫往者感則來者應，一感應，循循無已，理無往而不存焉，在天在人，一也。」㊾整庵就往者來者相感應之理指實之是也。在天地，如日月寒暑之往來，四時晝夜之推移，此天道感應之大者；於人，則男女之相悅、相偶，友朋聲氣之相應相輔，以及世事之盛衰，今古之成敗得失，無往而非感應，亦無往而非此理之存在。故整庵曰「在天在人，一也。」感應之道，通乎人我萬有。《程傳》一五五頁七行〈咸卦辭〉下，伊川曰：

> 咸感也，不曰感者，咸有皆義，男女交相感也。……凡君臣上下以至萬物，皆有相感之道。

感无不應，應无不通，故感應，亦曰感通，有感斯有應，應則通矣，不通，則誰為之應，感應、感通，其義一也。《程傳》一五九頁一行，《易》曰「憧憧往來至德之盛」一段下，伊川曰：

> 往者屈也，來者信也，屈伸相感而利生焉，此以往來屈伸明感通之理，屈則有伸，伸則有屈，所謂感應也。

往者屈也，來者伸也，是屈伸、往來本一事，以往來明感通之理，即是以屈伸明感通之理也。又曰「屈則有伸，伸則有屈，所謂感應也」同一屈伸，既曰感通，又曰感應，則是感通、感應二名互用，其義一也。《正義》曰：「男女共相感應，方成夫婦。……故感通以正，即是婚媾之善。」《正義》亦感通、感應互用。凡物莫不有感，其性使之然也。關雎之相應而和㊿，嚶嚶之求其友聲(51)，物類之相感也，感應之理，自以有情之類為至顯著，察其所以，實由絪縕之氣蕩漾兩間，使有生之類，莫不相感相求，有莫知其所以然而然者，至於無情之類，亦有感應，淮南曰：「夫濕之至也，莫見其形，而炭已重矣；風之至也，莫見其象，而木已動矣。」（泰族訓）又曰：「天之且風，草木未動，而鳥已翔矣，其且雨也，陰曀未集，而魚已噞（魚口上下貌）矣，以陰陽之氣相動也。故寒暑燥濕，以類相從，聲響疾徐，以音相應也。故《易》曰：鳴鶴在陰，其子和之。」君子之德風，小人之德草，草上之風必偃(52)，在位與齊民之相感也。《全書卷十八．語三》三頁三行，伊川曰：

嘗見伯淳所在臨政便上下響應，到了人衆便成風，成風便有所鼓動，天地間只是一個風以動之。

此即言上下相感應之速也。日月寒暑之往來，雷霆風雨之鼓盪。《全書卷四十六．伊川經一》一頁九行，伊川曰：

陰陽之交相摩軋，八方之氣相推盪，雷霆以動之，風雨以潤之，日月運行，寒暑相推，而成造化之功，得乾者成男，得坤者成女。

伊川右段即以釋〈繫傳〉剛柔相摩等八句，此八句本言在天成象在地成形之變化，推其變化之本始，則由陰陽剛柔之交感摩盪，而感應之理亦具於此。如日往月來，寒往暑來，雷霆之先風雨而發聲，亦即天地聲氣之相感。故伊川即以寒暑雨暘爲感應也。《程傳》一五八頁六行，伊川曰：

聖人感天下之心，如寒暑雨暘，无不通，无不應者。

寒往則暑來，雨霽則陽開，天地感應之常，无有差忒，故曰无不通，无不應者。聖人感天下之心，人心亦无不通者，其理一也。淮南曰：「精誠感於內，形象動於天，則景星見，黃龍下，並天暴風，則日月薄蝕，五星失行，天之與人，有以相通也。」（泰族訓）〈繫傳上第十〉「寂然不動感而遂通天下之故，非天下之至神，其孰能與於此。」感通之名，實肇於此。物之相感，則其情通，此感有亨通之理《程傳》一五五頁八行〈咸卦〉「咸亨利貞取女吉」下，伊川曰：

物之相感，則有亨通之理，君臣能相感，則君臣之道通，上下能相感，則上下之志通，事物皆然，故感有亨通之理。

感道本起於對待之二物，男女爲其一例。同頁四行，伊川曰：

男女交合而成夫婦，故咸與恆皆二體合爲夫婦之義。

所謂二則有感也。《全書卷十六．語一》二十四頁二行，伊川曰：

既曰氣則便是二，言開闔已是感，既二則便有感。

橫渠曰：「兩不立，則一不可見；一不可見，則兩之用息。」又曰：「感而後有通，不有兩，則無一。」53
橫渠之言，與伊川之言相足，右段一，當指太和，兩，當指陰陽，皆言感則必有二，二乃有感也。其相感之情，則以陰陽爲至著。《程傳》一五五頁末行〈咸彖傳〉「二氣感應以相與」句下，伊川曰：

> 咸之義感也，在卦、則柔爻上而剛爻下，陰陽相交，爲男女交感之義。

感而後合，合則和矣。《程傳》一五五頁末行〈咸彖傳〉「二氣感應以相與止而說」句下：

> 陰陽二氣相感相應而和合，是相與也。艮止於下篤誠相下也，兌說於上，和說相應也，以男下女，和之至也。

以其和合，故能生生相續，而無窮已，所謂天地感而萬物化生也。感之精義，發於咸彖，先聖於此推極天地萬物之理，蓋感通之理、道也。知道，乃能深明感通之理。《程傳》一五六頁五行〈咸彖傳〉「觀其所感而天地萬物之情可見矣」一段下，伊川曰：

> 既言男女相感之義，復推極感道，以盡天地之理，聖人之用，天地二氣交感而化生萬物，聖人至誠以感億兆之心，而天下和平，觀天地交感化生萬物之理，與聖人感人心致和平之道，則天地萬物之情可見，感通之理，知道者默而觀之可也。

感通，道也，故天地萬物之情，皆寓乎其中。伊川謂感通之理，知道者默而識之可也，知道則明此感通之理也。王夫之曰：「咸之爲道，固神化之極致也。善觀之者，於此而見道至足，有觸而必通。」(54)船山承伊川之旨以感通爲道，故曰「善觀之者於此而見道之至足。」蓋感通之理，爲道之本然。《程傳》一五八頁末行〈咸九四爻下〉，伊川曰：

> 日往則月來，月往則日來，日月相推而明生焉。……屈信相感而利生焉，此以往來屈信明感通

之理。

按日月寒暑之往來屈伸，乃天道之大經。伊川謂《易》以往來屈伸明感通之理，則感通之理，固天道之本然也。

結語

謹按感通，乃物類之恆性，物理之自然，萬物因感通而變化，亦以感通之道而創新。宇宙之生機，日以活潑流行者，惟感應是賴。感通之情至著，而感通之理則至微，譬之夫婦人倫之始，夫和而婦順，夫愈和而婦愈順；婦愈順而夫亦愈和，其情愫相感通也，父子主恩，父慈則子孝，子孝則父愈慈，其恩意相接洽也。夫婦、父子之間，其相感通之情，豈不至著？然而感通之理則至微，宇宙萬有之生成，源於陰陽二氣之絪縕變化，二氣之所以變化，則感應之力有以致之也。故萬有莫不相反相感，以生以成，大化流行，必須感應變化，感應變化，即大化之流行，故萬有無不在永恆感通變化之進程中，其理則至微而難以言喻也。《易》言感通，以〈繫傳〉及〈咸彖傳〉爲最具體。〈繫傳〉謂「寂然不動，感而遂通天下之故。」首出「感通」之名，並著體用之義，〈咸彖傳〉謂「天地感而萬物化生，聖人感人心而天下和平，觀其所感而天地萬物之情可見矣。」則是感通之理，固與道爲一也。蓋道之一陰一陽，即相與感通而无窮已。所謂化機无一息之或間者，即感通之謂也。〈繫傳〉又言日月寒暑之往來尺蠖龍蛇之屈伸，致用崇德之出入，天地人物之感應畢具。《易》言感通，於此三處盡之矣。伊川論感通，既著天地生成變化之原理，復見治道綏來動和之績效[55]，可謂委曲詳盡之至，謂感通以人心爲主。《程傳》一五八頁四行〈咸九四爻下〉伊川曰「直言感之道，感乃心也。四在中而居上，當心之位，故爲感之主。」天人之幾可通者，以此爲其環中以應乎感通之無窮，人心至虛靈，心之神明，孔子已明示之曰「清明在躬，氣志如神，耆欲將至，有開必先。」[56]伊川但言人心虛明（語四）曰：「大抵人心虛明，善則必先知之。」又曰「心靜自明（語四）」又曰「只是心靜，靜而後能照。」按人之本心，非僅明之而已，實有感應无方，明辨是非之神明，非啻如鏡如水，譬如懸鏡於此，有物必照（皆見語四）伊川於此，言有未足，教人以虛靜爲先務，致虛靜之功，則自敬字入手曰敬自虛靜，則虛靜似爲一事。伊川言虛之處多，言靜之處少。至晚年更不喜言靜，而以敬易靜，或因及門多流於禪，而「靜」字易爲之先導也，實則靜字亦不可少，先儒固未嘗廢靜也。《樂記》「人生而靜，天之性也。」惟靜易見其未發之景象，於心言，亦惟靜易見其寂然不動之體也。《大學》言「靜而後能安，安而後能慮，慮而後能得。」有得亦自靜始。若必不言靜，伊川於王董（王子眞董五經）事，皆嘗預知，伊川往訪[57]，已言其「心靜而明」。又自云：「聖人之心如鏡，如止水」（語四），此非靜而何？伊川論感通之方法則曰：「虛中無我。」[58]二者亦相因，而无我尤要，虛中則物欲淨化，本心恆在感通之際，自能應之如響，无我，本孔子絕四之語。[59]无我，在感通中所係至大，蓋人須忘其耳目身軀之小我，其本心始能完全呈露，而與天地萬物渾然一體，以盡其感通之能事。於是隨感而發，則此心人無不同，則人己物我之分泯；而對待相斥之爭息，感道極乎此矣。何以臻此，必先心體瑩徹，清明在躬，然後人之神明與天地萬物之神明，一氣流通，渾融无間，以同返於太和而見乎天德之全體，則感通之能事盡，天人之幾微見矣。

參考書目

《明儒學案卷七》、《周易正義》、《詩國風．小雅．傳．箋》、《詩集傳》、《淮南泰族訓》、《論語顏淵》、《孟子滕文公》、《宋元學案卷十七》、《廣近思錄卷一》、《周易內傳卷三》、《文公易說卷十三》、《理學宗傳卷二十三．七．九》、《中庸第二十二章》、《禮記．孔子閒居》、《孝經感應章》、《後漢書卷六十九》、《荀子解蔽》、《莊子天道篇》、《列子仲尼》、《濂洛關閩書卷二》、《周易義海撮要咸卦》、《周易傳義附錄卷十》。

八、天人合德

知人不可以不知天，天人相與，自有生民以來已然，天地生人，人參天地，天人固不可須臾離也。《中庸第二十二章》「思知人，不可以不知天。」然知天亦不可以不知人。天人關係，自有人類以來即已著見。人戴天履地，竟其整全生命之歷程，無日不在天地覆載溫煦之中，人雖父母所生，然推其本原，固由於天地陰陽之氣所化育，故載籍多言天地生人之事，《詩大雅烝民》曰：「天生烝民，有物有則，民之秉彝，好是懿德。」〈蕩之什〉「天生烝民，其命匪諶，靡不有初，鮮克有終。」《禮記祭義》曾子聞諸夫子曰：「天之所生，地之所養，無人爲大。」（無如人最大）《禮運》「故人者，其天地之德，陰陽之交，鬼神之會，五行之秀氣也。」《史記屈原列傳》曰：「夫天者，人之始也，父母者，人之本也，人窮則反本，故勞苦倦極，未嘗不呼天也，疾痛慘怛，未嘗不呼父母也。」天地、父母，人之大本所在，故人有疾苦必呼天地父母，以宣其抑鬱，實人之恆性使然，自庖犧仰觀俯察，近取遠取，於是始作八卦，三畫初立，而人居其中，法象具而物情見，天人之道以著，迨世運迭更，人事紛繁，先聖制禮，以立人紀，仍承天之道以治人之情，記所謂禮本於天而殽於地，天人之際愈密而彌章，天人之道既相因，天人之感亦相通。《全書卷五十九．伊川文一》十二頁下行，伊川曰：

> 臣聞水旱之沴，由陰陽之不和，陰陽不和，繫政事之所致，是以自昔明王或遇災變，則必警懼，以省躬之過，思政之闕，廣延眾論，求所以當天心致和氣，故能消弭變異，長保隆平，昔在商王中宗之時，有桑穀之祥，高宗之時有雊雉之異，二王以爲懼而修政行德，遂致王道復興，皆爲商宗，百世之下，頌其聖明。

水旱之沴，由陰陽之不和，陰陽不合，繫政事之所致，此感應之事也。政事失宜感致陰陽之不和，陰陽不和，乃有水旱之應，殷王中宗、高宗，因祥異而修德政，遂致王道復興，此感而遂通之事，於是法天繼祖之思想以生，《中庸》稱「仲尼祖述堯舜，憲章文武，上律天時，下襲水土。」朱注：「祖述者，遠宗其道，憲章者，近守其法，律天時者，法其自然之運，襲水土者，因其一定之理，皆兼內外本末而言也。」朱子謂法其自然之道，因其一定之理，是法天地之事也。而宗其道，守其法，是繼祖之事也。然繼祖亦繼先人法天之經驗，人在自然環境之內，觸目皆自然之現象，以及自然之法則，《易》謂之天則（天道），天則赫赫，人焉得不法乎？孔子曰「唯天爲大，唯堯則之。」（論語泰伯）法天之義，由來尚矣。自堯以降，天因人，人亦因天，天人之際，日以切至，於是天人之義，發自孔子，曰：「莫我知也夫！不怨天，不尤人，下學而上達，知我者其天乎。」（論語憲問篇）下學人事上達天理，下學而上達，即天人合一之途徑也，循此則上達，故曰：「知我者其天乎」此見人心、天心之可以相通。人心、天心之默契，故可謂天人之義發自孔子也。儒家之學，首重人事，登高自卑，由近而遠，由人倫日用之修爲以上達天德，所謂尊德性而道（由也）問學，極高明而道中庸也。孔子自十五志學三十而立，以至於七十從心所欲不踰矩（論語爲政）即下學上達之次第，天人之學盛於漢季，皮錫瑞曰：「漢有一種天人之學。……此《春秋》以元統天，《易》以神道設教之旨。」又曰：「天人本不相遠，至誠可以前知。」（經學歷史第四）後世乃有研幾天人之理者，有宋諸大儒各有揄揚而伊川尤多卓見《說卦傳第二》曰：「立天之道曰陰與陽，立地之道曰柔與剛，立人之道曰仁與義，兼三才而兩之，故《易》六畫而成卦。」雖三才之道分舉，而人在三才之中，人之與天，自有合之之理。〈乾文言傳〉「夫大人者與天地合其德，與日月合其明，與四時合其序，與鬼神合其吉凶……」一段下，伊川曰：

大人與天地日月四時鬼神合者，合乎道也，天地者道也。

曰大人與天地日月四時鬼神合者，合乎道也，是合乎道，即天人之合會也。伊川以道合天人，則天人固無不合之理，蓋道外無物，道無天人之別也。故自本原處言，天爲萬物，所以生成變化之總原理，則天人本無不合。又曰：「天地者道也。」天地即是道，人之行，但與道合，則天人即合而爲一，義尤明確。《周易集解卷一》，「天地合德」句下，侯果曰：「按謂撫育無私，同天地之覆載也。」天無私覆，地無私載，此天地之德溥博至公之處，大人（長國家者）撫育無私，此大人之仁德著見也。伊川嘗云：天心之所以至仁者，以其至公耳（引見本章內）則無私即是仁，故論天人之仁德，則混合一體，仁，即可以合天人而无間矣，傳言法天，亦見合德之事。《程傳》一九八頁二行〈解彖傳〉「天地解而雷雨作」句下，伊川曰：

天地之氣開散交感而和暢，則成雷雨。天地之功，由解而成，王者法天道，行寬宥養育兆民，乃順解之時與天地合德也。

天有消息盈虛之道，聖人知進退存亡而不失其正，此天人合德之事。伊川於〈乾文言〉「知進退存亡而不失其正」句下，特申「聖人則知而處之皆不失其正。」「其正」句中之「正」；目道而言，伊川以爲即天地盈虛消息之理，此亦天人合德之實，文王孔子已行之於前。《全書卷二十三語七下》四頁五行，伊川曰：

文王之德，正與天合，明明於下者，乃赫赫於上者也。

《詩大雅大明》「明明在下，赫赫在上，天難忱斯，不易維王。」赫赫在上，天命之顯赫也，明明在下，人君之明德也，下有明德，則天有顯命，即天人合德而相應也。《中庸第二十六章》曰：「詩云維天之命，於穆不已，蓋天之所以爲天也，於乎不顯，文王之德之純，蓋曰文王之所以爲文，純亦不已。」此即明言文王之純亦不已，與天合德也。《全書卷十六．語一》十二頁一行，伊川曰：

大德敦化，於化育處敦本也；小德川流，日用處，此言仲尼與天同德。

〈坤象傳〉曰：「坤厚載物，德合无疆。」明示乾坤尚須合德，況人與天乎？《程傳》三十二頁八行「坤厚」二句下，伊川曰：

萬物資乾以始，資坤以生，父母之道也。順承天施以成其功，坤之厚德持載萬物，合於乾之無疆也。

剛健不息，乾之道也。〈象〉曰：「君子以自強不息。」；柔順利貞，坤之德也。〈傳〉曰「君子攸行」復著人合天地之德也。《程傳》二十五頁五行〈乾大象〉下，伊川曰：

至健固足以見天道也，君子以自強不息，法天行之健也。

《程傳》三十二頁十行〈坤象傳〉曰「柔順利貞，君子攸行」句下，伊川曰：

柔順利貞，乃坤德也，君子之所行也。君子之道，合坤德也。

先聖設卦，六爻有天德之位，是天有其德，謂之天德。《程傳》二十九頁八行〈文言傳〉「飛龍在天，乃位乎天德。」伊川曰：

正位乎上位，當天德。

天人之德，有相配合者，乾，天也。乾有四德曰：元、亨、利、貞。君子行仁、義、禮、智之四德乃合於乾，即配合其德也。〈文言傳〉「元者，善之長也；亨者，嘉之會也；利者，義之和也，貞者事之幹也。君子體仁足以長人，嘉會足以合禮，利物足以合義，貞固足以幹事，君子行此四德者，故曰元亨利貞。」此段下，伊川曰：

行此四德，乃合於乾也。

乾有四德，君子亦行此四德，故謂之配合，言一一相當也。其例至多，天人同德，如天人均尚謙。〈謙彖傳〉曰：「天道虧盈而益謙，地道變盈而流謙，鬼神害盈而福謙，人道惡盈而好謙，謙尊而光，卑而不可踰，君子之終也。」伊川曰：

謙道卑巽，而其道尊大而光顯，自處雖卑屈，而其德實高，不可加尚，君子至誠於謙，恆而不變有終也，故尊光。

天人順動《程傳》九十四頁七行〈豫彖傳〉「天地以順動，故日月不過而四時不忒；聖人以順動，則刑罰輕而民服。」句下，伊川曰：

復詳言順動之道，天地之運，以其順動所以日月之度不過差，四時之行不愆忒；聖人以順動，故經正而民興於善，刑罰清簡而萬民服也。

天人同有所養。《程傳》一三七頁八行〈頤彖傳〉「天地養萬物，聖人養賢以及萬民，頤之時大矣哉。」句下，伊川曰：

天地之道則養育萬物，聖人則養賢才與之共天位、食天祿，俾施澤於天下，養賢以及萬民也，其道配天地，故夫子贊天地與聖人之功。曰：頤之時大矣哉。

天人合德，即合於道，道無天人之別。《全書卷二十四．語八上》七頁八行，問介甫言，堯行天道以治人，舜行人道以事天，如何？伊川曰：

介甫自不識道字，道未始有天人之別；但在天，則爲天道，在地則爲地道，在人，則爲人道。

誠與仁，道也，皆通天人。《程傳》一二八頁十行〈无妄卦辭〉下，伊川曰：

至誠者，天之道也。

《全書卷二十四．語八上》九頁一行，范季平問：「博學而篤志，切問而近思，仁在其中（論語子張篇．子夏語）」？伊川曰：

仁，即道也，百善之首也，苟能學道，則仁在其中矣。

伊川謂誠是天道，本孟子「誠者，天之道也；思誠者，人之道也。」（離婁上）《中庸》亦曰：「誠者，天之道也；誠之者，人之道也。」（二十章）伊川又曰：「仁，即道也。」道外無物，則誠、仁之必可通而爲一。合之有道，思誠與體仁而已。蓋天人之合，主乎一心「心具天德」⑳此爲伊川論天人之學，最警策之語。有此，則學者得入手工夫，人則在能全其天德而已。《全書卷四十一粹言心性篇》四十六頁四行，伊川曰：

天德云者，謂所受於天者，未嘗不全也，苟無汙壞則直行之耳，或有汙壞，則敬以復之耳，其不必治而修，則不治而修，義也；其必治而修，則治而修亦義也，其全天德一也。

右言天德本全，又謂「盡已（盡心）則無所不盡」（全書卷十九）盡已即盡心之謂，孟子曰「盡其心者，知其性也，知其性則知天矣」（盡心上）由盡心而知性知天，天人之德自合矣。

結語

謹按《大易》由天道以推人事，因人事以明天道，而天人之學大備。知人固宜知天，然知天亦不可不知人，宇宙、人生，理無二致，天人關係，於日用生活間即見之矣，東有啓明，西有長庚，星分晝夜，人以此而辨方位，此其明徵也。夏葛冬裘，人因寒暑而易衣，日月出入，人隨早晚而作息，此天時之及於人也。當迅雷急電，則內懷憂悸，和風麗日，則眉宇軒朗，是憂喜之情，亦因天象而分，天之與人，何其切也。生民之初，人與洪水猛獸爲鄰，始有疑天，畏天之感觸，繼之仰觀俯察，因時興作，而大天、法天之思想，相因而起矣，自伏羲畫卦，六爻成章，天人錯綜之變化，見乎象而繫乎辭，天人合德之語，著於乾文言，天心、人心合一之義，散見〈彖傳〉，而〈上繫第五〉又曰：「一陰一陽之謂道，繼之者善也，成之者性也。」明言「善」介乎道性之間，惟繼之一字，足以顯示天人之際而無餘，自茲以降，究心天人之學者，代有其人，曰：天人之際，曰：天人相與，曰：天人感應、天人之學，遂爲後世所樂道，而儒家眞實學問，亦以天人之合爲其極致，伊川論天人之際，主自德性修養以上達天理，所謂盡心、知性、知天之說，皆承孔孟之遺教，誠與仁爲合天人之德性，盡己爲誠，成己爲仁，皆自一己始，思誠體仁，則合天人之工夫，無我、至誠，伊川於論感通時，已言之至切，而無我，於合德之義，亦至緊要，伊川論天人合德極有卓越之見解，謂天人之合，以道德爲依歸，合德即合於道，己與道一，一，則無己，是之謂無我。論道，則本無不合，道外無物，道無天人之別，既道涵天人，而又必曰合之者，爲天人既分以後者言之耳，教人當於工夫上著力，如涵養用敬，主一無適，積久而天理自明是也。天人之合，主乎一心，伊川遂有人心、道心、人欲、天理之分疏，二者皆足以見天人之際，收拾人心，即見道心，才去人欲，便是天理，轉念之間，天人立分，天人之際，莫切於此。伊川又於天人之間，求其所以能合可合之處，而立「心具天德」之說，定不刊之論，尤具卓識！天德，吾所固有，人之本心與天地萬物一體者是也，人心通乎天心，天理亦潛在人心。天心至仁，仁，人心也。心，又生道，天人之心皆仁，皆有生生之德，故天德，即合天人之津梁，其相合之關鍵在此。其主動在人之理由亦在此。人知盡己、盡心，即可以知性知天，即可以參贊化育，盡己，即復其天德之謂也。此種工夫，固在人倫日用之間，親親長長，其孰不知，孝悌之至，通於神明，人但反求諸己，即此虛靈昭明之眞知可見天人合一之境地，人天同一本源，天人所以生成之理，亦求諸吾心而可得，此不假他求者也。但伊川既言心具天德，是人心有此本能，要須復其本心（天理）可也，而又曰「心須通之以道。」若是，則道之與心終隔一層，與後世心學諸師直以「心即理」（天德）者，微有不同，此或即伊川向外求理之見歟？伊川已言誠通天人，而於仁德之可以通乎上下，未嘗顯言，其詳不可得見，惟其意略具耳。昔孔子嘗言「知我者其天乎。」（論語憲問），孟子謂「萬物皆備於我。」（盡心篇），又「上下與天地同流」（同上），此種化境，皆由盡心知性之學，可以造詣，則合天人，固自修己始，人但反求諸己，由此識取天地人物一體之眞宰，使己與天地萬物之理，泯合爲一，如明儒薛敬軒所謂「七十年來無一事，此心始覺性天通。」⑥①即天人合一之眞實境界也。天人合一，則是天人一體。《中庸》言「成己成物」（第二十五章），孟子言「親親而仁民，仁民而愛物（盡心上）。」已昭發天地萬物一體之大義，惟其一體，而內外、物我、人己之私悉泯，則天人之間，實無際之可言，而渾然同德矣。

本章凡八節。一曰道，以明天地萬物之本源；二曰對待與陰陽。由本體顯用之兩種動能，以觀宇內一切對待之現象；三曰動。見本體之活潑性；四曰變。以明陰陽主司變化之神妙；五曰恆久。明本體以動與變維持其恆久之德性；六曰中。以中正之道，爲天人之極則；七曰感通。論天人相應之原理；八曰天人合德。以德性之修養，會通宇宙、人生，以見天人之一致。此伊川《易》學之基本思想，其理論之融貫，體系之嚴整，可謂體大思精，自樹一家，實非後世以迂闊或道學目伊川者所能窺其萬一也。

參考書目

《詩大小雅・國風》、《禮記祭義・禮運・王制》、《孟子萬章・梁惠王・公孫丑・告子・盡心》、《史記卷八十四》、《書泰誓》。《論語子罕・憲問・衛靈》、《經學歷史第四》、《宋元學案卷十一・十七・九・六十八・十五・八十六》、《文公易說卷十五》、元李簡《學易記》、《廣雅釋詁》、《國語越語・晉語・周語》、《周易內傳卷一》、《明儒學案卷三十四・五十八・六十二・八十六・三十七》、《周易外傳卷五》、《近思錄卷四》、《淮南本經訓》、《周易集解卷一》、《濂洛關閩書卷八・九》、《理學宗傳卷八・二十二・二十三》、《中國哲學史第三章》、

《漢書董仲舒傳》、《論衡譴告篇》。

【附註】

①《全書卷四十一・天地篇》語同。

②《傳習錄卷一》。

③《中庸朱子章句第一章》中語。

④《周易內傳卷一》。

⑤《近思錄》四十四頁二行。

⑥《孟子告子下》孟子答曹交之問云云。

⑦《老子三十八章》「上德不德」數句下王弼注。

⑧和靖，伊川高弟尹焞，字彥明。

⑨語見《周易傳義附錄》。

⑩《易上繫第九章》曰：「《易》无思也，天爲也。寂然不動，感而遂通天下之故。非天下之至神，其孰能與於此。」

⑪《明儒學案》四六八頁。

⑫《孟子公孫丑下》孟子去齊，充虞路問曰：夫子若有不豫色然……。曰：彼一時也，此一時也，五百年必有

王者興，其間必有名世者。

⑬《宋元學案》九一七頁二行。

⑭《宋元學案》一一四五頁十八行。

⑮《文公易說卷十九》曰：「伊川所謂體字與實字相似，乃是該體用而言。」

⑯《明儒學案》六九五頁。

⑰《宋四子鈔釋》一三〇頁。

⑱《十力語要》三十六頁。

⑲《中國古代哲學史一》五十二頁。

⑳《宋元學案》一一四五頁。

㉑按見《近思錄卷一》。

㉒《明儒學案卷四十七》四九三頁。

㉓《明儒學案卷二十六》二六四頁。

㉔《孟子滕文公上》（孟子）曰：「夫物之不齊，物之情也。」孟子答許行之語。

㉕《明儒學案卷七十七》四八七頁。

㉖《明儒學案卷六十二》六九五頁。

㉗《文約卷四・蕺山文集序》。

㉘《明儒學案》五二四頁。

㉙《明儒學案》六九五頁。

㉚《明儒學案》二六五頁十九行。

㉛《尚書臯陶謨篇》中語。

㉜《中庸第十二章》詩云：「鳶飛戾天，魚躍於淵，言其上下察也。」

㉝《二程全書卷十二》八頁，明道語。

㉞《張子正蒙太和篇第一》。

㉟《宋元學案》三八六頁九行。

㊱《孟子告子上》孟子曰：「體有貴賤有小大……養其小者爲小人，養其大者爲大人。」又曰：「心之官則思，思則得之，此天之所與我者，先立乎其大者，則其小者不能奪也。……」

㊲《周易集解卷六》荀爽語。

㊳《文公易說卷七》答徐寓問復卦。

㊴《文公易說卷七》答徐寓問復卦。

㊵《周易內傳卷二下》「復其見天地之心」句下，船山云云。

㊶《周易內傳卷二下》〈復彖傳〉「復其見天地之心乎」句下船山語。

㊷阮嗣宗稱易爲變經，見其《通易論》。

㊸《廣近思錄卷三》五十三頁一行。

㊹《文公易說卷五》朱子語。

㊺《宋元學案卷八十六》一六四頁十一行，陳本堂語。

㊻《中庸第六章》子曰：「舜其大知也與，舜好問而好察邇言，隱惡而揚善，執其兩端，用其中於民，其斯以為舜乎。」

㊼《中庸第八章》子曰：「回之為人也擇乎中庸，得一善則拳拳服膺而弗失之矣。」

㊽《宋元學案卷十五》三五六頁伊川語。

㊾《明儒學案卷四十七》四九三頁六行。

㊿《詩集傳》「關關，雌雄相應和之聲也。」

51《詩小雅伐木》「嚶其鳴矣，求其友聲，相彼鳥矣，猶求友聲，矧伊人矣，不求友生。」

52《論語顏淵篇》孔子對季康子語云云。

53《宋元學案卷十七太和篇》。

54《周易內傳卷三上》〈咸彖傳〉下語。

55《全書卷三十九》二十七頁下五行，伊川曰：「綏之斯來，動之斯和，是亦感應。」

56《禮記．孔子閒居》孔子答子貢問之語。

57訪王董二人事見《全書卷十九．語四》及《卷三十九．外書十二》二十二頁。

(58)《程傳》一五六頁十行〈咸大象〉曰：「山上有澤咸，君子以虛受人」下，伊川曰：「君子觀山澤通氣之象而虛其中以受於人，夫人中虛則能受，虛中者，无我也。」

(59)《論語子罕》「子絕四，毋意、毋必、毋固、毋我。」毋，史記作無。

(60)《宋元學卷十五・伊川學案》三六四頁十七行，伊川曰：「心具天德。」

(61)《明儒學案・河東學案一》四十四頁。

第三章 伊川論易卦之動靜

《易》以卦爻爲主，卦復以爻爲體，舍卦爻則無以見《易》也，卦爻始於奇偶之畫，奇陽偶陰，陽剛陰柔，而剛柔二名以立，剛柔相錯，而八卦成列，曰乾坤震巽坎離艮兌，以象天地雷風水火山澤，此小成之八卦也。八卦具矣，然而有其象而無其用，於是八卦相重而爲六十四，此六畫之成卦也，六位成章，而後變化之跡著，天地萬物之情見，所謂卦備陰陽之變、爻效天下之動者，卦爻之用也。體立而用見，用見而天下之能事畢矣。卦者：積爻而成，卦爻固一體而不可分，然較而言之，亦各有專屬，蓋卦言乎時，爻言乎變，爻則往來上下於六虛之間，隨時而變者也。伊川嘗以卦爲時（程傳三十八頁，八行）而又曰：「卦者事也，爻者事之時也」（四十二頁，五行）。以卦象天人之事，爻分此事之時，爻之所歷，合而爲一卦之時，爻亦一事也，六爻分主一卦之事，則時與事，不專係卦爻之任一面也，卦之時位不同，六爻因之而變動無常，故爻卦之動靜，未嘗遠乎時位，而卦序、卦才等，亦皆因緣爲用以顯其動靜之情況也。本章分八目：一曰卦序。二曰卦才。三曰卦變。四曰時位。五曰六爻相與。六曰二體際會。七曰勢與爻義。八曰卦之初終。分次於下：

一、卦序

六十四卦之序列也，六十四卦以反對爲序，反對起於萬有相與對待之現象，伊川以陰陽消息之理，論六十四卦相與承受之次，而本諸對待之理，以陰陽爲對待之至著者也《易》自八卦，重爲六十四卦，其序自然而成章，若或爲之，若或爲之也，《程傳》二十三頁二行〈乾卦辭〉下，伊川曰：

> 上古聖人始畫八卦，三才之道備矣，因而重之，以盡天下之變，故六畫而成卦。

上古始畫八卦，自有其序，因而重之，則六十四卦之序，亦不容紊，八卦之序，自以〈說卦傳〉「乾坤六子」：乾坤震巽坎離艮兌爲主。而六十四卦，自乾坤以迄未濟，亦爲自然之秩序、天道、人事、消息盛衰之理，率秩然而成章，若有爲之者，然而化機之周流浹洽，無間無已，默然運行於六十四卦之中實莫或爲之也，序卦之名，見於《漢志》曰：「孔氏爲之彖象繫辭文言序卦之屬凡十篇。」〈序卦〉之文淮南已有徵引曰：「動而益，則損隨之，故《易》曰剝之不可遂盡也，故受之以復。」唐人崔憬亦以爲〈序卦〉明萬物先後之次。（周易集解卷二）孔穎達亦以〈序卦〉爲孔子所作，而皮錫瑞曰：「序卦蓋出於東漢之後」（易經通論）其言不足信，今知在西漢以前，確有序卦之文，葉水心謂序卦之文淺鄙（經義考引），王夫之亦力攻〈序卦〉曰：「序卦，非聖人之書也。」（周易外傳卷七）然尊而信之者仍多，橫渠曰：「序卦無足疑」（橫渠易說卷三）即其例。伊川於序卦，極爲重視，故謂卦序皆有義理《全書卷十九，語四》五十九頁五行，伊川曰：

> 卦之序皆有義理，有相反者，有相生者，爻變則義變也。

又曰：其所序次，當有所取《程傳》二五一頁，二行〈震卦辭〉前，伊川曰：

> 鼎者器也，震爲長男故取主器之義。

《程傳》四十六頁，七行〈需卦辭〉前，伊川曰：

> 雲上於天有蒸潤之象，飲食所以潤益於物，所以次蒙也，卦之大意需待之義，序卦取所需之大者耳。

故伊川以序卦分置六十四卦之首，蓋從《周易集解》之舊例。①又謂卦序有相反者，以相反之義爲次《程傳》七十九頁，七行〈同人卦辭〉前伊川曰：

> 夫天地不交則爲否，上下相同則爲同人，與否義相反故相次。

伊川謂否與同人相反，係就人事之例言，若就卦之組成言之，則否實與泰相反；同人實與大有相反，《易》卦本兩兩對待也，《程傳》二〇八頁，一行〈益卦辭〉前，伊川曰：

> 盛衰損益如循環，損極必益，理之自然，益所以繼損也。

按損益，則實爲反對之卦也，有相生者，以相生之義爲次《程傳》二五九頁三行〈漸卦辭〉前，伊川曰：

> 漸者進也，止必有進、屈伸消息之理也，止之所生亦進也。

又二五五頁，七行〈艮卦辭〉前，伊川曰：

艮者止也，動靜相因；動則有靜；靜則有動，物無常動之理，艮所以次震也。

動則有靜，靜則有動，則是動靜相生也，有承卦之義爲次者，《程傳》一七二頁，六行〈晉卦〉前，伊川曰：

晉者進也，物無壯而終止之理，既盛壯則必進，晉所以繼大壯也。

有承前二卦之義以爲次者，《程傳》九十一頁，十行〈豫卦〉前，伊川曰：

承二卦之義爲次也，有既大而能謙，則有豫樂也。

有引申前卦之義而次之者《程傳》一四一頁，十一行〈大過卦〉前，伊川曰：

凡物養而後能成，成則能動，動則有過、大過，所以次頤也。

有推極前卦之義而次之者《程傳》一四六頁，三行〈坎卦〉前，伊川曰：

坎者陷也，理無過而不已，過極則必陷，坎所以次大過也。

論其大綱，則以對待之理說卦序《程傳》二八一頁，三行〈姤卦〉前，伊川曰：

姤，遇也，決，判也。物之決判，則有遇合，本合則何遇；姤所以次夬也。

物之決判，則有遇合，決判與遇合，質而言之，實即分合，分合對待之名也。對待二物，終必相合，相對與和合，爲對待之原理也，對待亦曰相須。《程傳》一六四頁，十一行〈遯卦〉前，伊川曰：

遯者退也，夫久則有去，相須之理也，遯所以繼恆也。

相須即相待（對待）《詩匏有苦葉》「人涉卬否，卬須我友。」傳「須，待也」相須即相待。《程傳》一六八頁，八行〈大壯卦〉前，伊川曰：

> 遯爲違去之義，壯爲進盛之義，遯者，陰長而陽遯也。大壯，陽之壯盛也，衰則必盛，消息相須，故既遯則必壯，大壯所以次遯也。

一消一息，相與對待，一盛一衰亦相與對待，凡對待之二物必有相須相求之勢，相生相成之理，蓋卦中固寓，天道消長，化機流行之理。《程傳》二〇八頁，一行，益卦前亦言「盛衰如循環」，消息盈虛，天道之大者，陰陽二氣之往來消息大化之流行不過如此，故傳或推極物理曰：「物理通泰之極則必否」（七十六頁，三行）曰：「物窮則變」（三〇一頁，一行）物窮而不變，則無不已之理，是亦消長之道，皆自對待反對以立言，六十四卦本以反對爲序《周易略例》曰：「卦以反對而爻亦皆變」說《易》之書言反對者莫先乎此。黃宗羲曰：「上經三十卦，反對之爲十二卦，下經三十四卦，反對之爲十六卦。乾、坤、頤、大過、坎離、中孚、小過，不可反對（顛倒不變）則反其奇耦以相配，（即左右相對）（易象數論卷二）。」胡朏明曰：「六十四卦，兩兩相比，無不反對。」（易圖明辨卷九）故伊川以反對論卦序，於上下篇之序，則以陰陽爲分卦、序卦之原理。《全書卷六十七上下篇義》伊川曰：

> 乾坤，天地之道，陰陽之本故爲上篇之首。坎離、陰陽之成質，故爲上篇之終；咸恆夫婦之道，生育之本，故爲下篇之首，未濟、坎離之合，既濟、坎離之交，合而交則生物，陰陽之成功也，

故爲下篇之終，二篇之卦既分，而後推其義以爲之次，序卦是也。

此總論全《易》之序也，由右引知伊川以陰陽爲卦序終始之脈絡，陽盛者居上篇，陰盛者居下篇，卦之分以陰陽爲準，則陰陽固爲卦序之基本原理，自來疑〈序卦傳〉莫若王夫之，然而夫之論卦序，仍以陰陽爲造化之主；以此而立八經卦，十二經卦，以著陰陽流轉之跡，則其宗旨，殊與伊川不相悖也，清儒孫夏峰曰：「六十四卦皆相逼而來，不得不受；不得不轉，節宣陰陽；摶捖宇宙，古今亦大損益（喻消息）也，大哉《易》乎？其用無窮。」（夏峰語錄）夏峰亦承伊川之旨，以六十四卦，不過言陰陽消息而已。甚是，於是知以陰陽之消息論六十四卦相與承受之次，仍本對待之理而衍之也。

結語

謹按卦序與序卦傳略別，卦序本先代重卦後原有之次第，即由三畫八卦重而爲六畫，自乾坤屯蒙以迄既未濟，凡六十四卦之序也。〈序卦傳〉則推衍卦序相次之理，〈序卦傳〉不必爲孔子所作，大抵後代易家（約在西漢前）衍原有次敘而爲之辭，其所發之義，亦因原次而著見，伊川謂卦序皆有義理，故以〈序卦傳〉分冠於六十四卦之首，又以對待之理說卦序，其所謂義理，即陰陽之消息往來，升降上下，要不外乎對待之理，消息相須，極則必反，皆對待之事，對待實起於兩卦之反對，六十四卦本以反對爲序，即兩兩對待以相反相對，又復相生相成，陰陽大化，自然運行乎其中，故伊川上下篇義，專論以陰陽序卦、分卦之理，以見六十四卦相與承受之義，蓋略本《易緯乾鑿度》曰：「孔子曰，陽三陰四，位之正也，故易卦六十四分而為上下，象陰陽也。夫陽道純而奇，故上篇三十，所以象陽也。陰道純而偶，故下篇三十四，所以法陰也。」而言之尤詳，綜其大旨，均與《易》道不相悖，然其論卦序時，僅就相鄰兩卦之關係明其相次之理由，其於卦序之大義為分為偏，而六十四卦之大經之發揮，則必須參閱〈上下篇義〉乃見其合與全耳。

參考書目

《漢書藝文志》、《淮南繆稱訓》、《周易集解卷一》、《周易正義》、《宋元學案卷五十四》、《經義考卷四》、《周易外傳卷七》、《橫渠易說卷三》、《文公易說卷十七》、《四庫總目卷一》、《詩國風》、《儀禮士昏禮》、《周易略例》、《易學象數論》、《易圖明辨》、《先秦漢魏易例述評》、《清儒學案卷一》、《周易內傳卷五上、六下》、《周易內傳發例》、《周易義海撮要》。

二、卦才

卦才，言成卦之才也。〈繫傳下第三〉象者材也。（材才通）象言一卦之才所謂爻畫是也。爻有其才，積爻成卦。合爻之才，即一卦之才也。《易》之根本存乎卦，卦之吉凶因乎才，聖人因才而設辭，所謂觀象繫辭者，實即觀卦之才具而各繫之以辭也。凡卦有才，所以致用也，猶人之才所以任事也。伊川立卦才之名，蓋有精意。於文，才爲草木之初。《說文第六上》「才，艸木之初也。从丨上貫一，將生枝葉也。」物既生而有才，則其資性已具，既成爲材，任人所用，故才材一字。《禮記學記》鄭注引《易》曰：「兼三材而兩之」今本〈說卦傳〉作才，是才材通用也。《論語子路》子曰：「先有司，赦小過，舉賢才。」漢書引作材皆是。才者才質《程傳》二七四頁，九行旅初六「旅瑣瑣斯其所取災。」下。伊川曰：

六以陰柔在旅之時，處於卑下，是柔弱之人處旅困而在卑賤所存污下者也。鄙猥瑣細，無所不至，乃其所以致侮辱取災咎也。當旅困之時，才質如是，上雖有援無能爲也。

曰：「才質若是。」當指六之才質，是才即才質之義，又五十一頁〈訟初六爻下〉伊川曰：

六以柔弱居下，不能終極其訟者也。……蓋訟非可長之事，以陰柔之才而訟於下，難以吉矣。

六以柔弱居下，不能終極其訟，亦是其才質柔弱，不堪久訟。故又曰：「以陰柔之才而訟於下難以吉矣。」蓋六爲才質所限而無能爲也。才指才質；言其本質如是也。《孟子》告子篇迭言「才」字，皆有才質之義。孟子曰：「乃若其情，則可以爲善矣，若夫爲不善，非才之罪也。」《朱子集註》「才猶才質，人之能也。」戴東原《孟子字義疏證卷下》曰：「才者人與百物各如其性以爲形質，而知能遂區以別焉，氣化生人物，據其體質而言謂之才。」孟子所言「才」字，朱子、戴震皆訓爲才質，即人之本質；卦才，即卦之本質。《程傳》二九八頁，二行〈既濟彖傳〉「利貞，剛柔正而位當也。」句下，伊川曰：

時既濟矣，同宜貞固以守之，卦才剛柔正當其位，當位者其常也，乃正固之義，利於如是之貞也。

「卦才剛柔正當其位」者，既濟卦六爻各得其位而又相應，其才（本質）固如此。故曰：「其常也。」言其本質不變，是卦才即卦之本質也。又爲材力《程傳》八十五頁，五行〈大有九二〉「大車以載，有攸往無咎。」句下，伊川曰：

九二以陽剛居二，爲六五之君所倚任，剛健則才勝，居柔則謙順，得中則无過，其才如此，所以能勝大有之任，如大車之材強壯，能勝載重物，可以任重行遠，故有攸往而無咎也。

又〈象傳〉「大車以載，積中不敗也。」句下，伊川曰：

壯大之車，重積載於其中而不損壞，猶九二材力之強，能勝大有之任也。

前既謂九二有勝大任之才，嗣又曰九二「材力之強」。則才即指其有材力，才，即材力之謂也。又曰才能。二二三頁，二行〈萃象傳〉「萃聚也，順以說，剛中而應，故聚也。」下伊川曰：

萃之義聚也，順以說，以卦才言也。上說而下順。……即上下說順又陽剛處中正之位而下有應助如此，故能聚也。欲天下之聚，才非如是不能也。

順以說爲萃卦之才，下順而上說，則欲天下之萃聚不難，故曰：「欲天下之萃，才非如是不能。」才非如是不能，言有如是之才，則能爲矣。才，即言才能。有是才則有是能，如椅桐之中琴瑟，菌算之宜於失簳也，才能本爲一事，《國語魯語》「沃土之民不材」注「不材，器能少也。」材即器能之義，才兼動作行爲。《程傳》一二五頁，七行，〈復卦辭〉「復亨出入无疾，朋來无咎。」句下，伊川曰：

> 復亨，既復則亨也。……出入無疾，謂微陽生長，無害之者也。……而卦之才有無疾之義，乃復道之善也。

又〈彖傳〉「復亨，剛反，動而以順行，是以出入无疾，朋來无咎。」句下，伊川曰：

> 復亨謂剛反而亨也。陽剛消極而來反，既來反，則漸長盛而亨通矣。動而以順行，是以出入无疾，朋來无咎，以卦才言其所以然也。

前言「卦之才有无疾之義」，言卦之才，無能害之也，於既釋〈彖傳〉「復亨剛反」之後，又曰「動而以順行，是以出入无疾朋來无咎，以其才言其所以然也。」意謂復之亨由於剛反，剛反之所以即能亨通者，由於剛陽之動而以順行也，因其「動而以順行」，故復道亨通，動而以順行，乃卦才之動作行爲，此即卦才之見於動作行爲也，卦才含體性之義。《程傳》二四一頁，八行〈革初九〉「鞏用黃牛之革。」句下，伊川曰：

> 變革事之大也，必有其時有其位有其才，審慮而愼動，而後可以無悔。……以才，則離體而陽也，離性上而剛體健，皆速於動也；其才如此，有爲則凶咎至矣。……鞏局束也，革所以包束，黃中色，牛順物，鞏用黃牛之革，謂以中順之道自固，不妄動也。

傳曰：「以才則離體而陽也，離性上而剛體健，皆速於動也。」初九之才，離體而陽，離爲其形體，而陽爲其質性，然又曰：「離性上而剛體健」者？離性，離體之性，離爲火，火性炎上也，剛體健者？剛其德性（大有彖傳，其德剛健而文明。）見於外而有體，二處言體性，非相抵迕也。要之，才「則離體而陽」句，是論才兼含體性二義也。此論爻才，卦爲爻所組成，爻才即卦才也，是知才兼動靜二端，其內含至爲廣大，爻卦皆有才以見天地陰陽之大義《程傳》一八二頁，四行〈家人彖傳〉「家人女正位乎內，男正位乎外，男女正，天地之大義也。」句下，伊川曰：

> 彖以卦才而言，陽居五，在外也；陰居二，處內也，男女各得其正位，尊卑內外之道正，合天地陰陽之大義也。

陽居五，陰居二爲卦才，先聖因才而設辭，才之大用在此《程傳》二二四頁，七行〈萃六二爻〉下，伊川曰：

> 初陰爻又非中正，恐不能終其孚，故因其才而爲之戒，二雖陰柔而得中正，故雖戒而微詞，凡爻之詞關得失二端者爲法爲戒，亦各隨其才而設也。

凡爻辭之爲法爲戒，各隨其才而設，是先聖因才而設辭，才之大用在此，伊川立卦才之名，廣卦才之說，其用意舉於斯。自輔嗣、晦庵多言卦德，然與伊川言才之義每同。《程傳》一八六頁，五行〈睽彖傳〉「說而麗乎明，柔進而上行，得中而應乎剛，是以小事吉」下，伊川曰：

> 其才如此，所以小事吉也。

王輔嗣於此三句下注云：「事皆相違，害之道也，何由得小事吉？有此三德也。」〈彖傳〉之語同，而伊川、輔嗣，一曰卦才，一曰卦德，是才德之意固近。《程傳》二四六頁，四行〈鼎彖傳〉「巽而耳目聰明，柔進而上行，得中而應乎剛，是以元亨。」下，伊川曰：

> 上既言鼎之用矣，復以卦才言，人能如卦之才，可以致元亨也。……五居中而又以柔應剛，爲得中道，其才如是，所以能元亨也。

輔嗣於「柔進而上行，得中而應乎剛。」二句下則曰：「謂五也，有斯二德，故能成新而獲大亨也。」朱子《本義》於卦才亦名曰卦德。《程傳》二一四頁，四行〈夬彖傳〉「夬，決也，剛決柔也。健而說，決而和。」下，伊川曰：

> 健而說，決而和，以二體言卦才也。

《本義》於〈彖傳〉右四句下釋之曰：「釋卦名義而贊其德。」「夬決也，剛決柔也。」《本義》以爲卦之名義。則以「健而說，決而和。」爲卦之德也。同釋〈彖傳〉之文，一曰卦才，一曰德，是才德同用也。《程傳》二二三頁，三行〈萃彖傳〉「順以說，剛中而應，故聚也。」下，伊川曰：

> 萃之義聚也，順以說，以卦才言也。

《本義》於〈彖傳〉右三句下曰：「以卦德、卦體釋卦名義。」卦體謂剛中而應也。右二則足證伊川、朱子釋彖傳同一文字而言才言德各異，是二字義近也。考〈彖傳〉固有卦德之名，大有彖傳曰：「其德剛健而文明」而伊川言才罕言德者？才德又有別也。蓋才本所具有，德須力行積養而致。《程傳》一三三頁，三行，〈大畜彖傳〉「大畜剛健篤實輝光，日新其德。」句下，伊川曰：

> 以卦之才德而言也，乾體剛健，艮體篤實，人之才剛健篤實，則所畜能大，充實而有輝光，畜

之不已，則其德日新也。

傳首云「以卦之才德而言也。」以〈彖傳〉有「德」字，故伊川以才德連言之，繼復才德分述。以人爲況，似有才先德後之意。蓋以才，本所具有，故曰「人之才剛健篤實，則所畜能大，充實而有輝光。」德須力行積養而致，故曰：「畜之不已，則其德日新也。」按莊子內篇《德充符》曰：「是必才全而德不形。」又曰：「是之謂才全。」又曰：「德不形者，物不能離也。」形謂見之於外也，彼處莊子已才德分言矣。戴震《原善》云：「人之材質不同，德亦因而殊科。」是以德因才而有分殊，必有是才而後有是德。才者，德之寓也，是才德有先後之分矣。蓋因德見才，德寓乎才《程傳》四十二頁九行「卦才時中」，次頁四行，傳自釋之曰：「時謂得君之應，中謂處得其中，得中則時。」卦才時中，指蒙之六五、九二而言之也，二五在上下二體，正卦才之中堅主榦，傳於本頁十行云：「五有柔順之德。」於十一行云：「二以剛中之德。」二、五之德皆因卦才而有，是二五之德寓於卦才之中也。才即兼德、能。《程傳》六十三頁，八行〈小畜彖傳〉「健而巽，剛中而志行，乃亨。」伊川曰：

以卦才言也，內健而外巽，健而能巽也。二、五居中，剛中也，陽惟上進，下復乾體，志在於行也，剛居中爲剛而得中，又爲中剛。言畜陽則以柔巽，言能亨則以剛中。……以卦才言。則陽爲剛中，才如是故畜雖小而能亨也。

「健而巽，剛中而志行。」伊川謂之卦才。分而言之，健而巽，是其德也。剛中而志行，是其能也，以其剛中而好進，故志在於行，又曰：「能亨由剛中。」志在於行，行之而能亨，則其有能明矣，故九以陽剛居二，爲六五之君所倚任，剛健則才勝，居柔則謙順，得中則無過，其才如此，所以能勝大有之任。

才兼言德能，德行也。《程傳》八十五頁，六行〈大有九二爻〉下，伊川曰：

據傳所云，則「剛健、居柔、得中爲九二之才也，分而言之，剛健是其德，居柔、得中皆就位言，故才實兼德與位而言也。清儒李恕谷亦謂「德分於才」，蓋承伊川之意《周易傳注凡例》曰：「卦有才焉，而分之有德、有情、有位、有時有義、有數、有主爻。」曰：德、情……等，皆卦才之一也。論才，則靡不賅備也。《程傳》一六〇頁，二行〈恆彖傳〉「恆，久也，剛上而柔下雷風相與，巽而動，剛柔皆應，恆。」句下，伊川曰：

卦才有此四者，成恆之義也，剛上而柔下，謂乾之初上居於四，坤之四，下居於初，剛爻上而柔爻下也。……雷風相與，雷震則風發，二者相須以助其勢，故云相與……巽而動，下巽順而上震動。剛柔皆應，一卦剛柔之爻皆相應。

伊川以〈彖傳〉所云：「剛上而柔下，雷風相與，巽而動，剛柔皆應。」四者皆爲卦才。分別言之，一曰剛上而柔下，伊川謂乾之初上居於四，坤之四下居於初；剛爻上而柔爻下。則是言卦變也。二曰雷風相與，言上下二體（相與）也。三曰巽而動，言卦德也。四曰剛柔皆應，伊川言剛柔之爻皆相應，此言六爻之動態。四者皆納於卦才之中故言才，則無不賅也，考其淵源，言卦才，實本〈彖傳〉釋彖言卦德、卦象、卦變、二體六爻諸事，伊川即以卦才目之，以其均屬卦之基材也。故劉瓛曰：「彖斷一卦之才」此後白雲郭氏曰：「彖所以明一卦之才。」朱子亦曰：「彖言一卦之才」皆彖釋卦才之明徵也。宋蔡節齋、饒雙峰、元胡庭芳等均言卦才。而明儒王船山直承伊川言卦才之意，而尤推明才之體用，可謂擴而充之，無餘蘊矣。《周易內傳卷六上》「彖者材也」下云：「材者體質之謂；效天下之動，則其用也，有此體乃有此用。用者用其體，惟隨時而異動耳。……吉凶悔吝，辭之所生所著也，因爻而呈，而爻亦本乎彖所固有之材，材者，爻畫之材也。」船山以體用論材，深得材之義蘊，蓋體立而用著，譬猶器物之效用，器成而後用見也，吉凶悔吝因爻而呈，爻本乎一卦固有之才。則一卦固以才爲首腦矣。材者，畫象之材也，此語尤明決之至，足以發伊川所以立卦才一辭之深意，實即爻畫之謂。曰畫象者，畫即象也，奇畫象陽，偶畫象陰，不亦至著之象乎？畫象，乃卦之本原，萬變自此而始，能謂卦才無大用耶？卦才即陰陽爻畫所成之體，船山又名之曰體，即一卦之體材也。於〈下繫〉第六「陰陽合德而剛柔有體」章釋之曰：「凡陽爻皆乾之陽，凡陰爻皆坤之陰也。合德，相合以成德，體，卦已成之體也。陰陽合而成德，六十二卦各有性情功效而體因而起焉。」（周易內傳卷六上）曰：「六十二卦各有性情而體遂定。」實則其性情功效，亦因體材而後見；卦已成體乃各有其性情功效，各有性情功效而體遂定，船山又謂「學《易》者當有所擇，擇者，擇其材也。曰：顏子用復，曾子用泰，以擇德也，文王箕子同事暗主，則皆用明夷。既濟、未濟共臨坎險，則胥伐鬼方，以擇用也。擇德者，從其性之所近；擇用者從其心之所安，咸必其材之具成而後始成乎其章。」（外傳卷六）先民擇德擇用，皆資乎才，才實兼涵德用之義，學《易》者，安可以不知卦才？據右所引述。船山發明才之體用，可謂無餘蘊矣。伊川雖言卦才，而用才之道未著，待船山之言出而其義大備，信可謂伊川論卦才之功臣也，即卦之能亨可亨，亦每視卦才而取定，則一卦之才所繫者大矣。《程傳》二八七頁，八行〈節彖傳〉「節亨，剛柔分而得中」下，伊川曰：

節之道自有亨義，事有節則能亨，又卦之才剛柔分處，剛得中而不過，亦所以為節，所以能亨也。

《程傳》二七四頁，一行〈旅卦辭〉「旅小亨，旅貞吉」下，伊川曰：

以卦才言也，如卦之才可以小亨，得旅之貞正而吉也。

《程傳》二七七頁，十行〈巽彖傳〉「剛巽乎中正而志行，柔皆順乎剛，是以小亨。」句下，伊川曰：

以卦才言也。陽剛居巽而得中正，巽順於中正之道也，陽性上，其志在以中正之道上行也，又上下之柔皆巽順於剛，其才如是，雖內柔可以小亨也。

傳言卦之能亨、可亨，皆取決於卦才，即群動之所生，六爻之所效，吉凶悔吝之著見，無不本之於卦才，其所繫者固大矣。

結　語

謹按卦才者，成卦之材也。其最基本者，為奇偶之畫，復由三畫重之而為六畫（即由二體兩象之交錯而成六畫），所謂六位成章之卦，則其體已具，仍為卦才，斯即全卦之體材也，於是而卦之本質既具，其情性亦立見。由六爻之動以廣變化，而吉凶悔吝以生，其功效亦大著，船山所謂材之體用者，於此而備。伊川言卦才，實有所本。〈上繫第三〉「象者材也。」象言一卦之材也。彖斷辭也，彖仍為辭，卦才，則彖辭之所由繫，而因此推明天人變化之理也。故〈大傳〉曰：「知者觀其彖辭則思過半矣」（下繫第九）。伊川遂謂聖人因材而設辭（引見本節內），又曰：「予所傳者辭也，由辭以得意，則有乎人焉。」（易傳序）辭既因才而繫，後世由辭以玩才，而一卦之義得，才之大用在此，伊川立卦才之名，其用意舉在於斯也。蓋《易》之根本存乎卦，卦之吉凶具乎才，其義至為明曉，諸儒多言卦德，而伊川唯言卦才，蓋以才德有別。才兼乎德，德寓於才，亦復有理據焉。要之，伊川立卦才之名；著卦才之義，可謂至切矣。然其精蘊，猶未臻明備，至船山以體用論卦才，又謂陰陽者，二物未成體（按謂卦體即指卦才）之名，及其隱顯往來發見乎卦而成乎用，於是謂之才（約其原文）。船山以卦才為陰陽之現身，而一卦活潑之性情立見，此皆船山發明卦才之內蘊，得以補苴伊川之所未盡也。

參考書目

《說文解字第六篇》、《禮記學記注》、《漢書平帝紀．王嘉傳》、《論語子路．泰伯》、《國語周語．魯語》、《呂覽異用》、《孟子告子》、《孟子字義疏證》、《周易本義》、《莊子德充符》、《原善》、《周易傳注凡例》。元李簡《學易記》、《周易集解卷一》、《宋元學案卷六十二》。元胡庭芳《翼傳舉要》、《周易內傳卷六上》、《周易內傳發例》、《周易外傳卷六》。

三、卦變

〈繫傳上第二章〉「剛柔相推而生變化。」本謂卦自爲變，言剛柔之畫相錯雜居而成八卦，八卦相重而爲六十四，此自然之變也。伊川謂萬有皆自乾坤，則起自三畫小成之卦。伊川言卦變、主釋〈彖傳〉所謂「往來上下」之文。而推其成卦之義，然其例不純，每有難通之處，實則六十四卦，既以反對爲序，即以反對爲變，乃所謂卦變也。卦變爲卦爻之變動。而因以別成一卦也，漢儒荀慈明始言卦變。《先秦漢魏易例述評卦變篇》曰：「自京房爻變之例興，至荀氏而卦變之說起，至虞仲翔而其說大備。」本所以釋經傳，惟以徒逞私智穿鑿牽附，過傷繁瑣，而經傳之義由此反益晦塞。自茲雖有繼起，無復漢儒之盛，而支離糾蔓則如故，要無當於經義，後世於卦變駁詰攻難者遂多，蓋卦自有變而非若是之紛紛也。顧亭林曰：「《易》之互體卦變《詩》之叶韻。《春秋》之例月日，經說之繚繞破碎於俗儒者多矣！」（日知錄）焦里堂曰：「卦變之說本於荀虞，其說皆不能畫一，虞氏而後，若蜀才，姚信、侯果之流，皆言卦變，宋李挺之，朱漢上復整齊而更張之，皆不免支左而詘右。」②漢儒荀虞之言卦變，在於廣闢蹊徑，巧立名目，以爲解釋經傳之資助，然其言彌多而亂益甚，乃知亭林「經說繚繞破碎於俗儒」之言，爲千古不刊之論矣。〈易傳〉曰：「《易》之爲書也不可遠，其爲道也屢遷，變動不居，周流六虛，上下無常，剛柔相易，不可爲典要，唯變所適。」（下繫第八）此言剛柔之畫於六陰六陽之間變動不居也。卦之變動，固有其理，剛柔之畫，即象乾坤，故伊川謂卦變皆自乾坤（三畫），乾坤生六子是爲八卦，八卦相重而爲六十四，此自然之卦變也。《程傳》一一八頁，四行〈賁彖傳〉「觀乎人文以化成天下。」一段下，伊川曰：

> 卦之變皆自乾坤，先儒不達，故謂賁本是泰卦，豈有乾坤重而爲泰，又由泰而變之理？下離本乾中爻變而成離，上艮本坤上爻變而成艮，離在內，故云柔來。艮在上，故云剛上。非自下體而上，乾坤變而爲六子，八卦重而爲六十四，皆由乾坤而變也。

伊川謂卦之變皆自乾坤，又曰二卦之變共成一卦《程傳》一一六頁，九行，〈賁彖傳〉「柔來而文剛」句下，伊川曰：

> 卦爲賁飾之象，以上下二體剛柔相交爲文飾，下體本乾，柔來文其中而爲離，上體本坤，剛往文其上而爲艮。二卦之變，共成賁義。

傳曰：「下體本乾，柔來文其中而爲離。」是下體離由乾之變而來也。又曰「上體本坤，剛往文其上而爲艮出。」是上體艮，由坤之變而來也。故總之曰：「二卦（乾坤）之變，共成賁義。」又以一爻之變說卦變。《程傳》九十六頁，七行〈隨卦〉前，伊川曰：

> 又以卦變言之，乾之上來居坤之下，坤之初往居乾之上，陽來下於陰也。

傳揭「卦變」二字，而曰：「乾之上來居坤之下；坤之初往居乾之上。」是乾坤各一爻之變動。所謂爻變也。《程傳》一一七頁，九行〈賁彖傳〉「觀乎天文以察時變」數句，伊川曰：

賁之象取山下有火，又取卦變，柔來文剛，剛上文柔。

此明示卦變即爻變。〈彖傳〉之言往來上下，多指爻位之變動。伊川言卦變，亦主釋〈彖傳〉所指成卦之義，推其成卦之由，而言其所變之爻。《程傳》五十頁，八行，〈訟彖傳〉「訟有孚窒惕中吉，剛來而得中也。」句下，伊川曰：

訟之道固如是。……二以陽剛自外來而得中，為以剛來訟而不過之義，是吉也。卦有更取成卦之由為義者，此是也。卦義不取成卦之由，則更不言所變之爻也。

傳云：「卦義不取成卦之由，則更不言所變之爻。」然則卦義若取成卦之由，則言所變之爻矣，言所變之爻，所以明成卦之義也，故以爻畫之往來上下為卦變。至一爻始變，自姤至復，由一陰之浸長，一陽之初生，所成諸卦，此亦卦變，則沿先儒消息之說也。《程傳》一二五頁，八行，〈復彖傳〉「七日來復」句下，伊川曰：

謂消長之道，反復迭至，陽之消至七日而來復。姤，陽之始消也，七變而成復，故云七日，謂七更也。

陰陽消息，《易》道之大端。卦爻之往來上下，即陰陽消息之象也。以其往復而不已。故曰：「消息之道，反復迭至。」陽消於姤。姤，陽始消之時，即一陰之浸長，自姤而遯，而否觀剝，至坤則陰長已極；至復而一陽初動，凡歷七卦，故曰七更也。按十二消息卦，以配十二月（十一月復。十二月臨。正月泰。二月大壯。三月夬。四月乾。五月姤。六月遯。七月否。八月觀。九月剝。十月坤。）先儒虞仲翔、干令升均嘗言之。③復有二體各一爻上下易位，而成一卦，伊川謂之二爻易處，或二爻升降，然其義游移難定，有不可通。《程傳》一六一頁三行〈恆彖傳〉「剛上而柔下」句下，伊川曰：

> 剛上而柔下，謂乾之初上居於四，坤之初（一作四，按當作四）下居於初，剛爻上而柔爻下也。二爻易處，則成震巽。

按二爻易處，伊川之意當指乾之初，坤之四，曰易處者，是乾初坤四相易乎？則無交相之字，是二爻各易其原處乎？則實爲一上一下，一上一下，是相易也。此其義游移難定；有不可通，又據伊川曰剛上柔下，據成卦而言，非謂就卦中升降（二一八頁二行）。④則是不主相易之說。於〈彖傳〉上下之文，無由說明也。而六十四卦實皆兩相反對，從反對之義言卦變，則象與辭之義，無不可通。清儒黃梨洲即力排先儒之說，而以反對言卦變。黃氏曰：「卦變之說，由泰否二卦彖辭小往大來，大往小來而見之，而夫子〈彖傳〉所以發明卦義者，於是爲多，顧《易》中一大節目。」卦有反對之例〈雜卦傳〉已顯發之曰：「否泰反其類也。」餘如乾坤以剛柔而相反，師比以憂樂而相反，臨觀之或與或求，震艮之一起一止，屯與蒙、小畜與無妄、萃與升、謙與豫等，大多以相反兩卦爲次，按卦有反對，卦與爻同時俱變，知爻變實源於卦體之相反，即爻位之變動而見一卦之變，梨洲云：從反對中明吉凶往來倚伏之理，則是即象以明理，反對之妙用也。所謂卦變固如其簡易，何先儒之紛紛爲也。

結語

謹按卦變者，所以明卦爻變動之終始原由也，先世言卦變，自漢儒以下，率繁碎牽強，每不可通，求之於經傳而無足徵，實難以信從，蓋卦自有變，〈大傳〉所謂「上下無常，剛柔相易」（下擊第七）明言卦之有變也。《易》道以變易為主，不變不足以盡生生不已之妙用，故《易》專以卦爻明天人之變化，藉剛柔之進退往來，以著陰陽消息之理，存亡得失之故，所謂周流六虛者，即卦爻之變動而已。六十四卦即以反對為序，亦以反對為變，六十四卦之象，先後不同，即所以明卦爻之變動也。伊川言卦變，主釋〈彖傳〉成卦之義，推其成卦之由，明其所變之爻，以見一卦之變成，原委具在，伊川以義理說《易》，當不信卦變，然若悉屏而去之，則〈彖傳〉所謂往來上下之文，將何以為解？蓋不獲已而言之也。曰：「卦變皆自乾坤」，乾坤生六子，相重而為六十四，其說亦復有本〈下繫第一〉曰：「八卦成列，象在其中矣，因而重之，爻在其中矣。」已明八卦再重之事，此乾坤變而為六子，八卦重而為六十四，即自然之卦變也。然而「卦變皆自乾坤」一語，若泛言之亦無不可，蓋剛柔二畫，即象乾坤，則無卦無不源於剛柔之畫，亦可云無一卦不自乾坤而來也，若據伊川以三畫乾坤立其本，以此為變，則其說有不可通者，朱子謂伊川「要以乾坤言卦變，止是上下兩體皆變者可通；若只一體變者則不通。」可謂深中肯綮，故卦變除反對可以徵諸《易傳》，可以通釋卦爻而外，其餘悉可屏而不談，否則徒陷於惑亂耳。

參考書目

《先秦漢魏易例述評》、《易學象數論》、《日知錄》、《易圖略》、《周易集解》、《周易內傳發例》、《周易外傳卷七、四》。宋俞琰《讀易舉要》、《易圖明辨》、《周易玩辭序》、《文公易說卷一、二》、《橫渠易說卷二》、《漢上易傳》、沈該《易小傳序》、俞琰《周易集說》。

四、時位

時位總攝六十四卦之變化，蓋六十四卦，不過剛柔之畫，但從所遇之時不同，所居之位各異，而無既之變化生焉。蓋卦爻之變化基於時位，時位異，則卦爻隨之而變，時位無常，時變則位變，位變則時亦隨之而變。時之與位，交相爲變者也。伊川論時位多就二者相關聯之處而尋其條理，卦爻之動靜；於是乎以得，凡人戴天而履地，天高地下，人參其中，三才之位已分，有天地然後有萬物，有萬物然後有男女，天之生民久矣。則時之爲義亦彰，時位納天地人物於其中矣。其於《易》，則時位總攝六十四卦之變化，關涉尤鉅，人固無時而不與時位相接，一瞬目，一投足而時位立見，一瞬之暫而有時，投足所在即爲位，人安得與時位相離耶？時位於《易》道尤居首要者，《易》之本原爲卦爻，卦爻寓天人之變化，而卦爻之變化，則基於時位，時位變卦爻隨之立變，其間幾不容髮。人與時位之相繫，於乾卦首見之。乾二、五皆云利見大人，大人非專稱，因人所利見者而異，九二見龍在田，故利見大德之君；九五飛龍在天，故利見大德之臣，其位異，其時不同，則其所利見者亦迴殊。《程傳》二十三頁，八行九二「見龍在田，利見大人」句下，伊川曰：

田，地上也，出見於地上，其德已著，以聖人言之，舜之田漁時也。利見大德之君，以行其道，君亦利見大德之臣，以共成其功。……大德之君，九五也。

時位二端，時又先焉，明人蔡介夫謂「時」字貫六十四卦。⑤《易》重時之義。孔子於〈彖傳〉備論之矣，故時位二者，時又先焉〈豫彖傳〉「豫之時義大矣哉」句下，伊川曰：

既言豫順之道矣，然其旨味淵永，言盡而意有餘也。故復贊之云，豫之時義大矣哉。欲人研玩其理，優柔涵泳而識之也。時義，謂豫之時義，諸卦之時與義用大者皆贊其大矣哉，豫以下十一卦是也，豫、遯、姤、旅言時義，坎、睽、蹇言時用，頤、大過、解、革言時，各以其大者也。

豫、遯、姤、旅四卦言時義，謂其義大，義，含價值之意，伊川於遯〈彖傳〉「遯之時義大矣哉」句下，則曰：「或久、或速、其義皆大」是也。坎、睽、蹇三卦言時用，在人之善用，能用，敢用耳。故於睽，則曰：「合睽之用，其事至大。」於蹇，則曰：「濟蹇之道，其用至大也。」頤、大過、解、革四卦止言時。而於頤彖下總之曰：「或云義，或云用，或止云時，以其大者也。」言時義，言時用各就其大者而言，所重者在此也。言時義，所重在義，言時用，所重在用；而一概乎「時」之內，要不越「時」之範圍。時之重要性可概見矣。人之與時，猶形影之相隨，不可須臾離也。《程傳》二十八頁，四行，〈文言傳〉「君子進德修業，欲及時也」句下，伊川曰：

君子之順時，猶影之隨形，可離非道也。

君子順時，猶影之隨形，形影不相離，亦不可離，君子之於時其相係之切有如此，所謂及時也。學《易》尤貴知時，就己（占者）所處之時，以取合《易》之時，則六爻人人可用，時時合用，六爻，時之終始也。《全書卷二十，語五》三頁下、三行，伊川曰：

看《易》且要知時，凡六爻人人有用，聖人自有聖人用，賢人自有賢人用，眾人自有眾人用，學者自有學者用，君有君用，臣有臣用，無所不通。

六爻，時之終始，如乾之潛見飛躍，則人事之窮通得失，富貴利達，無不概括，隨其所處，皆有可用之爻，六爻之時，變動不居，人亦隨時可用也。六爻分一卦之時，故爻各有時。《程傳》二十九頁下，三行〈文言傳〉「潛龍勿用，下也」句下，伊川曰：

此以下言乾之時，勿用，以在下未可用也。

此以下者，自「潛龍勿用，下也」至「乾元用九，天下治也」止，《正義》於此曰：「此以下言乾之時。」即逐爻分言乾卦之時也。六爻復合爲一時，則卦所處之時也。《程傳》一四〇頁八行〈頤六四爻〉下，伊川曰：

自三以下，養口體者也，四以上，養德義者也，以君而資養於臣，以上位而賴養於下，皆養德也。

伊川以下體三爻爲養口體，上三爻爲養德義，此特就其大體而言，各爻所養自不同，但合上下二體言，皆處頤養之時則一，是六爻復合爲一時也。卦用時義莫顯乎「漸」。蓋鴻有時序，其性本然，故經文每爻皆以鴻漸爲象，伊川於此又發「時序」之大義。《程傳》二六〇頁，九行，〈漸初六爻〉「鴻漸于干，小子厲有言，無咎。」句下，伊川言：

漸諸爻旨鴻象，鴻之爲物，至有時，而群有序，不失其時序，乃爲漸也。干，水湄，水鳥止於水之湄，水至近也。其進可謂漸矣，行而以時，乃所謂漸，進不失漸，得其宜矣。六居初，至下也，陰之才，至弱也，而上無應援，以此而進，常情之所憂也。君子則深識遠照，知義理之所安，時事之所宜，處之不疑。小人幼子唯能見已然之事，從眾之知，非能燭理也，故危懼而有言，蓋不知在下所以有進也，用柔，所以不躁也。無應，所以能漸也，於人自無所咎也。

伊川深察物情，知鴻之爲物，至有時而群有序，故以時序明漸卦之義，而曰：「不失其時序，乃爲漸也。」於是發明時序之大義，凡《易》言時，皆有時序之義，卦爻皆言時，六爻，爲一時之終始，其漸而有序也，莫過於此。如乾之時，則有初之潛，二之見，三之惕，四之躍，五之飛，上之亢，時序儼然有倫有脊，天道之運行四時，化育萬物，莫不和而有序，先代之於民既庶之，已富而後教之，所施之先後有序，秩然而成章。時序之在天人也，如此其急，故〈文言傳〉曰：「君子進德修業欲及時也。」亦循時序而進之意。故《程傳》於此二句下即曰：「君子之順時猶影之隨形，可離非道也。」進修之時序，即《中庸》「博學之，審問之，愼思之，明辨之，篤行之」是也。荀子所謂「始乎爲士，終乎爲聖人。」（勸學篇）亦此時序也。故伊川曰：「行之而有時，乃所謂漸。」知義理之所安，時事之所宜，以此而進，進之以漸，進不失宜矣，故曰：「進不失漸，得其宜矣。」此伊川明《易》理最精當之處，時與人事尤切，左氏所謂「時，事之徵也」（左閔二年狐突云）《外傳》曰：「聖人隨時以行，從時，猶救火，追亡人也。」（越語下范蠡云）。蓋時猶人之安宅也，故聖人動唯其時《程傳》二十四頁二行〈乾九四爻〉「或躍在淵無咎」句下，伊川曰：

淵，龍之所安也。或，疑詞，謂非必也，躍不躍唯及時以就安耳。

又二十八頁，三行（九四爻下）伊川曰：

深淵者，龍之所安也。在淵，謂躍就所安，淵在深而言躍，但取進就所安。

前條謂「躍不躍唯及時以就安」時，則人之所安也。時譬猶人之安宅也，次條又曰：「但取進就所安」覈其內蘊，則時者時宜之意，正之謂也。《程傳》二八九頁，三行〈節九二象傳〉「不出門庭，凶。失時極也」句下，伊川曰：

不能上從九五剛中正之道，成節之功。乃係於私暱之陰柔，是失時之至極，所以凶也。失時，失其所宜也。

「失時，失其所宜。」時則宜也。時者，人所宜也，中正之道人之所宜之至極者也。故曰：「不能上從九五剛中正之道，是失時之至極。」《易傳》言時與「宜」之義每同，時也，宜也，中也，其義每相須而足。《程傳》二九三頁，末行〈小過卦辭〉「小過亨利貞」句下，伊川曰：

不失時宜之謂正。

知時宜、正之謂也。時關天人，時攝天人之理，制天人之動，「天地盈虛，與時消息」（豐彖傳）人之戒盈守中，以爲持身之道者，皆有取於時義也。《程傳》二六九頁，三行〈豐彖傳〉「日中則昃，月盈則食，天地盈虛與時消息，而況於人乎，況於鬼神乎」一段下，伊川曰：

既言豐盛之至，復言其難常以爲戒也。日中盛極，則當昃昳，月既盈滿，則有虧缺。天地之盈虛尚與時消息，況人與鬼神乎？盈虛，謂盛衰，消息謂進退，天地之運，亦隨時進退，於豐盛之時而爲此誡，故其守中，不致過盛，處豐之道，豈易也哉？

盈虛盛衰，消息進退之理，天人所同，故於萬物之盛衰枯榮，即見天道之盈虛消息，時攝天人之理也。天與時消息，人亦隨時趣舍，皆動必以時，隨時而動，是時制天人之動也。時之於人大矣哉！時固如此之急，位亦不可不知。《易》既言時矣又兼及位，論位則初無位，下民之象。《程傳》一一四頁〈噬嗑初九爻〉下，伊川曰：

九居初，最在下，無位者也，下民之象。

二，臣位。《程傳》七十三頁，一行〈泰九二爻〉下，伊川曰：

故二雖居臣位，主治泰者也。

三，亦臣位。《程傳》三十四頁，六行，〈坤六三爻〉下，伊川曰：

三居下之上，得位者也，爲臣之道，當含晦其章矣，守職以忠其事，臣之道也。

四在近君多懼之地，然大臣之位也，〈繫傳下第九〉「二與四同功而異位，其善不同，二多譽，四多懼，近也。」《程傳》一四〇頁，一行〈頤六四爻〉下，伊川曰：

四在人上，大臣之位也。

五，天位，君位也，《程傳》四十七頁，三行〈需彖傳〉「位乎天位，以正中也。」下，伊川曰：

五以剛實居中爲孚之象，所以能者以居天位，而得正中也，居天位，指五，以正中，兼二而言，故云正中。

上，公位，師傅之位也。《程傳》二〇〇頁，十行〈解上六爻〉下，伊川曰：

上六尊高之地，而非君位，故曰公。

《程傳》一四一頁，一行，伊川曰：

上，師傅之位也。

爻固有位，〈乾彖傳〉曰：「大明終始，六位時成。」是也。《乾鑿度》以爵配爻曰：「初爲元士，二爲大夫，三爲三公，四爲諸侯，五爲天子，上爲宗廟。」據此，則爻遂有定位，恐非經傳之意也。伊川論爻位，自五以下，泛曰臣民之位，如三爻曰：「守全之位」（益六三）又曰：「諸侯之象」（大有九三）足見伊川不以爻有定位也。〈下繫第八〉曰：「周流六虛。」六虛，六位也。位而曰虛者，位雖設而常虛也。若每爻定爲某之位，則六爻各限於某位，爻位不得有其變化矣。大別之，則有陰陽之位；爵位之位，伊川所以謂輔嗣不知位者，爻固有陰陽之位也。《程傳》一一四頁一行〈噬嗑初九〉「屨校滅趾，無咎。」下，伊川曰：

九居初，最在下。無位者也，初與上位爲受刑之人。餘四爻皆爲用刑之人，初居最下，無位者也，上處尊位之上，過於尊位，亦無位者也。王弼以爲無陰陽之位。陰陽繫於奇偶，豈容無也？然諸卦不言當位不當位者，蓋初終之義爲大。臨之初九，則以位爲正，若需上六云不當位，乾上九云無位，爵位之位，非陰陽之位也。

至爻之義，每因位而起，因位之遠近而生。《程傳》八十二頁，五行〈同人九四象傳〉下，伊川曰：

所以乘其墉而弗克攻之者，以其義之弗克也。以邪攻正，義不勝也，其所以得吉者，由其義不勝，固窮而反於法則也。二者，眾陽所同欲也，獨三四有爭奪之義者，二爻居二五之間也，初，終遠，故取義別。

同人卦初三四五上皆爲陽爻，獨二爲陰爻，陽之所求者陰也。五陽而求一陰，爭奪必起，二與五爲應，五之求二，宜也，然三四兩爻介乎二、五之間，其爭奪之勢，較之初，上爲顯爲急，而爭奪之義，亦因其介居與至近而生，蓋三固遠於二，初雖近二，然不能拒五，亦不能獲二。其能拒五之勢過遠，力不能及。故初上不能有爭奪之義者，亦因位之遠近而生也，爻之施爲，亦因位而知其有利與否，位與爻可謂至切矣。《程傳》九十頁，七行〈謙六四爻〉下，伊川曰：

四居上體切近君位，六五之君，又以謙柔自處，九三又有大功德，爲上所任，眾所宗，而已居其上，當恭畏以奉謙德之君，卑巽以讓勞謙之臣，動作施爲，無所不利於撝謙也。撝，施布之象，如人手之撝也。動息進退，必施其謙，蓋居多懼之地，又在賢臣之上故也。

四處近君之地，據勞臣之上，六五之君謙柔自處，是六四所居之位特殊也。故其動作施爲，無所不利於僞謙也。宋項平父謂《易》家「以爻爲位，以卦爲時」（周易玩辭），卦時爻位，《易傳》固有明文。〈彖傳〉明言時者爲頤、大過、解、革四卦〈繫上第三〉「列貴賤者存乎位。」〈說卦傳〉「故易六位而成章。」皆指言爻之位也，然此不過大較言之耳，時位一體，天人之理備焉，蓋有六位各以時成，即效天道之終始《程傳》二十四頁，八行〈乾彖傳〉「大明終始，六位時成。」句下，伊川曰：

> 大明天道之終始，則見卦之六位，各以時成。

天道運行不息，終則有始，故〈蠱彖傳〉曰：「終則有始，天行也。」卦之六位，亦象天道之運行，時有消息盛衰，六位自初而上，即因時而成也。乘六爻之時以觀天運，則天地之功用以著，《程傳》三十頁，三行〈文言傳〉「大哉乾乎，剛健中正。……雲行雨施，天下平也。」下，伊川曰：

> 大哉，贊乾之大也……以六爻發揮旁通盡其情義，乘六爻之時，以當天運，則天之功用著矣。

剛健中正純粹六者，乾道之至精也，人無由得見，故以六爻發揮旁通盡其情義，迨六位成章而後因六爻之時位以參合較觀天道之運行，則天地之功用，於此可見。伊川論時位，特重二者相互之關聯，明二者相係之理趣。《程傳》二三九頁，七行〈升六四爻〉下，伊川曰：

> 四柔順之才，上順君之升，下順下之進，己則止其所焉。……昔者文王君岐山之下，上順天子而欲致之有道，下順天下之賢，而使之升進，己則柔順謙恭，不出其位，至德如此，則亨而吉，且無咎矣。四之才雖善，而其位當戒也。居近君之位，在升之時，不可復升，升則凶咎可知，故云如文王則吉而無咎也。

四居近君之位，在升之時，若就時義言，固宜於升，然以其居近君之位，不可復升，復升則偪切其君，其凶咎可知。是時與位有連係之性，其相互影響有如此。故就四之行止言，惟有如文王然，上順天子而欲致之有道，下順天下之賢而使之升進，己則安止其所，方能吉而無咎；所處之位，與其所遇之時，必須兼顧也。《程傳》二七〇頁，七行〈豐六二爻〉「豐其蔀」句下，伊川曰：

明動相資乃能成豐，二爲明之主，又得中正，可謂明者也。而五在正應之地，陰柔不正，非能動者。獨明不能成豐。……則喪其明功，故爲豐其蔀。蔀，周匝之義，用障蔽之物掩晦於明者也。

二、五在明動相資之時，居相應之地（地即位）。二爲明之主，又得中正，可謂明者也，論二之位，固足以有爲。然因遇明動相資之時，與五居相應之位，五以陰柔而才不足資，二遂獨明不能成豐。因此喪其明功，故曰豐其蔀，是二雖居可爲之位，然遇明動相資之時，其應爻不足相資，致不能成豐，亦時位相係之故也。故傳之說經，每以爲時可牽移其位。《程傳》二一六頁，七行〈夬九四〉「臀無膚，其行次且」下，伊川曰：

殿無膚，居不安也，行次且，進不前也，九四以陽居陰，剛決不足，欲止則眾陽競進於下，勢不得安；欲行，則居柔，失其剛壯，不能強進，夫過而能改，聞善而能用，惟剛明者能之，在它卦九居四，其失未至如此之甚，在夬而居柔，其害大矣。

傳謂四居柔寡斷，行止難決，故居不能，行而不前，有過而不能改，聞善而不能用，其失甚矣。傳又曰：「在它卦其失未至如此之甚。」明謂九四之失，如此其甚者，時有以牽及之也，蓋剛決之時，人皆勇於從事，奮發自強，使夫優柔寡斷之人，動輒得咎，無所容其身，則時之牽及於位甚矣，較而言之，時可以牽移其位，則時又重於位也。《程傳》二〇九頁，五行，〈益初九〉「利用爲大作，無咎。」句下，伊川曰：

> 初九，震動之主，剛陽之盛也。居益之時，其才是以益物，雖居至下，而上有六四之大臣應於己。……在下者不能有爲也，得在上者應從之，則宜以其道，輔於上作大益天下之事，利用爲大作也。

初九居益之時，雖在初，亦可以大作，初九以剛居初，在它卦爲躁動輕進之人，易於僨事，如革之初九是也。以其位乎下，援與者寡。故曰：「在下者不能有爲也。」然以處益之時，則應爻有用。故曰：「雖居至下而上有六四之大臣應於己。」此皆得「時」之利，雖其位之卑亦不足以自限，故可以大作，是「時」又重於位也。要之時位一體相係至切。如乾之九五，並爲時、位之極（程傳二十四頁五行）。卦之六位，各以時成，卦之初上，天道終始。（程傳二十五頁，二行）皆著斯義，苟昧時位之理，則難與言《易》矣。

結語

謹按《易》言時位，今人謂之時空，言空者，易入空無（一無所有或曰頑空），不若言時位之爲得。上下四方曰宇，古往今來曰宙（莊子淮南已言宇宙）。自來先民對時位之體認，即已牢籠天地，囊括萬有，整全有序之時位觀，已恢宏廓大，綽有餘裕矣。時位之大義，莫盡於《易傳》。〈艮彖傳〉曰：「時止則止，時行則行，動靜不失其時，其道光明。」欲人動惟其時也。故終日乾乾，則與時偕行，進德修業在於及時。〈豐彖傳〉又言「天地盈虛，與時消息。」天地尚隨時進退，而況於人乎？時攝天人之理，制天人之動，其義至大。故〈彖傳〉贊時，無慮十餘卦；言位者〈繫傳上第一〉曰：「卑高以陳，貴賤位矣。」〈上繫第三〉曰：「列貴賤者存乎位。」〈文言傳〉曰：「貴而無位。」皆指卦爻之位也。《大易》六十四卦，總寫天地萬物之變化，而六十四卦之變化，又以時位爲機栝。故時位者，萬有變化之總樞也，六爻周流（周流則時也）其位曰虛，剛柔相易，時亦俱變，時位本無常也。故時變則位變，位變則時亦隨之而異，六十四卦不過剛柔之畫，但以所遇之時不同。所居之位各異，而無既之變化以生。《易》之卦固爲時，爻自有位，〈說卦傳〉言震東離南兌西坎北，是卦有方位也。乾坤生六子，又有尊卑之位也。爻分一卦之時，又主一時（爻所分之時）之事，則爻位又有時也。本一爻也，而曰初，位兼乎時也；至六爻而謂之上，時兼乎位也。是卦爻之時位，亦不可任情分割也。

伊川論時位，即著眼於二者之關聯，而歸於時位之一體，近取諸身，如人之生，即有位，自少而壯而老，則經所有之歷程，大凡動則有時，靜則有位，時之與位，若有區分，然動而有時，動之終始，位也。靜則有位，靜之久暫，時也，又以動靜之交替，而紛紜之事爲以生，卦爻以時位之錯綜而萬變亦無窮已。伊川論時位即其密切關聯之處，紬繹其條理以觀卦爻之動靜，於理爲得，於時位二者，時又先焉。伊川亦重揚時義，更即《易》漸卦。⑥發明時序之蘊曰：「鴻之爲物，至有時而群有序，不失其時序，乃爲漸也。」又曰：「行而有時（按指時序）乃所謂漸。」按時序之義，至爲精蘊，宇宙爲時序之整體，六合之內外，無往而非時序之隱顯，天地有時序，故日月不過而四時不忒；人類有時序，父子親，夫婦別，長幼序，親親以尊尊，恩洽而情篤，此之謂天倫。一國之綱紀典常，有物有別，以納民人於正軌，俾咸趨於大中至正之途，皆爲時序之自然，所謂天敘天秩也。天常人紀，莫備於《易》，此伊川之眞知獨見於時義卓有創發者也。

參考書目

清李厚庵《易學通論．論時篇》、《左傳卷二十一》、《國語越語下》、《易緯乾鑿度》、《莊子盜跖》、《文公易說卷十六》、《紫巖易傳卷一》、《易雅位釋第五》、《周易集說．文言傳說內．論六爻之位．彖傳說》、《周易玩辭卷一》、元許衡《讀易私言．論爻位．時》、元黃超然《周易發例序》、《周易內傳卷五上、六上．發例》、《周易外傳卷一、六》、《周易義海撮要卷十二》、《周易集解卷一、十五》、《周易略例》。

五、六爻相與

六爻相與，總寫六爻之動也。爻效天下之動，即六爻之動足以見天下之群動，故因六爻之動，而萬有之變化以見，動變相資之義也，六爻相與之義亦發自大傳曰愛惡相攻，曰遠近相取，曰情僞相感，六爻以此而相與，以比應承乘，爲其相與之道。伊川於此，亦沿先儒之說，而相與之名，自伊川始廣爲應用也。〈上繫第二〉「六爻之動，三極之道也。」天地人三才之道無不因六爻之變動相與而自然呈現，理亦宜然，蓋爻有貴賤、陰陽之等以往來上下於六虛之間。益之以時位之變動，而彼此、主從、遠近之名以生，情僞感應攻援之事以起，於是爻與爻間，黨同伐異，爲敵爲友，錯綜繁賾，包舉萬象，此六爻之相與，所以能效天下之動者也。相與之名《易傳》屢見，與之義訓，本爲黨與（說文三上）。伊川以朋類、應援、應與、從與釋之，既諧《易》義，又合字訓是也。《程傳》一八七頁，七行〈睽初九爻〉下，伊川曰：

九居卦初，睽之始也，在睽乖之時，以剛動於下，有悔可知，所以得亡者，九四在上亦以剛陽睽離無與，自然同類相合，同是陽爻，同居下，又當相應之位，二陽本非相應者以在睽故合也。上下相與，故能亡其悔也，睽獨無與，則不能行，是喪其馬也，四既與之合，則能行矣，是勿逐而馬復得也。

初九，九四皆睽離無與，是本有朋類而離析也。故曰：「無與」。當先有朋類時，則爲有與矣。「四既與之合，則能行矣。」是「四」，即其與矣。與，朋類之義。《說文三上舁部》曰：「與，黨與也。」段注「黨作攩，朋，群也。」《管子八觀篇》「請謁得於上，則黨與成於下。」則與之義本訓黨與、朋群，伊川以朋類釋之是也。《程傳》一八九頁，八行，睽九四爻「睽孤遇元夫，交孚厲，元咎」句下，伊川曰：

九四當睽時，無應而在二陰之間，是睽離孤處者也，當睽離之時，孤立無與，必以氣類相求而合，是以遇元夫也，四與初，皆以陽處一卦之下，各無應援，自然同德相親，故會遇也。

傳曰：「九四孤離無與，必以氣類相求而合。」是因無與而求其朋類也。又曰：「各無應援。」則以「應援」釋與之義，即朋類之本義引申而得之也。《程傳》一二三頁，九行〈剝六二象傳〉，「剝牀以辨，未有與也。」下，伊川曰：

陰之侵剝於陽得以益盛至於剝辨者，以陽未有應與故也。小人侵剝君子，若君子有與，則可以勝小人，不能爲害矣。唯其無與，所以被蔑而凶，當消剝之時，而無徒與，豈能自存也？

右段伊川以應與，徒與釋「與」字之義，應與爲動字《國語齊語》「桓公知天下諸侯之與己也。」注，「與，從也。」從，即應與也。徒與，即朋類也。〈上繫第五〉子曰：「君子安其身而後動，易其心而後語。……危以動，則民不與也，懼以語，則民不應也。」與應互文見義。合爲一詞義亦同，考〈象傳〉有明言相與者，即指二爻之相與也。《程傳》一四四頁，四行〈大過九二象傳〉「老夫女妻，過以相與也。」句下，伊川曰：

老夫之說少女，少女之順老夫，其相與過於常分，謂九二，初六陰陽相與之和過於常也。

爻必有與，無與則孤立而無所利。《程傳》二三五頁，六行，萃六三「萃如，嗟如，無攸利。」句下，伊川曰：

三，陰柔不中正之人也，求萃於人，而人莫與，求四，則非其正應，是以不正爲四所棄也，與二，則二自以中正應五，是以不正，爲二所不與也。故欲萃如，則爲人所棄絕而嗟如，上下皆不與，無所利也。

既必有與，則須求與，亦理勢之自然，而爻之求與，則有難有易，於位之遠近可見。《程傳》一一九頁，三行〈賁初九象傳〉「舍車而徒，義弗乘也。」句下，伊川曰：

舍車而徒行者，於義不可以乘也。初應四，正也。從二，非正也，近舍二之易，而從四之難，舍車而徒行也。

二位近初；四位遠初，自初而言，二近四遠，難易，由位而定，求之亦有其道，非其與則不可求。《程傳》一三九頁，七行〈頤六二象傳〉「六二征凶，行失類也。」下，伊川曰：

征而從上則凶者，非其類故也，往求而失其類，得凶宜矣。

爻非其與則不可求，與，朋類也。傳曰：「往求而先失其類則凶」失其類，則失其所宜與者也。論與爻，則有同德相與。《程傳》一八九頁，末行〈睽九四爻〉下，伊川曰：

四與初皆以陽處一卦之下，居相應之位，當睽乖之時，各無應援，自然同德相親，故會遇也。同德相遇，必須至誠相與。

「同德相親」之「親」，即與之義，相與以相親爲第一要義，故下句即曰：「至誠相與也。」同德者，同爲剛陽之爻也。又曰：同類相與。《程傳》一九五頁，一行〈蹇六四爻〉下，伊川曰：

二與初，同類相與者也。（二，初，皆陰爻。）

右謂蹇初六，六二也，同爲陰類，有正應相與者。《程傳》二三四頁，七行〈困九四象傳〉「來徐徐，志在下也，雖不當位有與也。」句下，伊川曰：

四應於初而隔於二，志在下求，故徐徐而來，雖居不當位，爲未善，然其正應相與，故有終也。

若二爻當位正應以相與，則其交固而志益堅，此相與之至美者也。《程傳》一六六頁，九行〈遯六二〉「執之用黃牛之革莫之勝說」下，伊川曰：

二與五爲正應，雖在相違遯之時，二以中正順應於五，五以中正親和於二，其交自固，黃，中色，牛順物，革堅固之物，二五以中正順道相與，其固如繫之以牛革也，莫之勝說，謂其交之固，不可勝言也。

比應皆曰相與，皆爻與爻之交際往來也。《程傳》二〇六頁，四行〈損六三爻〉下，伊川曰：

初二，二陽，四、五二陰，同德相比，三與上應，皆兩相與，見其志專，皆爲得其交也。

伊川以比應釋經，即以比應爲六爻相與之道也。《程傳》一一八頁，九行〈賁初九爻〉「賁其趾，舍車而徒」下，伊川曰：

初九以陽剛居明體而處下。君子在無位之地，無所施於天下，唯自賁飾其所行而已。趾，取在下而所以行也。……義或不當，則舍車輿而寧徒行，眾人之所羞，而君子以爲賁也。舍車而徒之義，兼於比應取之，初比二而應四。應四，正也，與二，非正也。九之剛明守義，不近與於二，而遠於四，舍易而從難，如舍車而徒行也。

初比二而應四，乃爻與爻之相與，故謂伊川即以比應爲六爻相與之道也。無應則求比，其所求之爻，冀或助於己也。《程傳》二八五頁，一行〈渙初六〉「用拯馬壯吉」下，伊川曰：

六，居卦之初，渙之始也，始渙而拯之，又得馬壯，所以吉也。馬，人之所託也，託於壯馬，故能拯渙。馬，謂二也，二有剛中之才，初陰柔順，兩皆无應，无應則親比相求，初之柔順而託於剛中之才以拯其渙，如得壯馬以致遠，必有濟矣，故吉也。

渙初六與六四無應；九二與九五亦無應，故曰：「兩皆無應。」無應則求比，求其助也。有助，乃可以拯渙，故曰：「必有濟矣。」比者，相鄰二爻，以陰陽相求者也，一陰一陽，易於親比。《程傳》一一九頁，七行〈賁九三爻〉「賁如、濡如，永貞吉」下，伊川曰：

三處文明之極與二四二陰，間處相賁，賁之盛者也。故云賁如，如，辭助也，賁飾之盛，光彩潤澤，故云濡如，永貞吉。三與二四非正應，相比而成相賁，故戒以常永貞正，賁者飾也，賁飾之事難乎常也。故永貞則吉，三與四相比，又下比於二，二柔文一剛，上下交賁，爲賁之盛也。

賁九三，與六四、六二兩爻上下相比，九三上與六四比，一陽一陰也；下與六二比，亦一陽一陰也，一陰一陽，易於親比。此自然之理。陰陽爲對待之二物，必相須相求以相從，故易於親比也。故比之道相求相賴以爲安。《程傳》二五八頁，五行〈渙九二〉「渙奔其机，悔亡。」下，伊川曰：

> 諸爻皆云渙，謂渙之時也，在渙離之時而處險中，其有悔可知，若能奔就所安，則得悔亡也。机者，俯憑爲安者也。俯，就下也。奔，急往也。二與初雖非正應而當渙離之時，兩皆无與，以陰陽親比相求，則相賴者也。故二目初爲机，初謂二爲馬，二急就於初以爲安，則能亡其悔矣。

二目初爲机，初謂二爲馬，各奔就所安，其相求之切有如此。故能相賴以爲安而亡其悔矣，伊川又言承比，或陽承比於陰。《程傳》二八二頁，三行，兌九二「孚兌吉，悔亡。」下，伊川曰：

> 二承比陰柔，陰柔，小人也。説之，則當有悔。二，剛中之德，孚信內充，雖比小人，自守不失，故吉而悔亡。

九二與九五無應，故上比於六三。以其位在六三之下，故曰承比，或上承而下比，此亦爲相與。《程傳》二八二頁，八行，兌九四爻下，伊川曰：

> 四上承中正之五，而下比柔邪之三。

言乘者，所乘正，則無咎悔，承乘不正則有凶。《程傳》六三頁，七行〈兌上六爻〉「引兌」下，伊川曰：

> 它卦至極則變，兌爲説，極則愈説，上六，成説之主，居説之極，説不知已者也。故説既極矣又引而長之，然而不致悔咎何也？方言其説不知已，未見其所説善惡也。又下乘九五之中正，無所施其邪説。六三則承乘皆非正，是以有凶。

上六，居說之極，說不知己，然所以不致悔咎者，以下乘九五之中正，乘正，則無咎也。六三，則承乘皆非正，其凶宜也；又謂柔者剛所陵，柔偪於剛則難作，實即乘剛也。《程傳》四〇頁，四行〈屯六二爻〉下，伊川曰：

二當屯世，雖不能自濟，而居中得正，有應在上，不失義者也。然偪近於初，陰乃陽所求，柔者剛所陵，柔當屯時，固難自濟，又爲剛陽所偪，故爲難也。

柔者剛所陵，即柔爲剛所偪也。柔偪於剛則難作，此實柔之乘剛（《易》所不許）也。使柔不乘剛，何能爲剛所偪乎？爲剛所偪，難即作矣。又以陰上進而遇陽，則爲陽所阻，此則陰承乎陽，皆未越承乘之義也。《程傳》一八九頁，一行（睽六三爻）下，伊川曰：

陰柔於平時且不足以自立，況當睽離之際乎？三居二剛之間，處不得其所安，其見侵陵可知矣，三以正應在上，欲進與上合志，而四阻於前，當前者進之所力犯也。故重傷於上，爲四所傷也。

六三，陰爻，欲上進而九四阻於前，陰爲陽所阻也。此即陰承乎陽也。以陰承陽，爲陽所阻，近而不相得則凶，故爲四所傷也。六爻之義《易》以貢，⑦不外由承乘比應之情狀，以吉凶告於人也。比應承乘之義具，則六爻相與之道備矣。

結語

謹按人不能離群而索居，爻不能孤立而無與。六爻相與，即六爻之往來交際也。〈泰卦辭〉「小往大來。」〈泰彖傳〉曰：「上下交。」〈坎六四象傳〉「剛柔際。」〈蠱彖傳〉「剛上而柔下。」皆是。六爻未有不動，六爻不過剛柔之畫而已。所謂「剛柔者，立本者也。」（下繫第一）自有剛柔之畫，則有剛柔相摩（上繫第一），剛柔相推而生變化（上繫第三），剛柔相推變在其中矣（下繫第一），此即六爻由動而後變化之原理也。動變相資，分陰分陽，迭用柔剛（說卦傳第一），即六位成章之卦，亦不過剛柔雜居而已。爻無不動，爻也者，效天下之動者也。是故吉凶生而悔吝著（上繫第三）亦由六爻之變動，往來上下，吉凶悔吝，由之而生；所謂爻象動乎內，吉凶見乎外（下繫第一）也。六爻相與之理，於〈大傳〉發揮盡致，曰：愛惡相攻，曰：遠近相取，曰：情僞相感（皆下繫第九）。六爻由此而往來交際，於是吉凶悔吝，安危敵友，成敗得失之跡立見分曉，六爻之相與，爲六爻之動態，其變動之方爲比應承乘，四者之名，早見於《易傳》。比六四〈象傳〉曰：「外比於賢以從上也。」（外比於五），〈未濟彖傳〉曰：「雖不當位，剛柔應也。」師、臨、無妄、萃升各卦〈彖傳〉皆言「剛中而應。」鼎、睽〈彖傳〉皆曰「得中而應乎剛。」〈恆彖傳〉曰：「剛柔皆應。」足見〈彖傳〉言應者之多。〈師九二象傳〉「在師中吉，承天寵也。」⑧〈豫六五象傳〉「六五貞疾乘剛也。」〈夬彖傳〉「揚於王庭，柔乘五剛也。」〈歸妹彖傳〉「無攸利，乘剛也。」皆言乘。比應承乘，爲六爻相與之道，比應承乘四者，伊川以比應爲先，比應二者，又以相應之義爲重。應之中。復以陰陽正應爲首，差次輕重，銖兩不爽。蓋陰陽者，萬有變化生成之本原。如天地之交際，二氣之絪縕，男女之相說，雌雄牝牡之相求，無不肇基於此。卦象以陰陽爲基，陰陽以相應爲得，陰陽之相應，固六爻相與之第一要義也。六爻相與，伊川詳言比應之義，求其相比相應之理，而略於承乘者？蓋承乘，不外相鄰二爻上下承乘，亦重在陰陽之承乘，王輔嗣謂承乘者，逆順之象，即因陰陽而言。二爻相鄰，一上一下，承乘之義皆具，上乘則下承也。然《易傳》多取陰在陽上爲乘，故以柔剛者多危。伊川所謂柔偪於剛也。若陽在陰上，於陽爲得，於陰則爲阻。此得則彼失；彼安則此危，形勢易而吉凶以別。然承乘之情勢易見（一望而知），故鮮及之。承乘之形勢與比同而不總於「比」之內者？比者，相鄰之爻，以親善相見，承乘則有安危吉凶之分也。如《易》中，六四承九五之卦多吉，六五乘九四之卦每不安（如豫、離、恆、震）。比應則千態萬狀，不可究詰，而應尤繁賾。故伊川於應言之特詳也。伊川於應爻，以陰陽相應之義爲正、陰陽相應於初四、二五、三上三組之內，又以二五之應爲至者？中德同也。然爻之相應，不限於陰陽（互異），亦不局於二爻，如〈比彖傳〉曰：「不寧方來，上下應也。」〈大有彖傳〉曰：「柔得尊位大中而上下應之。」〈小畜彖傳〉曰：「柔得位而上下應之。」三卦皆以五爻而同應一爻，此則爻分主從之故，從者不計多寡，而主之者。一也，相與之名，雖出《易傳》，而伊川論六爻之動（相與）每重視而亟言之，亦與諸家不同。至用應比承乘四端以釋《易》，則輔嗣已先之矣。

參考書目

《說文解字三上》、《管子八觀》、《周易正義》、《周易略例》、《荀子法行篇》、《文公易說卷三》、《周易傳義附錄》、《周易內傳卷五上》、《清儒學案卷四、十、十二頁，論時》。

六、二體際會

一卦兩體上下相重而有際會之名。際會即二體交合之處。二體之相交，以象天地之交際，此際當終始之會，遇變革之時。三、四皆當此際會，故三、四爲際會之主爻，即三四之動靜，可以窺見餘爻之趨向，六爻之相與，又以三四爻爲之樞紐也。卦有二體，見於彖傳、坎曰：「習坎。」〈彖傳〉即釋之曰：「習坎重險也。」言上下二體皆坎也。〈彖傳〉言二體，已分上下，如訟卦坎下，乾上〈彖傳〉則曰：「上剛下險，險而健訟。」亦曰內外，如泰卦乾下坤上。〈彖傳〉則曰：「內陽而外陰，內健而外順。」〈大象〉言二體者尤多，如〈離大象〉「明兩作離。」伊川曰：「明兩爲離。」即言二體皆離也。〈艮大象〉曰：「兼山艮。」言上下二艮也。此經傳卦分二體之明徵。二體上下相重，爲其相交，故二體必有際會，際者，交接也。《孟子萬章下》「敢問交際何也」？趙注：「際，接也。」〈坎六四象傳〉「樽酒簋貳，剛柔際也。」《程傳》「剛柔相接際」。〈解初六象傳〉「剛柔之際」，《程傳》「剛柔相接際」。際即交接之義，會，合也。《詩小雅杕杜》「會言近止。」《大雅大明》「會朝清明。」箋皆云「會，合也。」《爾雅釋詁》同。際會，即二體交合之處。輔嗣所謂「上承下接⑨」之時也。二體交合，則爲六位成章之卦，於是二體之象，合爲一卦之義。一卦大義，亦每由分析二體之義以得之。先儒每因二體攸關之事以釋經，即此已見其用矣。二體際會之理，已發於〈乾文言傳〉九三曰：「是故居上位而不驕；在下位而不憂。」九三，在下體之上，故曰：居上位，在上體之下，故又曰居下位。是明言三在上下之交也」。又九四曰：「或躍在淵無咎」何謂也？子曰，上下無常，非爲邪也，進退無恆，非離群也。」又曰：「或躍在淵，乾道乃革。」者，以四在二體之際，可上可下，故曰：「上下無常。」能進能退，故曰：「進退無恆。」而「乾道乃革」者？天道當此而更始，此實革新改作之機，進取有爲之候也。伊川即本傳義而恢廓之，以二體之際爲可進可退之地。《全書卷二十，語五》二頁下，七行，伊川曰：

> 反復道也，言終日乾乾，往來皆由於道也。三，位在二體之中，可進而上，可退而下，故曰反復。

三之所以可進可退，純由於三位，當二體之際會，居下體之極，處此位，遘此時，而可以然，而不得不然。顧時雖可以進，可以退；而主進主退，則固在於我。輔嗣於觀卦六三爻「觀我生進退。」下，即云：「居下體之極，處二體之際，居此時也，可以觀我生進退。」我生進退，我之進退也。我之進退，其能自我而決之者，唯可進則進，不可則退，進退之可與不可，一惟其時，相時而動，動不違時，進退動息，必以其道，乃所謂反復其道，則二體之際，即有爲之際也。四亦在二體之中，當可進可退之地，故乾九四「或躍在淵無咎」之下。《本義》即曰：「九陽四陰，居上之下，改革之際，進退未定之時也。」二體各有其位，（體自爲位）聯初、二、三之位而爲下體之位。《程傳》二十九頁，八行〈文言傳〉「或躍在淵，乾道乃革」句下，伊川曰：

離下位而升上位，上下革矣。

「乾道乃革」之乾道，蓋指全卦而言。乃革，則指上下二體之變革，乾道自此而革。故云：「離下位而升上位。」是二體各有其位也，如居下體之極，係就下體之全位而言，三，居其極位也，各爲一小終始。《程傳》一七〇頁，三行〈大壯九三爻〉下，伊川曰：

九三以剛居陽而處壯，又當乾體之終，壯之極者也。

大壯乾下震上，故三，居乾體之終，推之，則初九居乾體之始，（即下體之始）而下體自爲一始終，上體亦然《程傳》一五三頁，六行，〈離九四爻〉下，伊川曰：

九四離下而升上體，繼明之初，故言繼承之義。

離卦上下皆離，四，當上離之初，故曰：「繼明之初。」初，即始也。故上體又自爲終始也。宋俞石澗於〈乾彖傳〉「大明終始，六位時成。」句下曰：「終謂下乾之終，九三是也；始，謂上乾之始，九四是也。九三、九四乃乾上、乾下之交接處，一乾方終，一乾又始，則生意於此續而不絕，故不曰始終而曰終始。」⑩石澗以二體之交說終始，以九三、九四爲乾下，乾上之交接處，是專就二體之交點言之，若自交點分向上下兩端，則兩端（初上）亦有一始一終，仍是二體各爲一小終始，合則爲一卦（六位）之終始也，然二體之際，當危懼之地，三四處上下之交，皆臨危地也。《程傳》三十一頁，一行〈文言傳〉「九三重剛而不中，上不在天，下不在田，故乾乾，因其時而惕，雖危無咎矣。」數句下，伊川曰：

三重剛，剛之盛也。過中而居下之上，上未至於天，而下已離於田，危懼之地也。因時順處，乾乾兢惕以防危。故雖危而不至於咎，君子順時兢惕，所以能泰也。

又九四爻「重剛而不中，上不在天。……或之者，疑之也，故無咎。」下，伊川曰：

四不在天，不在田而出人之上矣，危地也。疑者，未決之辭。處，非可必也，或進或退，唯所安耳，所以無咎也。

伊川於九三、九四兩爻下，皆云危地也。地何以危？以其在上下之交也。故〈文言傳〉於此兩爻下皆有「上不在天，下不在田」之辭，在天已位乎天位，安尊之至，在二猶得時（伊川曰，隨時而止）未欲進也。俱無危可言，獨三、四、皆在二體之際，進退未即決，故爲危地，唯君子朝夕兢惕，進退以時而後可以無咎也。《周易內傳卷一上》「上位、下卦之上也。下位，上卦之下也。居上下之間，危地也。」船山本釋乾九三爻所處之位，亦以其在上下之間，故曰危地也。〈大傳〉謂「三多凶，四多懼（上繫第九）」。信以其位之故。然乾道自此而革，二體之際亦爲將變必變之時。《程傳》七十四頁，十行〈泰六四爻〉下，伊川曰：

夫陰陽之升降，乃時運之否泰，或交或散，理之常也，泰既過中，則將變矣，聖人於三四云艱貞則有福。蓋三爲將中，知戒則可保，四已過中矣，理必變也，故專言始終反復之道。

二體之交，本象天道終始變革之際，故〈文言傳〉於九四「或躍在淵」句。即曰：「乾道乃革。」乾道即天道，九四在二體之交也，而〈泰九三象傳〉言天地交際又發往復之義者？往復，即終始，終則有始，即往而復反也。伊川曰：「四已過中理必變也，故專言始終反復之道。」即謂二體之際（四在二體之中）爲終始之際，天道反復之時。伊川既曰：「四已過中理必變。」又曰：「三爲將中。」則三將中，理將變矣。觀九三爻下，伊川曰：「三居泰之中，泰之盛也。」又曰：「無常安平而不險陂者，謂無常泰也；無常往而不反者，謂陰當復也。」皆謂三，有將變之徵候也。由上可知，三爲將變，四在必變，三四當上下之交，故二體之際，爲將變必變之時。右所引〈泰六四爻〉下傳文，雖爲泰卦而發，然「專言終始反復之道」句，則通天道而言。卦爻變動，即所以肖天道之變化，餘卦二體之際，亦可推知也，王得臣曰：「予觀重卦之內，至於三位，則有小成變革之理，推此而求其變，則可以思過半矣。」⑪其說甚是。三四之間有小成變革之理，即二體之際，可以觀察矣，故此際即有可爲之機。《程傳》一五三頁，一行〈離九三爻〉下，伊川曰：

九三居下體之終，是前明將盡，後明當繼之時，人之始終，時之革易也。

前明將盡，後明當繼，即爲革新更始之際。「時之革易」者，即時當終始之際，革故而鼎新也，當此革新之際，每予吾人以有爲之機，禍福於此而倚伏，成敗於此而取決，在人之果斷如何耳，此亦正可爲之時，不可遽失。《程傳》二四二頁，九行〈革九三爻〉下，伊川曰：

九三以剛陽爲下之上，又居離之上而不得中，躁動於革者也。然居下之上，事苟當革，豈不爲也？

伊川用二體攸關之義以說經，又據三、四兩爻之時位以斷經義，皆辭達而義協，至有理據，如三方終而四更始，三惕厲而四疑懼，三處極而四開基，此皆善用二體際會之義也。

結　語

謹按二體際會，一卦上下兩體之交際和會也。因二體之際會而一卦以成，一卦成，而二體之義不分言（不獨立，必係乎卦）矣。際會之義至簡，經於〈坎六三爻〉已明言之曰：「來之坎坎。」以上下皆坎，三據二坎之間，故來之皆坎也。至於際會之理雖於〈文言傳〉已屢發之，然其簡約，則莫若〈泰九三象傳〉曰：「無往不復，天地際也。」三處天地之際，當終始之會，即遇變革之時也。蓋二體之相交，即肖天地之交際，因天地之交際，而無往不復，終則有始之天道以彰。伊川於〈泰九三象傳〉下曰：「陽降於下，必復於上；陰升於上，必復於下，屈伸往來之常理也。」即以無往不復，為屈伸往來之常理，而於天地之際會見之也。一卦於二體之際，亦見終始更替之理，故有更新改作之機，伊川於離卦之三、四爻下言二明相繼；革之三、四爻下又著當革之時是也，其盛衰起伏之事，亦見於卦爻之中，如初微、二起、三每盛，三四之間則伏矣。四又更起，五則復盛。至上而極，又須變矣。伊川於二體際會之義，多用釋經文，原委粲然，暢發無餘，亦深得其用，而際會之理，原於天道之終始反復，以啓變革更新之運，伊川亦詳言之（見泰卦三四爻下傳文），可謂鉅細靡遺矣。二體之際為交替承接之時，天道一小終始，人事亦更起新元，要為革故啓新之際也，卦之兩體於是而明遘合生新之機，主其事者，為三、四兩爻，以其臨上下之交，處危疑之地，吉凶禍福，得失成敗，決於頃忽，故即三四兩爻之動靜，可以觀餘爻之趨向，六爻之相與，亦每以此爲樞機，如三、四者可謂一爻動而餘爻亦隨之而動；一爻變，則餘爻亦隨之而俱變，以其位當衝要，故伊川於三四當上下之交，每率餘爻而動靜之情勢，亦間言之，故二體之際會，實即三四兩爻之際會，以爻擬人，輔嗣以爻爲人（見文言傳注），若遲疑而猶豫，則多凶多懼。但乘時而起，順時而動，則可以無咎，要人自爲之耳。

參考書目

《孟子萬章》、《詩大雅大明・小雅杕杜》、《鄭箋》、《爾雅釋詁》、《二程全書》、《周易內傳卷十二上・卷一上・卷三上》、《周易集說・彖傳說》、《周易正義》、《經義考卷十五》、《周易集解卷一》、元許衡《讀易私言》、《東坡易傳卷一》、《周易義海撮要卷三》。

七、勢與爻義

伊川論《易》最重「勢」字，故曰：學《易》者貴乎識勢之重輕，勢多因緣於時位，時有盛衰，位有貴賤，而勢由此生矣。勢之重輕，足以轉移爻義，爻義隨勢之重輕而重輕無常，觀爻求義者，固不可以執一而定也。勢者，形勢、力勢之謂也。力勢起於形勢之不敵（偏勝）。若彼此形勢齊一，則力勢不復見矣。伊川所謂勢均則不相下者常理也（程傳豐初九爻下）。勢之重輕，於卦爻之動靜，有極大之作用，一爻之重，必度其勢之可進與否，而後決其趨舍，若其可進，進則無往不利，經傳言利涉大川，利有攸往，利見大人，曰：「利」者，即度勢之辭，觀乾卦六爻，如初之潛，二之見，三之惕，四之躍，五之飛，上之亢，雖關時之可爲與否，亦又運會之所趨，其勢有不得不然爾，勢之所趨，沛然若水之就下，其孰能禦？伊川論《易》，最重「勢」字。曰時之盛衰，勢之強弱，學《易》者所宜深識是也。《程傳》一三四頁，七行〈大畜九二象傳〉「輿說輹，中無尤也。」下，伊川曰：

輿說輹而不行者，蓋其處得中道，動不失宜，故無過尤也。善莫善於剛中，柔中者，不至於過柔耳。剛中，中而才也，初九處不得中，故戒以有危宜已。二得中，進止自無過差。故但言輿說輹，謂其能不行也，不行則無尤矣。初與二，乾體剛健而不足以進，四與五陰柔而能止。時之盛衰，勢之強弱，學《易》者，所宜深識也。

初九處不得中，經有危厲之戒，九二以剛中之才，其力能行，知止而卒不行，故無過尤，是初與二皆未進也。初二皆乾體剛健，知時之不可進而不進，以時猶未至，如三處畜之極，乃可以進也，四與五，爲初二之應爻，四以大臣當畜之任，五居君位，皆據蘊畜之威勢而不可偪，其位則然，要之，初二所遇之時方微；四五，所據之勢至強。惟時與勢，不可以苟求，不可以力爭也如此。故曰：「時之盛衰，勢之強弱，學《易》者宜深識也。」又曰：「學《易》者，貴乎識勢之重輕，時之變易。」蓋時變則勢變，而爻義之輕重亦隨之而變。《程傳》一四四頁，五行〈大過九三爻〉「棟橈凶」下，伊川曰：

九三以大過之陽，復以剛自居而不得中，剛過之甚者也。以過甚之剛，動則違於中和而拂於眾心，安能當大過之任乎？故不勝其任；如棟之橈，傾敗其室，是以凶也。取棟爲象者，以其無輔而不能勝重任也。或曰：三巽體而應於上，豈無用柔之象乎？曰：言《易》者，貴乎識勢之重輕，時之變易。三居過而用剛，巽既終而且變，豈復有用柔之義，應者謂志相從也，三方過剛，上能係其志乎？

九三如棟之撓曲，不能勝其重任者，以剛之過甚也。三雖居巽體而應於上，有用柔之象，而不能用柔者？居巽體而在巽之終也，巽既終則巽之時將變矣。又卦在大過之勢甚重，事皆大過，則剛亦太過。故不能得衆人之心以爲己援，用柔之時已過，而過剛之勢方重，豈能用柔耶？故巽體之時既變，而用柔之義遂輕矣。此「勢」之不可以不識也。勢既緣於時，時既有勢，勢又專行矣（惟見其勢）。勢，無論其爲時勢，位勢，德勢，而爻之動，不可不度勢，於勢之不可，則止而不行。《程傳》一三四頁，四行〈大畜九二爻〉「輿說輹」下，伊川曰：

二，爲六五所畜止，勢不可進也。五據在上之勢，豈可犯也？二雖剛健之體，然其處得中道，故進止無失，雖志於進，度其勢之不可，則止而不行，如車輿説去輪輹，謂不行也。

進不度勢，必犯災危。同頁三行〈初九象傳〉「有厲利已，不犯災也。」下，伊川曰：

有危則宜已，未可犯災而行也。不度其勢而進，有災必矣。

《程傳》二一五頁，五行〈夬初九象傳〉「不勝而往，咎也。」下，伊川曰：

人之行必度其勢可爲，然後決之，則無過矣。理不能勝而且往，其咎可知。

勢之輕重，皆足以轉移爻義，爻義之輕重，遂隨勢而各異。勢方衰，則爻義因之而輕。譬之人也，方處微時，則力薄而不足以有爲也。《程傳》一五六頁，末行〈咸初六〉「咸其拇」下，伊川曰：

> 初六，在下卦之下，與四相感，以微處初；其感未深，豈能動於人，故如人拇之動未足以進也，拇足大指，人之相感有淺深輕重之異，識其時勢，則所處不失其宜矣。

初六，居咸之初，於勢爲至微之際，雖居咸感之時，其感亦不深，故曰：「豈足動於人」？是當處初勢微，而能感之爻義，亦隨之而輕也。爻義因勢而有輕重之殊，勢輕而爻義亦輕者？蓋勢之制乎動，力微，則不足爲助也。然亦有勢重而爻義因之反輕者，其形勢變也（彼此相爲消長）。譬如陰陽正應，固爻義之至重者也。然因勢重，而陰陽相應之道，反衰（爻義本重而反輕也）。《程傳》一八八頁，四行〈睽九二爻〉「遇主於巷無咎」下，伊川曰：

> 二與五爲正應，相與者也。然在睽乖之時，陰陽相應之道衰，而剛柔相戾之意勝。學《易》者識此，則知變通矣。然二五雖正應，當委曲以相求也。……居睽離之時，其交非固，二常委曲求於相遇，覬其得合也，故曰：「遇主於巷。」

居恆，則爻義以陰陽正應爲重，然當睽乖之時，人皆乖迕不和。故剛柔相戾之意反勝（勝，猶重也。）相戾之意既重，而相應之道自衰矣。又《程傳》八十一頁，五行〈同人六二爻〉「同人于宗，吝」句下，伊川曰：

> 二與五爲正應，故曰：「同人于宗。」宗謂宗黨也。同人於所系應，是有所偏與，在同人之道私狹矣，故可吝。

伊川於〈象傳〉下，又曰：

> 諸卦以中正相應爲善，而在同人，則爲可吝。

平時，爻義以中正相應爲善，而同人之時，務與人同，所謂大同也。是同人之勢重也，同人之勢重，而中正相應之爻義輕矣。故以同人于宗爲可吝。《易》又以所勝爲義，所勝者，即勢之所重也。勢重在此，雖爻才亦爲其所奪（勢重可奪一爻之本質）。《程傳》二一〇頁，八行〈益六三爻〉下，伊川曰：

> 三居下體之上，居陽應剛，處動之極，居民上而剛決，果於爲益者也。或曰三乃陰柔何得反以剛果任事爲義？曰：三質雖本陰，然其居陽，乃自處以剛也。應剛乃志在乎剛也。居動之極，剛果於行也，以此行益，非剛果而何？《易》以所勝爲義，故不論其本質也。

三之爻才，本陰柔也，然以其居陽（陽位）應剛（上九），又居動之極，（益下體震）其剛果之義勝矣（勝猶重也）。剛果之勢重勝，則六三陰柔之本質亦爲其勢所掩奪，居移氣，養移體，孟子所謂「大哉居乎。」⑫是陰柔有奪移之理。此即勢重可以奪一爻之本質也。雖本有悔，而悔亦隨之而亡《程傳》一六三頁，二行〈恆九二爻〉「悔亡」下，伊川曰：

> 在恆之義，居得其正，則常道也。九陽爻，居陰位，非常理也。處非其常，本當有悔，而九二以中德而應於五，五復居中，以中而應中，其處與動，皆得中也，是能恆之於中也。能恆久於中，則不失正矣，中重於正，中則正矣，正，不必中也。九二以剛中之德，而應於中，德之勝

也，足以亡其悔也，人能識重輕之勢，則可與言《易》矣。

右段亦論重輕之勢，九二以陽居陰，處非其正，本當有悔，然九二以中德應於五，五復以中德相應，乃其處與動皆得乎中，得中則正矣。足見中德獨盛，中德盛，則其德勢重而可以亡其悔矣，此中德之勢重，而居非其正之義，因而輕微，所以悔亡。故曰：人能識重輕之勢，則可與言《易》矣。至爻非正，亦可以使之正者，皆勢爲之也。《程傳》二一五頁，八行〈夬九二象傳〉「有戎勿恤，得中道也。」下，伊川曰：

暮夜有兵戎，可懼之甚也，然可勿恤者，以自處之善也。既得中道，又知惕懼，且有戒備，何事之足恤也？九居二雖得中然非正，其爲至善何也？曰：陽決陰，君子決小人而得中，豈有不正也？知時識勢，學《易》之大者也。

九二，以九居二，雖得中而非正，然以其時言之，則夬決也。五陽而決（排斥）去一陰，君子而決小人，理之至正者也。故曰：「豈有不正。」即因夬決之時義，其勢甚重，故爻非正，亦可使之正，勢爲之也。爻與爻間，復有相異之形勢，於是爻各據所處之勢以爲義，若〈屯之初九〉，本爲正人，據六二之所處（柔乘剛），則初有寇偪之勢。《程傳》四十頁，三行〈屯六二爻〉下，伊川曰：

二以陰柔居屯之世，雖正應在上，而偪於初剛，故屯難邅迴，二當屯世，雖不能自濟而居中得正，有應於上，不失其義者也。然偪近於初，陰乃陽所求，柔者剛所陵，初爲賢明剛正之人，而爲寇以侵偪於人何也？曰：此自據二以柔近剛而爲義，更不計初之德如何也。《易》之取義如此。

二爻異位而處，則形勢即異，彼此觀點，自不必同，莊子所謂：「彼亦一是非，此亦一是非（齊物論）。」初九本爲正人，然據二而言，以柔居屯世，又爲剛陽所偪，若寇之來侵陵我也，故直目初爲寇。未暇計初之德行何如也，勢之與爻，其相繫之密有如此，然爲勢不齊，其變非一，輕重反合之間，亦未可以易言之也。

結語

謹按先秦法家者流，每喜言勢，察其意多與權位之勢近，如《韓非難勢篇》之所謂：「勢位」是也。勢非一途，故韓子又曰：「勢者，名一而變無數者也。」《易》鮮言「勢」，〈坤大象〉曰：「地勢坤」僅指形勢而言，然勢之理在《易》中往往可見，如乾以龍爲象，而龍德在初五二爻，大相懸殊者，潛飛之勢迥異也。〈坤初六〉曰：「履霜堅冰至。」陰始凝曰履霜，而卒至於堅冰，其勢則然，此漸盛之勢也。泰否二卦〈彖傳〉言君子小人之道相乘而起，此消長之勢也。凡此謂之非勢則不可。況爻與爻間，愛惡相攻，遠近相取，豈無輕重相克之勢乎？先儒解《易》即言勢義。宋胡安定釋〈隨初九爻〉「官有渝」句。曰：「官守也，觀時量勢而變前所守。」伊川解《易》尤重勢義。曰：「勢之強弱，學《易》者所宜深識。」（一三四頁，七行）曰：「知時識勢學《易》之大方也。」（二一五頁，十行）曰：「人能識重輕之勢，則可以言易矣。」（一六三頁，三行）而於〈革九四爻〉下言之尤詳曰：「九四，革之盛也，陽剛，革之才也。離下體而進上體，革之時也。居水火之際，革之勢也。得近君之位，革之任也。下無係應，革之志也。以九居四，剛柔相濟，革之用也。四既具此，可謂當革之時也。」其中明其爲勢者，僅「居水火之際」一句。然細審其義曰才、曰時、曰任、曰志、曰用，斯五者皆言勢也。五者勢之所資，勢之因以顯現者也。故以「革之成也」四字冠其首，盛者，其勢盛也，變革之事至大至難，不可不度勢而行，故於此極言勢之涵義。伊川論勢與爻義時，其所重者，在乎勢之可以轉移爻義，爻義本重者；轉而使之輕；爻義本輕者，轉而使之重。觀爻求義者，不可執一以爲定，貴乎知所變通也。孔穎達曰：「《易》之爲書，曲明萬象，明其意，達其理，不可以一爻爲例，義有變通也。」⑬此即通較諸爻，觀勢求義之謂也，然勢亦多方，有時勢、位勢、德勢之分，爻與爻間又有形勢之互異。故伊川論爻，又主度勢，以勢有輕重，固不可不度。勢有所自來，亦不可不審，觀勢之難也，凡所論極是，以勢玩索經義，亦伊川解《易》之一方也。

參考書目

《韓非子難勢》、《禮記禮運》、《孟子公孫丑》、《荀子正名》、《淮南脩務訓》、《文公易說卷五》、《周易義海撮要卷一》、《濂洛關閩書卷五》、《周易正義》。

八、卦之初終

物有本末，卦有初終，言初終，而一卦之體具矣，初終二爻貫穿一卦之義，欲窮一卦之原委，莫尙於此。初終當一卦盛衰之運，見天道之往復不已，伊川於初終二爻，明天道終始之理，蓋本〈乾彖傳〉之文也。於人事則初重謀始，終尙全終之義，皆即初終而發天人終始之理也。復與《易》道生生相續之理同歸一揆，其旨趣深矣。六爻雜居，初終者六爻之始末兩位也。下爻爲初，卦之始也；上爻日終，卦之成也。八卦相重，六位成章，剛柔錯峙，而變化之情乃見，雖三極之理悉蘊於其中，然而窮究原委，貫穿卦義，莫尙於初終二爻，有初終而後中爻之義備矣。故初終二爻，實總全卦之義，爲一卦之綱領，其扼要可知，分而言之，初位居下。《程傳》四十四頁，三行〈蒙初六爻〉下，伊川曰：

初以陰闇居下，下民之蒙也。

又五十一頁，七行〈訟初六爻〉下，伊川曰：

六以柔弱居下，不能終極其訟者也。

爲一物之端《程傳》二十三頁，七行〈乾初九爻〉下，伊川曰：

初九在一卦之下，爲始物之端。

以其處卑《程傳》八十九頁，三行〈謙初六爻〉下，伊川曰：

初六以柔順處謙，又居一卦之下，爲自處卑下之至，謙而又謙也。

故宜待時《程傳》一九四頁，一行〈蹇初六象傳〉「往蹇來譽，宜待也。」下，伊川曰：

方蹇之初，進則益蹇，時之未可進也，故宜見幾而止，以待時可行而後行也。

如〈屯初九〉之盤桓《程傳》三十九頁，七行〈屯初九爻〉「盤桓利居貞，利建侯。」下，伊川曰：

初以陽爻在下，乃剛明之才，當屯難之世，居下位者也。未能便往濟屯，故盤桓也。方屯之初，不盤桓而遽進，則犯難矣。

〈大畜初九〉之有厲，利已。《程傳》一三四頁，一行〈大畜初九〉「有利利已」下，伊川曰：

大畜，艮止畜乾也。故乾三爻皆取被止爲義，艮三爻皆取止爲義，初以陽剛，又健體而居下，必上進者也。六四在上畜止於己，安能敵在上得位之勢，若犯之而進，則有危厲，故利在已而不進，是也。

初以時位言，皆不宜動，默而自守可也。《程傳》二四一頁，八行〈革初九爻〉「鞏用黃牛之革」下，伊川曰：

變革，事之大也，必有其時，有其位，有其才，審慮而愼動，而後可以無悔。九以時則初也，動於事初，則無審愼之意，而有躁易之象，以位在下也。無時無援而動於下，則有僭妄之咎。

……有爲則凶咎至矣。

《程傳》一五二頁，三行〈離初九爻〉「履錯然，敬之無咎」下，伊川曰：

陽固好動，又居下而離體。……動則失居下之分而有咎也。

〈夬之初九〉往不勝爲咎。《程傳》二一五頁，二行〈夬初九〉「壯于前趾，往不勝爲咎。」下，伊川曰：

九，陽爻而乾體，體健在上之物，乃在下而居決時，壯於前進者也。前趾謂進行，人之決於行也，行而宜則其決爲是，往而不宜，則決之過也。故往不勝，則爲咎也。

〈豫之初六〉鳴豫則凶，是也。《程傳》九十三頁，四行〈豫初六爻〉「鳴豫凶。」句下，伊川曰：

> 初六以陰柔居下，四豫之主也而應之，是不中正之小人處豫而爲上所寵，其志意滿極不勝其豫，至發於聲音，輕淺如是，必至於凶也。鳴，發於聲也。

即終而言，卦終爲亢。《程傳》二十六頁，十一行〈旅上九爻〉下，伊川曰：

> 上九剛不中而處最高，又離體，其亢可知。

《程傳》二二三頁，二行〈姤上九爻〉下，伊川曰：

> 上九高亢而剛極，人誰與之？

爲極。《程傳》一九一頁，二行〈睽上九爻〉下，伊川曰：

> 上居卦之終，睽之極也。陽剛在上，剛之極也，在離之上，用明之極也。

又一五〇頁，八行〈坎上六爻〉下，伊川曰：

> 上六以陰柔而居險之極，其陷之深者也。

又一三三頁，六行〈無妄上九爻〉下，伊川曰：

> 上九居卦之終，無妄之極者也。

而終爲卦時之極。《程傳》四十六頁，二行〈蒙上九爻〉下，伊川曰：

九，居蒙之終，是當蒙極之時。

終極則變。《程傳》四十九頁，六行〈需上六爻〉下，伊川曰：

需以險在前，需時而後進，上六居險之終，終則變矣。

又一七二頁，四行〈大壯上六象傳〉下，伊川曰：

柔遇艱難，又居壯終，自當變矣。

故卦終有變之義，極則當變也。《程傳》二七三頁，四行〈豐上六爻〉下，伊川曰：

六以陰柔之質而居豐之極，處動之終，其滿假躁動甚矣。至於三歲之久而不知變，其凶宜矣。

又九十六頁，三行〈豫上六爻〉下，伊川曰：

上六陰柔，非有中正之德，以陰居上，不正也。而當豫極之時，在豫之終，若能有渝變，則可以無咎。

蓋天理、人事，皆戒過極。《程傳》二九七頁，五行〈小過上六爻〉「弗遇之過，飛鳥離之凶，是謂災眚。」句下，伊川曰：

六陰而動體，處過之極。災者，天殃。眚者，人爲，既過之極，豈惟人眚，天災亦至，其凶可知，天理人事皆然也。

觀〈大有上九〉之順天合道，不處其極，故無盈滿之災。《程傳》八十七頁，二行〈大有上九〉「自天祐之，吉無不利」下，伊川曰：

上九在卦之終，居無位之地，是大有之極而不居其有者也；處離之上，明之極也。唯至明所以不居其有，不至於過極也。有極而不處，則無盈滿之災，能順乎理者也，五有文明之德，上能降志以應之，爲尚賢崇善之義，其處如此，合道之至也。自當享其福慶，自天祐之，行順乎天而獲天祐，故所往皆吉，無所不利也。

天道惡盈，鬼神害盈，上九有極而不處，故無盈滿之災，所謂順天合道者也。艮上九居極而不過，爲敦厚之止，皆知極能變者也。《程傳》二五八頁，十一行〈艮上九爻〉「敦艮吉」句下，伊川曰：

九以剛實居上而又成艮之主，在艮之終，止之至堅篤者也。敦，篤實也。居止之極，故不過而爲敦。

本爻〈象傳〉「敦艮之吉，以厚終也」句下，伊川曰：

天下之事，唯終守之爲難，能敦於止，有終者也，上之吉，以其能厚於終也。

皆知極能變者也。極而固守則凶，故節險之極，皆有善義。《程傳》二九〇頁，一行〈節上六爻〉「苦節，貞凶，悔亡。」下，伊川曰：

上六居節之極，節之苦者也，居險之極（節上體坎），亦爲苦義，固守則凶，悔則凶亡。悔，損過從中之謂也。

終極知變，乃可以長久。《程傳》一九三頁，三行〈中孚上九爻〉下，伊川曰：

九居中孚之時，處於最上，孚於上進而不知止者也。……貞固於此而不知變，凶可知矣。

次行〈象傳〉下，又曰：

守乎至於窮極，而不知變，豈可長久也。

所謂物極則反。《程傳》七十九頁，四行〈否上九爻〉下，伊川曰：

上九，否之終也。物理極而必反，故泰極則否，否極則泰，上九，否既極矣，故否道傾覆而變也。

又一三六頁，八行〈大畜上九爻〉下，伊川曰：

事極則反，理之常也。故畜極而亨。……大畜，畜之大，故極而散，既極當變。

按物極則反之理，輔嗣注《易》亦略言之。〈賁上九〉「白賁無咎」王注：「處飾之終，飾終反素，故任其質素不勞文飾而無咎也。」又〈損上九〉「弗損益之無咎」王注：「處損之終，上無所奉，損終反益，剛德不損，乃反益之而不憂於咎。」輔嗣謂：「飾終反素」、「損終反益」即物極則反之意。終極義同，此後孔氏《正義》亦曰：「物極則反，睽極則通。」（睽上九爻下）足見先儒皆信此說。惟明儒王船山持反對之見曰：「其尤異者，於泰則曰泰極則否，於否則曰否極而泰。於畜則曰畜極而通。（按此即目伊川而言，伊川於泰否大畜三卦終爻下如此云。）然則明夷之終，夷極則必無傷，解之終，解極而復悖乎？以天下治亂，夫人進退而言之，泰極而否；則堯舜之後，當即繼以桀紂，而禹何以嗣興？否極而泰；則永嘉、靖康之餘何以南北瓜分？人民離散？昏暴相踵華夷相持百餘年而後甯？以天化言之，則盛夏炎風酷暑之明日，當即報以冰雪。……泰上之復隍，否上之傾否，自別有旨，而不可云極則必反也。極則必反者，筮人以慰不得志者之佞辭，何足以盡天地之藏，盡人物之變，貞君子之常乎？故舊說言始言終者，概不敢從，而求諸爻象之實，卦或有初而不必有終，不計其終，或有終而不必有初，不追其始。合渾淪之全體以知變化之大用，斯得之矣。」⑭物極必反之理，船山攻之甚力，其持論頗辯，然亦未盡平允，如曰：「以天化言之則盛夏炎風酷暑之明日，當即繼以冰雪。」即此語而論，物極必反，固不合大化之實，然所謂極而必反，亦絕不謂若此其驟反，蓋天行以漸也。果若是其驟然相反，則萬物不得化育矣。天行以漸而至，及其至也，亦不得不謂其爲相反也。天行以漸者，酷暑之後，涼風徐徐而至，次以風疾而涼彌甚，又漸而朔風怒號，凜冽入骨，夫然後冰凝雪降，豈爲今日暑而明日即寒。（始爲相反）有如是之突兀哉？伊川所以謂：「天地之化，一息不留，疑其速也，然而寒暑之變甚漸。」⑮伊川之所謂漸，正謂非突如其來也。審如船山之言，則〈大傳〉論大化所謂之「不疾而速，不行而至」（上繫第九）又當何解？使其驟反，則疾而見其行矣。豈天道哉？伊川又曰：「實理中自有緩急，不容如是之迫，觀天地之化乃可知。」⑯此亦言天地之化不容其迫切，皆符大化之實際。如船山之言，不亦太迫切乎？其以天下治亂爲例；亦與其論寒暑之變正同。如曰：「堯舜之後，當即繼以桀紂。」以此推之，則湯之後，即當繼以紂矣。何以必待武丁之後，歷年久而後亡於紂，紂亦未嘗今日正位而明日旋亡，必待積衰至極而後亡於革命之師，亦以其漸至也。而漸至又不可謂之非相反也。〈坤文言傳〉所謂：「臣弒其君。……其所由來者漸也。」非徒人事若此，大化亦然，履霜而後堅冰至，不謂繼炎風而堅冰旋至，亦不能謂此非寒暑之代變也。物極必反，《易傳》所謂消息盈虛

（天行）之理；寒暑推遷之運，是也。蓋二氣之反復往來上下，一消一息而已，消極則息，息極復消，寒往暑來，亦極者往而反是者來，使陰陽而無消息則已，若言消息則有極而必反之理存，所謂剝極必復，⑰此其明證。人世治亂盛衰亦同。凡論物理，後之人不必墨守前人之言，惟其是也，則必確信無疑，理有是非也。伊川所謂「勿信余言，但信取理。」者是，蓋事極則變也。《程傳》二三五頁，九行〈困上六爻〉下，伊川曰：

物極則反，事極則變，困既極矣，理當變也。

又二〇七頁，八行〈損上九爻〉下，伊川曰：

九，居損之終，損極當變者也。

物極之所以必反者，其理至近，譬之行遠登高，既極，則動而必反也。《程傳》一九一頁，四行〈睽上九爻〉下，伊川曰：

物理極而必反，以近明之，如人適東，東極矣。動則西也；如升高，高極矣。動則下也，既極則動而必反也。

終極之理如是，然初終二者，相係一體，無初則無終，又同在兩端，故皆居無位之地。《程傳》一一一頁，一行〈噬嗑初九爻〉下，伊川曰：

九居初最下，無位者也。

又一一六頁，三行〈噬嗑上九爻〉下：

上過乎尊位，無位者也。（餘略）

亦不言得位，失位，蓋初終之義爲重也。《程傳》一〇六頁，六行〈臨初九〉「咸貞吉」下，伊川曰：

咸感也，陽長之時，感動於陰，四應於初，感之者也。比它卦相應尤重，它卦初上爻不言得位、失位，蓋初終之義爲重也。

論初以謀始之義爲大。《程傳》二九一頁，五行〈中孚初九爻〉下，伊川曰：

九當中孚之初，故戒在審其所信。……初與四爲正應，四巽體而居正，正無不善也。爻以謀始之義爲大，故不取相應之義。

言終，以克終之義爲難。《程傳》二五九頁，一行〈艮上九爻〉下，伊川曰：

人之止難於久終，故節或移於晚，守或失於終，事或廢於久，人之所同患也，上九能敦厚於終，止道之至善，所以吉也。

譬若人之德行，即貴乎全終也。《程傳》七十頁，七行〈履上九象傳〉「元吉在上，大有慶也。」下，伊川曰：

上，履之終也，人之所履善而吉，至其終周旋無虧，乃大有福慶之人也，人之行貴乎有終。

初終，爲一卦之初終，亦兼及二體之義，以其同條而共貫也。《程傳》二三六頁，一行，〈困上爻〉下，伊川曰：

困與屯之上皆無應居卦終，屯則泣血漣如，困則有悔征吉，屯險極而困說體故也。以說順進，可以離乎困也。

卦之初終與二體首尾一貫，皆相因以起義者也，屯上體坎。故險極則泣血漣如，困上體兌。故説順而可以離乎困也，此初終與二體涵義相關連之切也，又一一八頁，〈賁初九爻〉下，伊川曰：

初九以剛陽居明體（賁下體離）而處下，君子有剛明之德，而在下者也。

又一六〇頁，三行〈咸上六爻〉下，伊川曰：

上陰柔而説體（咸上體兌），爲説之主。又居感之極，是其欲感物之極也。

右皆初上二爻涉乎二體之義也。論其至，則初終當一卦盛衰之運。《程傳》一六二頁，八行〈恆初六爻〉「浚恆貞凶，无攸利。」下，伊川曰：

初居下而四爲正應，柔暗之人，能守常而不能度勢。……浚，深之也，浚恆謂求恆之深也。……

……凡卦之初終，淺與深、微與盛之地也，在下而求深，亦不知時矣。

卦之初終，爲淺深微盛之地，是初爲淺微，而終爲深盛，明示初終爲一卦盛衰之運。故曰：「在下而求深，亦不知時也。」一五六頁，末行〈咸初六爻〉「咸其拇」下，伊川曰：

初六在下卦之下，與四相應，以微處初，其感未深，豈能動於人。……人之相感，有淺深輕重之異，識其時勢，則所處不失其宜矣。

右段亦以爲時有淺深之異，而以初爲微，則終爲盛爲極矣。《程傳》一二三頁，末行〈剝上九爻〉「碩果不食」下，伊川曰：

諸陽消剝已盡，獨有上九一爻尚存，如碩大之果不見食，將有復生之理，上九一變，則純陰矣。然陽無可盡之理，變於上，則生於下，無間可容息也。剝盡於上，則復生於下矣。

剝坤下艮上，五陰而一陽，群陰消剝於陽也。然陽無可盡之理，故上九碩果僅存，而一陽即復生於下，為復卦之初爻，剝復二卦反對。故曰：「剝盡於上，則復生於下矣。」此陰陽消息之理，亦足見天道之往復而不已也。由是則卦之初終，即象天道之終始。〈乾彖傳〉所謂：「大明終始，六位時成」是也。《程傳》二十五頁，一行〈乾彖傳〉「大哉乾元。……大明終始，六位時成，時乘六龍以御天。」句下，伊川曰：

大明天道之終始，則見卦之六位，各以時成，卦之初終，乃天道終始，乘此六爻之時，乃天運也。以御天，謂以當天運。

又《全書卷二十・語五》六頁下，末行，伊川曰：

大明終始，人能大明乾之終始，便知六位時成，卻時乘六龍以當天事。

〈乾彖傳〉謂：「大明終始，六位時成，時乘六龍以御天。」伊川本此，以為「卦之初終乃天道之終始。」蓋以卦之六位，順時而成，即肖天地以順動⑱之理，人當因六爻之時，以觀天之運行（聖人以順動也）。故曰：「乘此六爻之時，以當天運。」天運，天之運行，終則有始（蠱彖傳）是也，又六爻自初迄終為一時，六爻之時，既當天運，則卦之初終，乃天道之終始也，然天道之終始，緣何得見？《全書卷十六・語一》二十八頁，一行，伊川曰：

凡物之散，其氣遂盡，無復歸本原之理。天地間如洪鑪，雖有生物銷鑠亦盡，況既散之氣，豈有復在？天地造化，又焉用此既散之氣，其造化者，自是生氣。至如海水潮，日出則水涸，是潮退也，其涸者已無也。月出則朝水生也，非卻是將已涸之水爲潮，此是氣之終始開闔，便是《易》一闔一闢之謂變。

據右段，天道之終始，蓋即氣之終始，於氣之開、闔聚散而見，伊川以爲天地之氣，有聚有散，既散之氣，則不復存；所生者，乃是生氣（捨故生新）亦即以此生氣而生物，故物之散，其生氣亦遂盡。又曰：「造化焉用此既散之氣。」氣既有散，則必有聚，聚則所謂生氣是也。譬之海水一潮一涸，潮起，聚也，涸則散也，潮之聚散，即肖氣之終始。故曰：「此是氣之終始開闔。」終始開闔一也，終始聚散，仍即一事，天地萬物之情，如是而已。故曰：「天地之化育，萬物之生成，凡有者皆聚也，有無動靜終始之理，聚散而已。故觀其所以聚，則天地萬物之情可見矣。」[19]氣之終始聚散不已，而天道終始亦往復不已，卦之初終，足以象之也。故終始（即初終）之義相續而無窮已，天人生生之理，舉在於是非徒一卦之首尾而已。《程傳》二六四頁，八行〈歸妹彖傳〉「歸妹，天地之大義也，天地不交而萬物不興，歸妹人之終始也。」一段下，伊川曰：

天地不交，則萬物何從而生，女之歸男，乃生生相續之道，男女交而後有生息，有生息而後其終不窮，前者有終而後者有始，相續不窮，是人之終始也。

男女交偶，生生相續而無窮，爲人之終始，陰陽之交感，生生相繼而無已，亦即天道之終始，天人之理相同，卦之初終，足以象之，天人終始之義既具，而卦之初終，豈止一首一尾而已哉。此後朱子復以仁智之際衍釋終始相續之義。《文公易說卷十五》仁爲四端之首，而智則能成始，能成終，猶元雖四德之長，元不生於无，而生於貞，蓋天地之化，不翕聚則不能發散，理固然也，仁智交際之間，乃萬物之機軸，此理循環不窮，吻合無間，程子所謂：「動靜無端，陰陽無始者，此也。」朱子所謂仁智之際，即終始之際也。而所謂萬物之機軸者，即生生相續之理基於此也。又引伊川「動靜無端，陰陽無始」二語，無端無始，即是終始相續⑳之際，陰陽動靜惟於此際可以領會，以其吻合無間，不見其端始，故能相續而無窮已，亦善發揮終始之義者也。

結語

謹按物有本末，事有終始，卦之初終，亦使人知所先後而已，其作始也蓋簡，〈下繫第九〉「《易》之爲書也，原始要終以爲質也。」質猶體也，是謂初終具，而一卦之體始備也，然則初終之義固不可忽。又曰：「其初難知，其上易知，本末也。」蓋人緣本以求末，於事乃有所據。故又曰：「初辭擬之，卒成之終。」終者事之已成，故謂其上易知也。但原始反終，可以知死生之說，即終溯始，亦見終始之義，則初上固無分於難易也。伊川論初終，於初之義略重，以終當高亢之位，處極盛之時，極則易過，過極則悔咎凶危，不速而至矣，故明「極則當變」之義，所以戒盈防溢，以合於懷謙思順之道也。至初重謀始之義，終寓全終之操，皆人事之至要，絕不可忽者也。伊川論初終大義，則曰：「

卦之初終乃天道之終始」，本之〈乾彖傳〉「大明終始，六位時成，時乘六龍以御天」之文。蓋以六爻之位，自初迄終，以時而成，即肖天道之順時而動，㉑初終當盛衰之運，即類天地盈虛之理，伊川所謂「天地之運，亦隨時進退。（程傳一六九頁，五行）此即言天道之終始，始進終退，則天道消息往復而不已也，乘六爻之時以當天運，而天人終始之義，卒歸一揆，此其論初終最精之義。於《易》道有據，非鑿空牽合之說也。於卦之終，又論「物極必反」之理，物極必反，即《易傳》所謂終則有始（〈蠱彖傳〉）也。〈豐彖傳〉曰：「日中則昃，月盈則食。」日中月盈，皆其極也。而昃而食，則漸反其初。是終極而復其始之義，朱子以仁智之間，㉒喻終始之際，而曰：「此理循環不窮。」（文公易說卷十五）終始循環不窮，即終則有始，極而必反之意也，極而必反，終始反復之理，除《易傳》外，舊籍亦多論之。《國語越語》「陽至（原注，至極也）而陰；陰至而陽，日困而還，月盈而匡（注，虧也）。」《莊子大宗師》「反覆終始，不知端倪。」《淮南繆稱訓》「見所始，則知所終。」《荀子王制》「始則終，終則始，若環之無端。」《繁露陰陽終始》「天之道，終而復始。」以上所引歷歷不爽，見理之若是，是不可易。明儒王船山獨持相反之見，謂：「卦終不可言物極必反。」以此力攻伊川之言，然又信循環無窮之理。㉓不虞《易傳》言終始往復，即循環無窮之義，於先儒不免有心立異也。王輔嗣略例云：「初上者，始終之象也。」亦以初終二爻有始終之義，故初終不僅爲一卦之初終涵蘊至深且切，而於伊川之言見之矣。

本章綜此八目，以明卦爻之動靜，《易》道之所尙，舉在於斯。蓋卦爻之動靜，原基於「時位」

之移易，而卦爻上下無常，剛柔相易之變動，則由「卦變」而可見，復由「六爻相與」，以明其往來，由「二體際會」以顯其交接，緣「卦才」剛柔之質性以見其進退之遲速，而「勢與爻義」，則爻之度勢而進退，所謂相時而動者也。若「卦序」者，以言六十四卦之序列，卦別一事，六十四卦以此著見天人之事象相繼衍生之歷程，乃卦與卦間或動或靜之整全體系也。至「卦之初終」。詳天人終始之大義，生生相繼之理，畢具於此，皆所以明卦爻之動靜。枝葉條貫、脈絡相通，而合乎《易》之大義，足見《易》道廣大，無不賅備也。

參考書目

《周易正義》、《周易略例》、《周易內傳發例》、《宋元學案卷十五》、《二程全書》、《文公易說卷十五》、《國語越語》、《莊子大宗師》、《淮南繆稱訓》、《荀子王制》、《春秋繁露陰陽終始》、《周易義海撮要卷一》、《周易傳義附錄卷七、五、十》、《讀易私言論初》、《周易外傳卷四》、《清儒學案卷一》、《僞古文尚書伊訓》。

【附　註】

① 《四庫全書總目卷一》以序卦傳散綴於六十四卦之首。

② 《易圖略卦變上第二》。

③ 《周易集解乾卦爻辭下》。

④《程子易傳賁彖傳》「觀乎人文以化成天下」一段下，伊川據成卦而言，非謂就卦中升降也。

⑤ 黃梨洲《易學象數論卷二》。

⑥ 伊川云陰陽繫於奇偶，見一一四頁，五行，而陰陽乾坤爲一物。

⑦《周易折中卷九》豫彖傳下云云。

⑧ 漸六爻皆取鴻漸（字本作漸，說文訓進，漸卦之漸亦訓進）之象。

⑨ 六爻之義《易》以貢，韓注：「貢，告也。六爻變易以告吉凶。」

⑩ 按二上承於五，但非相鄰之義。

⑪ 謙九三爻「勞謙君子有終吉」下，王弼注云。

⑫ 伊川於此句下曰：「動作施爲，出於己者是也。」

⑬ 俞琰《周易集說》於「大明終始」二句下如此云，甚有精義。

⑭ 朱彝尊《經義考卷十五》引王得臣之語。

⑮《孟子盡心上》孟子自范之齊，望見齊王之子，喟然嘆曰：居移氣，養移體，大哉居乎！王子宮室車馬衣服多與人同，而王子若彼者，其居使之然也。

⑯〈屯初九象傳〉曰：「雖盤桓，志行正也。」

⑰〈上繫第二〉「是故吉凶者，失得之象也」句下，正義云云。

⑱ 上段否定「物極必反」之說，見王船山《周易內傳發例》中語。

⑲《宋元學案卷十五》三四四頁，三行。

⑳《宋元學案卷十五》三六二頁，九行。

㉑ 復，反也，窮上而反於下也。

㉒〈豫彖傳〉曰：「天地以順動故日月不過而四時不忒。」

㉓〈萃彖傳〉「觀其所聚而天地萬物之情可見矣。」一段下，伊川云云。

㉔ 相續二字，止足成文義，不應此理。

㉕〈豫彖傳〉「天地以順動。」〈豐彖傳〉「天地盈虛，與時消息。」

㉖ 即元貞之間，天人四德相配，貞下起元，是爲仁智之間，見《文公易說卷十五》

㉗《周易外傳卷四》「是故窮理盡性以至於命者，原始要終，修其實有之規，以盡循環無窮之理。」

第四章　伊川論易之象數

《易》中自有象數，《易》之象數，天地之法象也，《易》之象數準諸天地，固非世傳之象數也，伊川固不言象數，不言世傳術數家之象數，而《易》中固有之象數，伊川不惟言之，且樂道之，進復抉其蘊奧，要其大用，而自爲一家頗具體系之象數學也，伊川以象數之大本爲理，理體而象用，故曰「至微者理也，至著者象也，體用一源，顯微無間。」（易傳序）又曰「有理而後有象，有象而後有數。」①象數皆源於理，而見於奇偶之畫，迨象數已形，而理又寓於象數之中，理與象數，本支源流之關係，是故不能捨理（義理）而空言象數也，伊川謂象數有聲色臭味②，船山繼謂象可見而數可數。③足見象數非奇詭不可思議之物，必有此理而後有此事也。伊川論數，嘗與氣連稱，而曰有理則有氣，有氣則有數④，而又以數爲氣之用（同上頁）則此所謂數，已在形式數字之外，別建立其理論一面之數，然此數既可以成變化而行鬼神，又關乎盈虛消息盛衰之氣運（說詳篇內），則亦兼具數字之義，如孟子所謂五百年必有王者興⑤，即數運之數，兼有數字之義也。伊川論象，一本先民法天之思想，謂聖人觀象法天，取天地之法象以興作，故於象首重自然之象，自然律則，本寓乎自然現象之內，人在兩儀之中，戴天而履地，舉目投足，無一息不與自然相接遇，其能不受自然法象之影響乎？立象本取法天之義，伊川申言之再，意良深矣，於數舉天地之數，又兼及文物之數度，此即天地之自然數序也，天常人紀，有典有則，以納民於軌物者，如兩儀四象三才三極五服五章六德六行⑥何莫非數之統紀，非數之運用乎？故伊川之論象數，於《易》有明文於文獻有足徵者，不落漢儒言象之穿鑿，不似宋儒論數之機械，此所以能掃象數之榛蕪，而另闢平易之康衢也。要之，伊川論象數，有其理，有其事，不啻非浮夸不經之語，亦不愧爲篤實之論也。茲分述之：

一、象

《易》無非象也，《易》象始於奇耦之畫，奇畫一，又象之基本，《易》道從一起，萬變之所由始也。《全書卷三十九》十六頁，四行揚子問《易》從何處起？時方揮扇，伊川以扇柄畫地一下曰：「從這裡起。」（引見前章，此略）《易》從一畫起，一畫奇、象天、即象乾元、乾元統天、（乾象傳），萬物之所以資始也，故伊川又曰：

有一便有二，纔有一二，便有一二之間，便是三。已往更無窮，老子亦言三生萬物，此是生生之謂易（語四）。

由一生二，二生三，以至於無窮，一切變化生成，無不原於一，此奇畫一，又《易》象之尤基本者也。宋儒項平父曰：「萬變皆起於奇，故奇之一畫，足以統《易》之全象。」（周易玩辭卷一）足見奇畫一，為《易》象之本始也。象與事物，均為理之顯用，在理為幽，成象為明，《全書卷四十六．伊川經說一》二頁下，四行，伊川曰：

仰觀天文，俯察地理，驗之著見之迹，故能知幽明之故，在理為幽，成象為明，知幽明之故，知理與物之所以然也。

象者，事物之形象，均為理之顯現，均以理為其體，故既曰：「在理為幽，成象為明。」理與象對舉，而又曰「知幽明之故，知理與物之所以然。」則理與象相待，皆係之於幽明，則象與物為互用一義也。象之未兆也，沖漠無朕⑦，是之謂理，故曰：「至微者理也。」見乃謂之象，則已著矣，故曰：「至著者，象也。」理體而象用，體用一源，所謂象以顯理也，象之顯理，各以其類《程傳》二十三頁，六行〈乾初九〉「潛龍勿用」句下，伊川曰：

乾以龍為象，龍之為物，靈變不測，故以象乾道變化。

乾道變化之理，神妙無方，故以龍象之，《易》之取象，各以其類也《程傳》三十二頁，九行〈坤象傳〉「含弘光大，品物咸亨，牝馬地類，行地無疆」句下，伊川曰：

以含弘光大四者，形容坤道，取牝為象者，以其柔順而健行，地之類也。

天地之間，所在皆象，先聖仰觀俯察，取自然之象以設卦，卦所以示象也，卦成而象立，象在卦中，卦即象也，《程傳》五十一頁，三行〈訟象傳〉「利見大人，尚中正也，不利涉大川，入於淵也。」

句下。伊川曰：

與人訟者，必處其身於安平之地，若蹈危險，則陷其身矣，乃入於深淵也，卦中有中正險陷之象。

訟卦坎下乾上，二五皆剛健中正，故有中正之象，下體坎二陽陷於二陰之中，故有險陷之象。中正，險陷之象皆在卦中，故卦爻即象，不假他求者也。《程傳》二四五頁，三行〈鼎卦辭〉前，伊川曰：

爲卦上離下巽，所以爲鼎，則取其象焉，下植爲足，中實爲腹，對峙於上者耳也，橫亙於上者鉉也，鼎之象也。

象在卦中，〈繫傳〉已明言之〈下繫第一〉「八卦成列，象在其中矣。」〈下繫第九〉「八卦以象告。」伊川云「象存乎卦」，確有所本，宋代諸儒如漢上、朱子、項平父等皆以卦畫爲象，又申伊川之意也。論卦爻之象，則有自然之象，《程傳》二十五頁，六行〈乾大象〉下，伊川曰：

乾道覆育之象至大，非聖人莫能體。

《程傳》三十三頁，七行〈坤大象〉下，伊川曰：

坤道之大，猶乾也，地厚而取其順傾，故取其順厚之象。

乾有覆育之象，坤見順厚之象。乾坤，天地也，天地之象，即爲自然法象之至大者。有卦形直見之象，皆爲實象。《程傳》一三七頁，一行〈頤卦〉下，伊川曰：

卦上艮下震，上下二陽爻，中含四陰，上止而下動，外實而中虛，人頤頷之象也。

《程傳》一一二頁，五行，〈噬嗑卦〉下，伊川曰：

> 卦上下二剛爻而中柔、外剛中虛，人頤口之象，中虛之中，又一剛爻，爲頤中有物之象。

二卦皆由卦畫直見其象，餘卦多爲意象，蓋象由人心而生，人得此理，即以物類象之，卦象合二體之象，必經作者（作易者）之意構，所謂意象也，《程傳》八十七頁，十行〈謙卦〉下，伊川曰：

> 爲卦坤上艮下，地中有山也，地體卑下，山高大之物，而居地之下，謙之象也。

地上而山在下，爲地中有山，地中不能有山，地中有山，人意構之也。山高本在地上，今而居地之下，故爲謙卑之象。此亦人意中所見之象也，《程傳》九十二頁，三行〈豫卦辭〉「利建侯行師」句下，伊川曰：

> 豫之義所利在於建侯行師，諸侯和順，民心悅服，兵師之興，眾心和悅，則順從而有功，又上動而下順，諸侯從王師，眾順令之象。

按豫卦震上坤下，二體之象，上動而下順，合二象而爲「衆順令」之象，上動下順，不限於「衆順令」，而以爲利行師之象者，作者之意爲之，此《易》象，多爲意象也。然象者，理之表徵，事物之縮影，雖有構境，亦必以事物爲依據。故伊川論象，特重自然之象，以爲設卦製器，皆取諸自然之象也。《程傳》二四五頁，七行，〈鼎卦〉前，伊川曰：

> 或疑鼎非自然之象，乃人爲也，曰：固人爲也，然烹飪可以成物，形制如是則可用，此非人爲，自然也，在井亦然，器雖在卦先，而所取者，乃卦之象，卦復用器以爲義也。

審伊川之意，卦象本取諸自然之象，鼎雖物也，然其可以烹飪，可以利用，則自然之象也。蓋象，先有自然之象，聖人察見自然之象，而生意象，即此意象，以爻畫表而出之，則爲卦爻之象，是即以象告人也。至於爻象，類別尤繁，然其或分或合，要不離於卦象，故有卦爻合見之象，《程傳》二四九頁，五行，〈鼎六五爻〉下，伊川曰：

五在鼎上，耳之象也。

又九行〈上九爻〉下，伊川曰：

在上、鉉之象。

六五，爲耳之象，上九，爲鉉之象，皆以在鼎之上故，此卦爻合見之象也，《程傳》二六五頁，十行，〈歸妹初九爻〉下，伊川曰：

女之歸，居下而無正應，娣之象也。

居下而無正應爲娣之象者，正以其在歸妹之卦也，此亦卦爻合見之象。然卦每因二體之象以起象，爻直取物以爲象，爻之取物，又因位而定，位異，則爻所取之物亦異，《程傳》二四四頁，三行〈革上六爻〉下，伊川曰：

龍虎，大人之象，故大人云虎，君子云豹也。

革九五爻曰「大人虎變」，上六爻曰：「君子豹變」，九五有虎之象，以當尊位，上六，爲豹之象，以其居無位之地，位異而取象亦異也，或因爻之才位而生象。《程傳》五十頁，九行〈訟彖傳〉「訟有孚窒惕中吉，剛來而得中也。」伊川曰：

> 據卦才而言，九二以剛自外來而成訟，則二，乃訟之主也，以剛處中，中實之象，故爲有孚，處訟之時，雖有孚信，亦必艱阻窒塞而有惕懼，不窒則不成訟矣。

九二以剛處中，有中實之象，剛陽其才質也。處中，所居之位也，此因爻才、爻位所生之象也。或由爻位之形勢而見象《程傳》八十五頁，九行，〈大有九三爻〉「公用享於天子，小人弗克」下，伊川曰：

> 三、居下體之上，在下而居人上，諸侯人君之象也。

以三之位勢而言，在下體而居人之上，故有諸侯人君之象，爻象又有動靜之分，靜象因位而見，《程傳》一四六頁，五行〈坎卦辭〉前，伊川曰：

> 陽居陰中則爲陷，陰居陽中則爲麗，凡陽在上者，止之象，在中，陷之象，在下，動之象。

陽在上者，止之象，在下者動之象，是爻象有動靜之分，因位而見。也止，即靜象也，陽性好動，在上而止者，動無所之也。動象更由爻之相與，爻之進退而見之《程傳》三十九頁，十行〈屯初九象傳〉「以貴下賤，大得民也。」下，伊川曰：

> 九，當屯難之時，以陽而來居陰下，爲以貴下賤之象。

九以陽而來居陰下，爲爻之進退也，於是而有以貴下賤之象，即爻之動象也，《程傳》七十二頁九行行〈泰初九象傳〉「拔茅征吉，志在外也。」，伊川曰：

時將泰，則群賢皆欲上進，三陽之志，欲進同也，故取茅茹彙征之象，志在外，上進也。

茅茹彙征，爲三陽同志上進之象，動象也。亦於爻之進退而見之。《易》尙法象，故六十四卦之大象，皆示人以法則，凡大象曰「君子以」，或「先王以」者，皆觀象而有所取也。《程傳》二十五頁，五行，〈乾大象〉曰：「天行健，君子以自強不息。」伊川曰：

卦下象，解一卦之象，爻下象解一爻之象。諸卦皆取象以爲法，乾道覆育之象至大，非聖人莫能體，欲人皆可取法也，故取其行健而已，至健固足以見天之道也，君子以自強不息，法天行之健也。

天行至健，所謂不息不已也，不息不已，此即天道耳，君子自強不息，即所以法天行之健，人孰不能自強，患在其不爲耳，非不能也，伊川於乾象發其端，以見卦象（大象）示人以法則，諸卦皆然，皆示人以法則也，或觀象以立德，如升大象曰：「君子以順德積小以高大。」或觀象以行事，如〈遯大象〉曰：「君子以遠小人不惡而嚴。」或以爲戒備，如〈萃大象〉曰：「君子以除戎器戒不虞。」或以之修省，如〈震大象〉曰：「洊雷震，君子以恐懼修省。」其大者，先王觀自然之象以興作，皆符於法天之義、象之與辭又相因而立，凡卦爻下之辭，皆爲象而繫。蓋辭所以明象，而象亦見乎辭矣《程傳》二七六頁，十行〈旅上九〉「鳥焚其巢」句下，伊川曰：

巢，鳥所安止，焚其巢，失其所安，無所止也。在離上爲焚象。

旅卦艮下離上，上九居至高之位，鳥飛至高，巢亦在高處，故有鳥巢之象，上體離爲火。故見焚象，卦爻有焚巢之象，而辭則曰：「鳥焚其巢。」是辭爲象而繫，象亦見乎辭矣。〈大過上六〉「過涉滅頂，凶。」伊川曰：「因澤之象（澤滅木，大過）而取涉義。」因象立辭之意尤明，卦爻下之辭，皆爲象而繫，〈大傳〉已發其端曰：「彖者，言乎象者也，爻者言乎變者也（上繫第三）。」《正義》即曰：「彖，卦下之辭，言說乎一卦之象也，爻下之辭，言說此爻之象改變也」清儒孫夏峰言之尤切曰。「《易》專言象，彖爻、十翼皆因象以爲辭。」（讀易大旨）伊川嘗曰「予所傳者辭也。」（易傳序），非僅重辭而已，蓋由辭可以觀象，由象足以明理，故由辭而象而理，則《易》之體用備矣。

《全書卷二十二，語七上》六頁下，九行，伊川曰：

> 理，無形也。故因象以明理，理見乎辭矣。則可由辭以觀象。

伊川所重之辭，《易》之辭也，所以重《易》之辭者，以由辭可以觀象，由象可以推理，則辭實爲象之辭，非捨理象而尚不根之辭也，象與數相關尤切，故曰：「有理而後有象，有象而後有數。」同頁下一行，張閎中以書問《易傳》不傳，及《易》之義本起於數，伊川曰：

> 《易傳》未傳，自量精力未衰，尚冀有稍進爾，來書云《易》之義本起於數，謂義起於數則非也，有理而後有象，有象而後有數。

然義理本也，象數末也，得其義，則象數在其中，不必捨本以逐末，步術家之後塵也。

同頁六行又曰：

> 《易》因象以知數，得其義，則象數在其中矣，必欲窮象之隱微，盡數之毫忽，乃尋流逐末，

術家之所尚，非儒者之所務，管輅，郭璞之學是也。

「得其義」之義，謂《易》之義；即義理也（《易》爲義理之宗）觀上行自知，象數在義理之中，不能捨義理而空言象數，專究象數而不原於義理，則爲捨本而逐末，非學者當務之急，故伊川不願人刻意求象數，蓋深恐重蹈漢儒醉心象數之流弊，以爲《易》中一字一句，皆源於象數，於《易》有不可解者多方穿鑿安排，以巧取迎合《易》義，於是《易》義反益茅塞之矣，故伊川說《易》一掃象數而廓清之，誠爲得其根本矣。蓋《易》因象以知數，即象而數在，奇偶之畫，即象即數，三才三極皆象而數亦寓焉，足見象數一體而不可分，皆理之顯用也。

結語

謹按《易》之綱領在象，故〈下擊第三〉曰「《易》者象也。」卦爻皆象也，故〈下繫第一〉曰：「八卦成列，象在其中矣。」〈下繫十二〉曰：「八卦以象告。」則《易》不過象而已矣，伊川以爲象存乎卦，象在卦中（引見章內）足明象不離夫卦爻，捨卦爻而言象，則象爲無源之泉，無根之木矣。《易》之象始於奇耦，見於六畫，奇耦六爻，往來上下，千態萬狀，象之變化，固無窮已，而又於節外生枝，象外起象，鑿空臆造，巧取安排，以晦塞《易》理，則漢儒言象之過也。伊川則非然。六十四卦以二體八純卦之象爲基本，八純卦乾坤震巽坎離艮兌，有天地水火雷風山澤之象，皆自然之象也，伊川論象，特重自然之象，蓋象先有自然之象：自然之象，亦即自然理則之顯用，伊川所謂「有理而後有象也。」以理爲體，以象爲用，故於《易傳序》倡其大義曰：「至微者理也，至著者象也。體用一源，顯微無間。」蓋卦畫以寫天地萬物之象，卦象以擬萬有變化之理，象原於理，理寓乎象，二者相爲體用，不過一隱一顯而已。伊川論象之宗旨，舉在於斯，前代作《易》先察見自然之象，而後意象生焉，即此意象以卦畫表而出之，是之謂象。象即在卦畫之中，惟卦畫所示之象，又有物象意象之別，約而言之，物象實可直見其象，意象虛必察而後見意，非僅象一人一物一事，所以廣喻事理，而爲表徵觀念之象也。昔許叔重說六書中指事之義曰：「視而可識，察而見意。」今若假以釋意象，於意涵尤爲明決，指事，則純爲意象也，清人王筠《說文釋例》於八字下釋指事之義曰：「事必有意，意中有形，象人意中之形，非象人目中之形。」善哉言也。《易》之意象，即作者意中之形象，此意中之象，雖可由卦畫而推知，然視物象差緩，蓋以意象，經作者意中之構境，乃由象而生之象，須察而後見也。象有其用，〈上繫十二〉「書不盡言，言不盡意。……聖人立象以盡意。」蓋象所以濟言語之窮，言之所不能盡，所不可盡者；惟象足以勝舉之。故言象，則兼賅一切，固不可執一以觀求，此象之所以異乎語言之用也。《易》之大象，更示人以法則，伊川亦亟言觀象取法之義。觀象取法，實直承先民法天之傳統思想，《易》復顯言之耳，如天行健君子以自強不息。隨以時，君子以嚮晦入宴息，一作一息，均出日用之常，著法天之義。至於改革創制，文物數度，亦皆觀象而興作，象之大用畢舉矣，伊川嘗重《易》辭曰：「予所傳者辭也。」以辭爲理與象之匯歸，曰：「象以明理，理見乎辭。」蓋仍本〈大傳〉之旨趣，〈上繫第二〉「聖人設卦觀象，繫辭焉而明吉凶。」則卦象辭本一脈相承也。

〈下繫第九〉「爻彖以情言。」（《本義》爻彖，謂卦爻之辭）此「情」字，當係天地萬物之情。於〈彖傳〉釋卦辭後，往往繼言：「此天地萬物之情」可見，而〈下繫第九〉又曰：「知者觀其彖辭，則思過半矣。」因辭可以見天地萬物之情，於《易》義庶幾盡之。故又曰「於是始作八卦，以通神明之德，以類萬物之情」（下繫二章）情見乎辭，故又曰：「君子居則觀其象而玩其辭。」（上繫第三）由是知〈大傳〉之重乎辭，其旨可略見也，伊川曰「予所傳者辭也。」非徒重辭而已，以由辭可以觀象，由象可以達理。辭，特理、象之津梁耳。故謂伊川之重辭，無寧謂其重象與理而已。

參考書目

《周易集解卷十三、十一》、《周易玩辭卷一》、《周易正義》、《漢上易傳卷五》、《周易傳義附錄》、《周易本義》、《周易內傳卷二上・一上・三下・五上・六上・六下》、《尚書益稷・胤征》、《禮記樂記・郊特牲》、《清儒學案卷一》、《國語周語下》、《荀子天論》、《左傳僖十五年》、《易學象數論》、《易象鉤解》、《易圖明辨一、十》、《文公易說卷三、八、十一、十二、十八、二〇》、《橫渠易說卷一、三》、《紫巖易傳卷八》、宋趙汝楳《易雅象釋第六》、宋王炎《讀易筆記自序》、《周易外傳卷五、六、七》、《周易義海撮要卷七、八、十二》。《理學宗傳卷二十二》、《經義考卷四、十五、廿三》、《宋元學案卷二十、二十八》。
《周易略例》清吳澹泉《周易集註序》、《周易內傳發例》、《思問錄外篇》。

二、數

數，有自然之序數，一二三四五六七八九十是也。故數始於一，立於一，一生二，二生三，以至於無窮，是爲天地人物所生之數序。《全書卷十九．語四》六十一頁，七行，伊川曰：

> 有一便有二，纔有一二，便有一二之間便是三，已往更無窮，老子亦言三生萬物，此是生生之謂易，理自然如此。

按數始於一，立於一，自來先民觀念類如此，老子已言，道生一，一生二，二生三，三生萬物。（三十六章）班孟堅《漢書律曆志》曰：「天之數始於一，終於二十有五。……地之數始於二，終於三十。」⑧許叔重《說六解字第一篇》一字下曰：「惟初太極，道立於一，造分天地，化成萬物。」以起於一以下爲自然之序數，亦自然之情理也，伊川論數，特重此自然之序數，凡《易》中計時日遠近之數，皆即常情以通釋之，意此即數也，故以三爲極（言多）數，《程傳》五十五頁，六行〈師九二〉「在師中吉无咎，王三錫命。」句下，伊川曰：

> 在師專制而得中道，故吉而無咎。凡師之道威和並至則吉也，既處之盡其善，則能成功而安天下，故王錫寵命至於三也，凡事至於三者，極也。

九者重（說文作緟）之多《程傳》二五三頁，一行〈震六二爻〉「躋于九陵」，句下，伊川曰：

躋，升也，九陵，陵之高也，九言其重，岡陵之重，高之至也，九，重之多也，如九天九地也。

十者，衆辭，《程傳》二〇七頁，二行〈損六五〉「或益之，十朋之龜，弗克違，元吉。」句下，伊川曰：

> 六五於損時，以中順居尊位，是人君能虛中自損以順從在下之賢也，十，衆辭，龜者，決是非吉凶之物，衆人之公論，必合正理，雖龜筴不能違也。

又數之終，以象事之終，《釋傳》一二八頁，二行〈復上六爻〉「迷復凶，至於十年不克征。」句下，伊川曰：

> 以陰柔居復之終，迷而不復，其凶可知，十年者，數之終，至於十年不克征，謂終不能行。

十，數之終，謂終不可用，無所往而利也，蓋本春秋內外傳十爲數盈，數極之意。《左傳莊十六年》「使（鄭人招公父定叔反國）以十月入，曰：良月也，就盈數焉。」此以十爲盈數，昭四年，子產曰：「汏而愎諫（謂楚），不過十年。」言十年之內，必遭禍敗，亦以十爲盈數，又《國語魯語下》仲尼曰：「長者不過十，數之極也。」十爲盈數，又數之極，仍就自然之數序言：伊川以十爲數終，終即引申盈、極之義，明儒王船山《周易內傳卷二下》曰：「十年，數之極也，天道十年而一改。」又卷二下曰：「《易》屢言十年，要皆終竟之辭。」又承伊川之義也。三、十，以計時之久暫，各隨其事而異也。《程傳》一五〇頁，九行。〈坎上六爻象傳〉「上六失道，凶三歲也。」句下，伊川曰：

> 以陰柔而處極險之地，是其失道也。故其凶，至於三歲也。言久，有曰十、有曰三，隨其事也，陷

於獄至於三歲，久之極也，它卦以年數言者，亦各以其事，如三歲不興、十年乃字是也。

朱子謂《易》中言年月日之數爲象數之數《文公易說卷四》曰：「凡言十年、三年、五年、七月、八月、三月者，想是象數中自有個數如此，故聖人取而言之。」至九六之數，《易》以代陰陽爻，諸家釋之者衆，得之者寡。《周易正義》「陽爻稱九，陰爻稱六，其說有二，一者乾體有三畫，坤體有六畫，陽得兼陰，故其數九，陰不得兼陽，故其數六；二者老陽數九，老陰數六，老陰老陽皆變，《周易》以變者爲占：故稱九稱六。」《正義》以前，易家釋九六者惟存此說，李氏《周易集解》保存經說古義有功，而於九六說亦闕，自是以降，異說紛紜，大抵引申《正義》二說而已，文繁不具引。伊川僅以九六爲陰陽數之盛者而已。《程傳》二十三頁，六行〈乾初九爻〉下，伊川曰：

下爻爲初，九、陽數之成，故以名陽爻。

又三十三頁八行，〈坤初六爻〉下，伊川曰：

陰爻稱六，陰之盛也，八，則陽生矣，非純盛也。

九爲純陽，陽數極於九也，六，爲純陰，以河圖之數明之，今傳河圖最下一列之數爲六，次上一列，爲陽數一，故曰過六，則一陽生，至八，則非純陰，《全書卷二十語五》五頁，七行，伊川曰：

先儒以六爲陰，八爲少陰固不是。……九六，只是純陰純陽，惟六爲純陰，只取河圖數見之，過六則一陽生，至八便不是純陰。

伊川不信老少之說，只以九六爲陰陽之數，取其爲純陰純陽而已，九爲純陽易見（陽數極於九），六爲純陰者，由河圖之數可見，河圖最下一列之數爲六，六之上一列，爲陽數一，故曰：「過六則一陽生，至八便不是純陰。」然於此頗有可疑者，伊川不信圖書，何以此處獨言之？按今傳河圖六與一爲遞次序列，而一在六之上，故云過六，則一陽生，一之上，在左爲八，右有二、四兩陰數，與八縱列平行，八非純陰，則二與四亦非純陰，故獨取六爲純陰之數也。惟臨剝復三卦《程傳》釋八月，七日等文，用漢儒十二消息卦之說，在臨所謂「自復至遯，自建子至建未，陰長而陽消。」《程傳》一〇五頁，末行〈臨彖傳〉「至於八月有凶，消不久也。」句下，伊川曰：

　　臨二陽生，陽方漸盛之時，故聖人爲之戒云：陽雖方長，然至於八月，則消而凶矣。八月謂陽生之八月，陽始於復，自復至遯，凡八月，自建子至建未也，二陰長而陽始消矣，故云消不久也。

在剝言氣之消息曰陽剝爲坤，陽來爲復，《程傳》一二四頁，二行，〈剝上九爻〉下，伊川曰：

　　或曰剝盡則爲純坤，豈復有陽乎？曰，以卦配月，則坤當十月，以氣消息言，則陽剝爲坤，陽來爲復，陽未嘗盡也，剝盡於上，則復生於下矣。

在復論消長之道，以爲姤陽始消，七變成復《程傳》一二五頁，八行，〈復卦辭〉「反復其道，七日來復。」句下，伊川曰：

　　謂消長之道；反復迭至，陽之消至七日而來復，姤、陽之始消也，七變而成復，故云七日，謂七更也，臨云八月有凶，謂陽長至於陰長，歷八月也，陽進則陰退，君子道長，則小人道消，故利有攸往也。

皆本虞干二氏之遺音。〈臨彖傳〉八月之文謂自復至遯，凡八月，即一陽生（復）至二陰長（遯）之月，十一月（復）至六月（遯）也，曰：「自建子至建未。」即十一月至六月也。〈姤彖傳〉「天地相遇。」下《集解》引九家易曰：「陽起子。」十一月爲子，自此而後數之，至遯當爲未月，自復至坤凡歷陽息之卦六：陰消之卦六，則爲十二消息卦，以卦配月，伊川承用虞干二家之言也，《程傳》一二四頁〈剝上九爻〉下，伊川曰：

陽剝爲坤，陽來爲復。

陽剝爲坤，此陰之消乾，陽來爲復，此陽之息坤，十月爲純坤之月，陽氣剝盡，十一月，爲一陽來復之月，故以復配之，仍用十二消息卦之說，〈復彖傳〉「七日來復」句下，伊川曰：

姤、陽之始消也。七變而成復。

自姤至復歷七月故曰「七變而成復。」仍用消息卦之說，但自姤至復，本言七閱月，而經言「七日」故伊川又續之曰：「謂七更也。」伊川於《易》主說義理，平居不用漢儒言象之說，而於臨、剝、復三卦，蓋不得已而用之，亦猶輔嗣釋「七日來復。」而用六日七分之說，同於康成，則《易》象蓋有不可悉廢之處，漢儒去古未遠，前代《易》家所貽舊義，猶有存焉者也。又以卦爻之位計時數，卦位六、七乃更始，《程傳》二五二頁，一行，「震來厲，億喪貝，躋于九陵。勿逐，七日得。」句下，伊川曰：

卦位有六、七乃更始，事既終，時既易也。不失其守，雖一時不能禦其來，然時過事已，則復其常，故云七日得。

七爲時變之數，則合象數而爲一，以卦爻之位，序列儼然有內外貴賤之象，復有初、二、三、四、五、上之位數也，《程傳》二九九頁，一行，〈既濟六二爻〉「婦喪其茀，勿逐，七日得。」下，伊川曰：

二，陰也，故以婦言，茀，婦人出門以自蔽者也，喪其茀則不可行矣，逐者，從物也……戒勿逐。自守不失，則七日常復得也。卦有六位，七則變矣。七日得，謂時變也。

又謂十干之甲庚，所以表日數，甲爲數之首，庚爲變更之始，先甲後甲，先後於此日也。究其所以然，慮其將然，爲救弊可久之道，蓋審愼之意也。故制作云甲，號令云庚，甲者開端，庚者更作，《程傳》一〇〇頁，末行，〈蠱卦辭〉「先甲三日，後甲三日」句下，伊川曰：

甲，數之首，事之始也，如辰之甲乙，甲第，甲令，皆謂首也。事之端也，治蠱之道。當思慮其先後三日，蓋推原先後爲救弊可久之道。先甲：「謂先於此，究其所以然也；後甲，謂後於此，慮其將然也，一日、二日至於三日，慮之深，推之遠也。……此古之聖王所以新天下而垂後世也。……甲者事之首，更者變更之首，制作政教之類則云甲，發號施令之事則云庚，庚猶更，有所更變也。」

論甲庚，悉按十干之序，故甲爲數之首，戊己爲中，過中則變而庚當之，蓋原始要終之義，伊川論甲庚，亦就其自然之序，以爲興作，謀始，令終之數計；亦合象數而爲一，並重序數之意也，《程傳》

二七九頁，末行〈巽九五爻〉「貞吉悔亡無不利，無初有終，先庚三日，後庚三日吉」句下，伊川曰：

> 五居尊位，爲巽之主，命令之所出也，然巽者：柔順之道，所利在貞，既貞則吉而悔亡，無初，始未善也，有終，更之使善也，先庚三日，後庚三日，出令更改之道，當如是也。」

《易》中之數，伊川歷論天地之數，天地生成之數，大衍之數。天地之數者，〈上繫第八〉曰：「天數五，地數五，五位相得而各有合，天數二十有五，地數三十，凡天地之數五十有五，此所以成變化而行鬼神也。」；天地生成之數者，〈上繫第十〉曰：「天一地二，天三地四、天五地六、天七、地八、天九地十。」後儒多以此爲生成之數也；大衍之數者，〈上繫第八〉曰：「大衍之數五十，其用四十有九。」是也，伊川論天地之數，則述〈繫傳〉「成變化而行鬼神」之言。《全書卷四十六・伊川經說一》五頁，六行，伊川曰：

> 天地之數五十有五，成變化而行鬼神者也，變化言功，鬼神言用。

論生成之數，則曰：「二五合而成陰陽之功。」蓋天地之數與生成之數，同其功用，要爲萬有變化生成之統紀也。同頁下，八行，伊川曰：

> 天一，生數，地六，成數，才有上五者，便有下五者，二五合而成陰陽之功，萬物變化，鬼神之用也。

漢儒鄭康成已言天地生成之數⑨伊川直以爲天五以上數爲生數，地六以下五數爲成數，此爲天地生成之數，二五密切配合以生以成，故曰：「才有上五者，便有下五者。」二五合而成陰陽之功，萬有由是而生成變化，鬼神之德用亦彰，是生成之數與五十有五之數，同其功用，成變化，行鬼神，即陰陽之全功也。謂大衍之數，始於一，備於五，小衍之而成十，大衍之，則爲五十，其用四十有九者，損一以爲用也，同頁，四行，伊川曰：

大衍之數五十，數始於一，備於五，小衍之而成十，大衍之則爲五十，數之成也，成則不動，故損一以爲用。

五十之數，漢儒以下說法不同，大抵各以己意，引事比附，以足五十之數⑩，此數究象何事，何義？諸家之言皆如射覆，其是非孰或辨之？故伊川直云五十，不以他數強合也，伊川言數，又與氣並稱，以爲數者，氣之用，《全書卷四十六》五頁，三行，伊川曰：

有理則有氣，有氣則有數，行鬼神者，氣也，數，氣之用也。

曰氣，蓋指乾元之氣，因其流行不息之作用，以著造物變化之功跡，乃所以釋繫傳「成變化而行鬼神」之意。又以生成之數相合而成化育之功（二五合而成陰陽之功），皆以見夫「數」之作用，默運無形，陶鈞萬有，微妙無方，不可思議。凡數之所在，即見氣之功用，故曰：「數者，氣之用。」非數更爲氣之用（即非體用之用）也。宋儒蔡沈所謂「非窮神知化者，曷足以語此。」即就數之妙用而言也，《宋元學案卷六十七・九峰學案》一二〇六頁，三行，曰：「嗟夫，天地之所以肇者，數也，人物之所以生者，數也。萬事之所以失得者，亦數也。數之體著於形，數之用妙乎理，非窮神知化，獨立物表者，曷足以與此哉？」綜是，知伊川論《易》數，不外天地之數五十有五，生成之數二五，大衍之數五十而已。其次，則重數度之數，以〈節卦大象〉有數度之文，人觀自然法象以制立數度，數有多寡之差，度因數以爲節，度亦數也，於此以見象數之不可分，《程傳》二八八頁，四行〈節大象〉「澤上有水節，君子以制數度，議德行。」下，伊川曰：

> 澤之容水有限，過則盈溢是有節，故爲節也，君子觀節之象以制立數度，凡物之大小，輕重、高下；文質，皆有數度，所以爲節也，數。多寡；度、法制、議德行者，存諸中爲德；發於外爲行，人之德行當義則中節。議，謂商度，求中節也。

數度之數，緣象而起，伊川所以序象於數之先也，數度之數既本於《易》，復於文獻有徵。《左傳隱五年春》「公將如棠觀魚者，臧僖伯諫曰……君將納民於軌物者也。……不軌不物，謂之亂政。……三年而治兵……歸而飲至，以數軍實，昭文章（車服旌旗），明貴賤，辨等列，順少長，習威儀也。」傳所謂軌物，即文物數度也，所云文章，貴賤等列，皆有數度以爲之節，伊川謂大小、輕重、高下、文質皆有數度，所以爲節也，悉本左氏論文物數度之遺意，而以詮釋〈節大象〉「數度」之文，亦見其於《易》數之觀點，極爲卓越也，當非穿鑿象數以亂《易》理之流，所能望其清塵也，故數度之數，自爲文物之數，當即天地自然之數序，在宇宙，則有天秩，在人倫而有禮文，皆爲數之綱紀，所謂有物必有則也，於《易》，則數因象而起，於天地，則數因氣而見，曰：推數可以知來物《全書卷四十六》，四頁，一行，伊川曰：

> 推數可以知來物，通變不窮，事之理也。

觀歷史一代之興亡，國運之盛衰，數也，常見名之曰氣數者皆是。此後朱子亦謂氣，便是數，《文公易說卷二》曰：「氣便是數。有是理便有是氣，有是氣便有是數，物物皆然，最是七八九六，與一二三四極巧，一是太陽，餘得個九在後面，二是少陰，後面便是八、三，是少陽，後面便是七，四，是太陰，後面便是六，這皆是造化自然如此。」《卷十八》又曰：「所謂數者，只是氣之分限節度處，得陽必奇得陰必偶；凡物皆然。」此顯承伊川之意，蓋數似天定，非由人力。伊川所以以數爲氣之用，則此氣此數是也，論其序，則數由於氣，氣原於理，象數氣，皆自理而來也。

結語

謹按《易》道一陰一陽，實則一奇一偶之畫而已，奇畫象陽，偶畫象陰，奇偶錯綜而象生無窮，奇數一、偶數二、一二以次衍生之數亦無窮，象數雖二名而其原於奇偶之畫則一，故象數本一體而不可分，伊川以象數有聲色臭味（語四十六頁），則象數，皆形而下者也，吾人言語之次，每曰象數，數即緣象而立，因象而後見也。《易》中惟奇偶之數，爲自然之數，《易》之數，復以奇偶爲基本，蓋奇偶以象天地陰陽之變化，類取自然之法象也，伊川論數，特重自然之序數，《易》中凡言年月日之數，伊川即就數字之恆情釋之，其釋甲庚，亦因天干之原有序列，以甲庚所以象日數，如〈郊特牲〉曰：「日用甲。」是古擇日有用甲之事，蓋有所取，故伊川以甲爲數之首，用甲以象創制，庚爲改革之候，用庚以象改作，先甲先庚，所以慮始，預爲之地也；後甲後庚，所以戒來，欲其持久也，曰「戊己爲中，過中則變。」而庚適當之，故以庚為更改之象數，固不失十干之原序。而以卦爻六位，象時日之數，蓋本虞仲翔「數者，六畫之數。」（集解卷十四）而更敷暢之，曰「卦位六、七，乃更始，七為時變之數，此仍循卦爻之自然序數，亦合象數為一之義也，《易》中之數，伊川惟論天地，生成，大衍之數三者，天地之數，為自然之數。伊川論天地之數，惟曰「成變化而行鬼神。」以見夫「數」之功用，不過述〈大傳〉之文而已。論生成之數，則不以五行相配，原其立意，似本（繫傳）「乾知大始，坤作成物」（上繫第一）之文。故謂「乾始物之道易，坤成物之能簡」⑪又曰：「乾始物而有象，坤成物而體備。」⑫乾坤即象天地，始猶生也。天地有生物成物之道，當有生成之數也。論大衍五十，則以此為推衍之數，故曰：「小衍之而成十，大衍之則為五十。」而其衍之之法，則未明言，要以此為推衍蓍法時所用之數耳。⑬故曰：「五十為成數而不動，必損一以為用。」乃合於蓍法之用數也，伊川論數，又與氣連稱，曰：「數者氣之用。」（引見本章）此氣蓋指乾元之氣，絪縕默運以化育萬物，氣之推蕩開合，往來升降，又原於消息，而數則因其盛衰（消息之故）之勢而有有形無形之差異，此亦由於大化之自然，故盈天地間，無非是氣即無非此數。此固為不假安排而自然契合之數也。伊川又因數而及數度，數度亦不外自然現象之產物，蓋天尊地卑，山高澤下，日月麗乎天表，江河流於地中，天地陰陽之數如此（即自然律則）人道有禮文倫紀之品秩，車馬衣服之章彩，進退揖讓之儀式，皆有自然之數序，以為之調節，亦本諸自然之法象，漢儒董生謂「王者制官之數，皆取象於天。」⑭誠有所見也。數因象而見，伊川言象數，則先象而後數，故曰「《易》因象以知數」⑮《易》既因象以知數，固不能捨象以求數，象數均在義理之中，尤不能捨義理而空言象數，若專究象數而不原諸義理，或委曲瑣細以求之於毫忽之間，則為舍本而逐末，其所究心之象數，必流入術數之域，而與星相卜士等伍齊觀矣。伊川雖言象數，而必以義理為主，大體皆源於經傳，惟釋九六，用河圖之數，釋臨八月，復七日，又沿漢儒十二消息卦之說，為千慮之一失，論象數之本原，曰：「有理而後有象，有象而後有數」（全書卷二十四，六頁）又曰：「有理則有氣，有氣則有數。」（全書卷四十六、五頁）以象、氣皆源於理，理一而已（理為萬有之本原）理體而象、氣皆用也，數不過因象或氣而見⑯，然伊川又以「數為氣之用。」則氣與數，又顯有層級之分矣。且象與氣之間，其義亦難明白，伊川曰：「《易》因象以知數。」則數之與象，要不過微有先後之別而已，而數之與氣，頗見層級之嫌，若然，則理也，氣也。數也，為三重矣，固不如朱子言「氣便是數」（引見章內），足以承彌其闕也。

參考書目

《老子第三十六章》、《漢書律曆志》、《說文解字第一篇》、《左傳莊十六年．昭四年．隱五年．桓二年》、《國語魯語下》、《周易內傳卷一下．五上．六下》、《紫巖易傳卷十》、《傳家易說釋九六》、《大易輯說卷三》、《易稗傳極數第三》、《丙子學易編，釋九六》、《文公易說卷四、二十二、三、四、十二》、《周易集解卷一、六、十四》、《先秦漢魏易例述評》、《周易義海撮要卷七》、《宋元學案卷六十七、二十八》、《孟子公孫丑》、《大戴記解詁卷八、明堂第六十七》、《渠易說卷三》、《笠宗先傳卷三論大衍之數》、《周易翼傳序》、《周易外傳卷六七》、《易學象數論卷四》、《經義考卷二十三》、馮著《中國哲學史第二篇第三章》、《經學通論論象數已具於易》、《周易姚氏學釋數第二》、《清儒學案卷一七二・大衍用數解》、《春秋繁露官制象天第二十四》。

【附註】

① 《二程全書卷二十二》六頁下，一行。

② 《全書卷十九》十六頁，六行。

③ 船山《周易內傳卷五上》。

④ 《全書卷四十六》五頁，三行。

⑤ 《孟子公孫丑下》孟子去齊，充虞路問曰，夫子若有不豫色然？曰，彼一時，此一時也，五百年必有王者興，其間必有名世者。由周而來，七百有餘歲矣，以其數則過矣，以其時考之則可矣。

⑥ 《周禮地官司徒》六德：知、仁、聖、義、中、和。六行：孝、弟、睦、姻、任、恤。

⑦ 「沖漠無朕」伊川語。伊川以理爲萬有之本原，故云然。引見第二章。

⑧ 〈上繫第八〉曰：「天數五，地數五，五位相得而各有合，天數二十有五，地數三十，凡天地之數五十有五，此所以成變化而行鬼神也。」

⑨ 見小著《周易鄭氏學》第三章一六〇頁。

⑩ 同上一六三頁。

⑪ 《二程全書卷四十六》一頁下，二行。

⑫ 同卷三頁下，十行。

⑬ 按伊川有《揲蓍法》，其文簡略，見《文公易說卷二》揲法中。

⑭ 《春秋繁露官制象天第二十四》，茲取其意。

⑮ 《全書卷二十二》六頁下，六行。

⑯ 在《易》，數因象而見，在自然界數因氣而見。

第五章　伊川論周易之義理

天人性命爲中國學術之極致。《易》言天人之理，性命之本原固已，然天道因人事而彰顯，捨人事而侈言天道，則所言之天道，直虛構之故事耳，荀子所謂「善言古者，必有節於今；善言天者必有徵於人。①」旨哉言乎！伊川論《易》之義理：性命之理，教戒之義，治化之要，即本人事以推天道，復即天道以修明人事者也。伊川論性命，自天理、天命而下逮於性，窮其本原也。復由心而性，而命，則又以爲入學之階梯也，其間有可尋之次第，故下學上達之事，無不畢具。研幾性命之理，先自吾心始，人心爲一身之主宰，實即性命之始基。故謂聖人之學，須求之於內，又謂心本善，心善而性固善。心即性之有形者耳，故論性承大《易》「繼善成性」之旨，繼道者善，所成之性自善，更因孟子道性善而主性善之說，以此爲本元之性。又別立氣質之性，以釋人性有善不善之行爲，引人發難？但伊川謂氣質可以變化，雖下愚亦無不可移之理，則勉人日晉於善之意也。於性命，即就〈乾彖傳〉「乾道變化，各正性命」之旨而反覆敷論之，並與〈說卦傳〉「窮理盡性以至於命。」之理，會通爲一，以天地萬物普遍之原理，即在吾人身心之間，自一身以觀天地，然後知己與理一，性中即有此理；命，亦天理之流行，則性命之理固通，而天人復合爲一矣。達乎性命之理知所修省，自強不息，戒愼乎其所不睹，恐懼乎其所不聞，心存敬畏，反躬切己，此則率性之事，《易》之教人，明於憂患與故，無有師保如臨父母（下繫第八）綜六十四卦，多修德防患之事，使人戒愼恐懼，日切修省，要在使人無咎而已，《易》以憂患爲書，即以憂患之意教人，故孔子曰「危者安其位者也；亡者保其存者也；亂者有其治者也。是故君子安而不忘危，存而不忘亡，治而不忘亂，是以身安而國家可保也。」（下繫第四）使人無一息之苟安，無一事之怠忽，明乎性命之理，朝乾夕惕，踐形盡性以至於命，成可大可久之業，則政舉俗美而治化日隆，於是性命之理得，教戒之義明，而治化之盛畢具。《易》之義理備矣。

一、性命之理

㈠原心

言性命，當自人心始，何以知性？曰，由心知之，心即性也。《全書卷十九．語四》三十一頁下，七行，伊川曰：

孟子曰：盡其心，知其性，心，即性也。

心之所具者即性，心具仁德，仁，即性之德，而天心亦至仁也，《全書卷三十九．外書十二》二十七頁，三行伊川曰：

> 天心所以至仁者，惟公爾，人能至公，便是仁。

心能至公便是仁，是心本具仁德，孟子謂「仁義禮智根於心。」（盡心上）又曰：「仁，人心也。」（告子上）皆是。心有生道，《全書卷二十三，語七下》二頁下，六行，伊川曰：

> 心，生道也，有是心，斯具是形以生，惻隱之心，人之生道也。
>
> 心有生道，而天地之大德曰生（下繫第一）（復象傳）「後其見天地之心乎」此句下，伊川曰：
>
> 一陽復於下，乃天地生物之心也。

足見人心與天心畢同，故欲窮性命之理，必先自心始，天命之謂性，性之有形者謂之心，然則命也，性也，心也，系脈相同一貫，而心爲之始基矣，伊川謂聖人之心如明鏡，如止水《全書卷十九》四十頁下，十行，伊川曰：

> 聖人之心，譬如明鏡……聖人心如止水。

聖人因物而不役於物，心如明鏡，外物入鏡時，妍媸立別，如止水，常在寂然不動之候，故能感而遂通天下之故，人何以能具聖人之心，則須養也，養心莫善於寡欲《全書卷十六．語一》三頁下，八行，伊川曰：

> 養心莫善於寡欲，不欲則不惑。

養之之方，心須作主，《全書卷十六．語一》二十一頁，十行，伊川曰：

> 人之有形體，未必能爲主，唯心，則三軍之眾，不可奪也，若心做主不得，則更有甚？

二頁四行又曰：

人多思慮，不能自寧，只是做他心主不定。人心宜有所主，故常教人主敬《全書卷二十四．語八上》三頁，下八行，伯溫問心，如何執持？曰：敬。

卷十九曰：「涵養須用敬。」又卷十六曰，「切要之道，無如敬以直內」伊川教人主敬，本《易坤文言》「敬以直內，義以方外」，主敬又重在主一，主一無適即是心作主，天君常在，神志清明，生意盎然，即見太和一元之流行、天理自然明，此涵養心志之第一要義也。

㈡性

伊川論性，直承〈大傳〉繼善成性之旨，〈大傳〉曰「一陰一陽之謂道，繼之者，善也，成之者性也。」（上繫五）故伊川曰：「順繼此道則爲善，成之在人謂之性。」《全書卷四十六，經說一》三頁，下一行，伊川曰：

道者，一陰一陽也，動靜無端，陰陽無始，非知道者，孰能識之，動靜相因而成變化，能順繼此道則爲善也，成之在人，則謂之性也。

繼善成性而以陰陽動靜言之者，謂天人相續之際也，故「動靜無端，陰陽無始」，所以釋「一陰一陽之謂道。」動靜蓋爲陰陽之動靜②謂二氣感應以相與，往來合闢，無一息之間，是爲無端無始，如此，而後道之功用乃顯，此所以能成變化而生育萬物，故曰「動靜相因而成變化。」此伊川溯性之本原也，明末陳乾初曰：「《易》繼善成性，皆體道之全功。在孟子則居仁由義，有事勿忘③繼之之功。反身而誠，萬物皆備者④，成之之候，繼之者，繼此一陰一陽之道，成之者成此繼之之功。」⑤按乾初言繼與成，皆自人之修爲言，即繼之成之，皆人所得而爲之者，亦人固不得不與力於其間之事，如孟子所謂居仁由義，即涵養之功，誰弗能爲？所謂反身而誠，則成之之驗。得之在我，故曰「繼善成性，皆體道之全功。」曰體者，人自能體行之者也。又以繼爲繼道，成爲成此繼之之功，與伊川之意正同。

道爲絕待，無有不善，道即理，理亦無不善，《全書卷四十六》四頁，十行，伊行曰：

《易》之道，其至矣乎！聖人以《易》之道崇大其德業也。知則崇高，禮則卑下，高卑順理，合天地之道也。高卑之位設，則《易》在其中矣，斯理也，成之在人則爲性，人心存乎此理之所存，乃道義之門也。

右段，伊川本以釋〈繫上第五〉子曰「《易》其至矣乎，夫《易》聖人所以崇德而廣業也，知崇禮卑，崇效天，卑法地，天地設位而《易》行乎其中矣，成性存存，道義之門。」全章之文，伊川謂《易》之道，合天地之道也，天地設位，高卑之分定，聖人法之而知禮之德崇，高卑順理，乃天地之道本如此：人稟天地陰陽五行之德而生。⑥其性亦具五常之理（知，禮固在其中）故曰：「斯理也，成之在人則爲性。」性者，道之所存，《全書卷二十八．語十一》四頁，四行，伊川曰：

自性而行皆善也，聖人因其善也，則爲仁義禮智信以名之，以其施之不同也，故爲五者以別之，合而言之皆道，別而言之，亦皆道也，舍此而行，是悖其性也，是悖其道也，而世人皆言性也。道也與五者異，其亦弗學歟，其亦未體其性也歟？其亦不知道之所存歟？

繼善成性，本原於道，稱性之善謂之道。（同卷三頁，下九行）推其本而名之也，道之流行，在天曰命，在人曰性，道以性爲大。（同頁九行），故性，即道之所在也，仁義禮智信五者，爲性善之德目，亦即道之表徵，五者合而言之，別而言之皆是道，五者自性而行，故性，即道之所存也，道善（理善）而性焉得不善，元李簡謂性善之源實出於繫傳繼善三句是也，李簡《學易記卷七》曰：「陰陽迭運者氣也，其理則所謂道也，理無不善，性豈有不善哉？性善之理，雖至孟子而益明，然其源實出於此。」故伊川仍主性善之說，以爲孟子功在諸儒之上，直以孟子昌明性善之說耳，《全書卷十九．語四》三十二頁，下三行，問，人性本明，因何有蔽？曰：

此須索理會也，孟子言人性善是也。雖荀楊亦不知性，孟子所以獨出諸儒者，以能明性也。

嘗謂孔孟言性不同，《全書卷二十四．語八上》二十頁，一行，隸問孔孟言性不同，如何？伊川曰：

孟子言性之善，是性之本，孔子言性相近，謂其稟受處不相遠也。

然而獨宗孟子者，論性之本原，孟子與《易傳》同揆也《全書卷四．先生語三》五頁，下四行，伊川曰：

孟子言性善，當隨文看，不以告子「生之謂性」爲不然者，此亦性也，被命受生之後謂之性爾，故不同，繼之以犬之性猶牛之性，牛之性猶人之性歟，然不害爲一，若乃孟子之言善者，乃極本窮源之性。

〈繫傳上第四〉曰：「一陰一陽之謂道，繼之者善也，成之者性也。」是道也，善也，性也爲一貫，而道者，又性之本原也，故伊川曰：「稱性之善謂之道。」性之所以善，以「善」繼天人者也。繼道而成之乎人故也，故曰：性善，性之本也，《全書卷十九》三十六頁，九行，伊川曰：

凡言性處，須看他立意如何？且如言人性善，性之本也。

人性皆善，不善非性之罪，其有不善者才也《程傳》二四四頁，一行〈革上六爻〉「君子豹變，小人革命。」下，伊川曰：

人性本善，皆可以變化。……人性本善，有不可革者，何也？曰：語其性，則皆善也，語其才，則有下愚之不移。

《全書卷二十．語五》八頁，三行，伊川曰：

才有善不善，性則無不善。

人之善與不善，取決於人之性與才，性善而才乃有不善，故伊川論性，每與才並舉，性才之別，其所自出者不同，以爲性出於天，才出於氣，《全書卷二十．語五》八頁，一行，伊川曰：

性出於天，才出於氣，氣清則才清，氣濁則才濁，譬猶木焉，曲直者性也，可以爲棟樑，可以爲榱桷者才也。

故分立本原之性與氣稟之性，同頁，下二行，伊川曰：

性相近也，此言所稟之性，不是言性之本，孟子所言，便正言性之本。

按本原之性與氣稟之性，即所謂天命之性與生之謂性《全書卷二十七・語十》三頁，七行生之謂性與天命之性同乎。

(曰)性字不可一概而論：生之謂性，止訓所稟受也，天命之謂性，此言性之理也，今人言天性柔緩，天性剛急，俗言天成，皆生來如此，此訓所稟受也。若性之理，則無不善，曰天者，自然之理也。

伊川以此分疏人之善惡，故謂孔子「性相近也」爲氣稟之性，善與不善，由茲而分，孟子性善說爲本原之性，則純乎其善者也，伊川性才之分，實即理氣之別，而性即理也；理無不善，《全書卷二十四・語八上》二十頁下，又問性如何？曰：

性即理也，所謂理性是也，天下之理，原其所自來，未有不善。

才有善不善者，蓋才稟於氣，氣有清濁，則才有厚薄，《全書卷二十七・語十》三頁，三行，伊川曰：

稟氣有清濁，故其材質有厚薄，稟於天謂性，質榦爲才。

伊川以才爲不善，及門弟子頗有質疑⑦而伊川答之未詳，言才既與孟子殊科，論性復與孔子不同，此其所以見訾於後世也。惟伊川又謂氣質可變，涵養之功，可以移其才氣《全書卷十九・語四》十四頁，一行，伊川曰：

除是積學既久，能變得氣質，則愚必明，柔必強。

氣質可變，須積學而至，《中庸》云：「人一能之己百之，人十能之己千之，果能此道矣。雖愚必明，雖柔必強。」積學之功如此其大。故雖下愚，無不可移之理（全書卷十九伊川語）後世謂伊川論人有善惡，徒責之於氣⑧（清顏習齋云）非公允之見也，伊川又以性爲實在，性雖不可目取，即理而言，性自在也《全書卷十九》五頁，八行，伊川曰：

且如性，何須待有物，方指爲性，性自在也，賢所見者事，某所言見者，理也。

伊川謂性即理，理盈溢於天地之間（引見章內）無所不在，事物須目擊而後見。然「理義之悅我心，猶芻豢之悅我口。」（孟子告子上）心所認知之理，較之目取之物事，尤爲眞切，故謂實理得之於心自別（宋案卷十五）誠有所見而云然。性實通命、天、心、情而爲一（《全書卷二十八．語十一》）。

㈢命

性，命，一理也，命者，道之用，造化之謂，蓋即天理流行之謂，所謂「維天之命，於穆不已」⑨是。《全書卷二十三．語七下》二頁，二行，伊川曰：

天命，猶天道也。以其用而言之，則謂之命，命者造化之謂也。

惟在人曰性，在天曰命而已《程傳》三二頁，十行〈姤九五象傳〉「有隕自天，志不舍命也」下，伊川曰：

命、天理也。

天理如何？曰「莫之爲而爲，莫之致而致，便是。」《全書卷十九》四十七頁，九行，伊川曰：

莫之爲而爲，莫之致而致，便是天理。

天，命，皆理之代稱，天者，理之所自出，命者，天理之流行。天理複詞一義，曰天者，理之自然者耳，蓋理一而已，在天曰命，賦予人曰性，故曰天命之謂性(中庸)天理，亦即正理，《程傳》五十三頁，一行〈訟九四〉「不克訟，復即命渝安貞吉」下，伊川曰：

命，謂正理，失正理爲方命，故以即命爲復也。……

伊川言命，固本於《易》，〈困大象〉「君子致命」、〈上繫第四〉曰：「樂天知命。」命之精義備矣，伊川於六十四卦之末，傳之終篇，又申義命之旨，所以明《易》爲性命之學，有命自天，而立命在人也。《程傳》三〇三頁，十一行〈未濟卦上九爻〉「有孚於飲酒無咎，濡其首，有孚失是。」句下，伊川曰：

九以剛陽在上，剛之極也，居明之上，明之極也，明能燭理，剛能斷義，居未濟之極，非得濟之位，無可濟之理，則當樂天順命而已，至誠安於義命而至樂，則可無咎，飲酒至樂也，不樂其處，則忿躁隕獲，入於凶咎矣。若縱樂而耽肆過禮，至濡其首，亦非能安其處也，有孚，自信於中也，失是，失其宜也，如是，則於有孚爲失也，人之處患難，知其無可奈何而放意不反者，豈安於義命者哉？

未濟上九，當六十四卦之末，居未濟之極，時位皆艱難之至，象人處患難之際，唯當樂天順命而已，故傳特本《易》中知命、致命之義而揭發「義命」二字，所以歸結《易》爲性命之學也。義命之文，本於孟子萬章上，萬章問曰，或謂孔子於衛主癰疽；於齊主侍人瘠環，有諸乎？孟子曰：否，不然，好事者爲之也，於衛主顏讎由，彌子之妻與子路之妻兄弟也，彌子謂子路曰：孔子主我，衛卿可得也，子路以告，孔子曰有命，孔子進以禮，退以義，得之不得曰有命，而主癰疽與寺人瘠環，是無義無命也。」孟子謂孔子進退以禮義爲據，得之不得曰有命，以得失委之於命，己則守義而已，義在己而可爲者也，命則不可強，聖賢唯在盡己，盡己自樂，顏子之居陋巷，禹稷汲汲於天下之飢溺，皆自以爲樂，是安於義命之實，伊川以罪徙蜀，自涪歸洛，須髮容貌盛於昔時，即於義命實踐而有得者也，按義命之旨《左傳》亦嘗言之，文公十三年曰：「邾文公卜遷於繹，史曰利於民而不利於君，邾子曰苟利於民，孤之利也，天生民而樹之君，以利之也。民既利矣，孤必與焉，左右曰：命可長也，君何弗爲？邾子曰命在養民，死之短長，時也，民苟利矣，遷也，吉莫如之，遂遷于繹，五月，邾文公卒，君子曰知命。」邾文公卜遷，不顧一己之生命而惟民之便利是圖，此義命之佳例也。君以利民養民爲職，君之義也，命之修短，委之而已，乃《易》所謂「致命」也，必知命而後能致命，義命之至也，知命致命之旨在《易》，抑又孔孟之遺訓也，孔子言「不知命無以爲君子」（論語堯曰）孟子言得之不得曰有命（萬章上）伊川嘗引以告其門人《全書卷十九》十七頁，四行，伊川曰：

家貧親老，須用祿仕，然得之不得爲有命，曰，在己固可，爲親奈何？曰，爲己爲親，也只一事，若不得，其如命何？孔子曰：不知命無以爲君子也。人苟不知命，見患難必避，遇得喪必動，見利必趨，其何以爲君子？

此皆伊川言義命之所本，命而以義輔之者，重天人之交修也，《全書卷四十六・伊川經說一》三頁，五行〈上繫第四〉「樂天知命故不憂」句下，伊川曰：

順乎理，樂天也，安其分，知命也，順理安分，故无所憂。

命定則當知命，窮塞禍患，不足以動其心，但行吾義而已，《易》所謂致命以遂其志也。《程傳》二三一頁，十一行〈困大象〉「澤無水困，君子以致命遂志」下，伊川曰：

澤無水，困乏之象也，君子當困窮之時，既盡其防慮之道，而不得免，則命也，當推致其命以遂其志，知命之當然也，則窮塞禍患，不足以動其心，行吾義而已。

貴賤壽夭固命，而仁義禮智亦命也，（語十六頁，八行），蓋在天者當安，在己者宜盡，所謂仁義盡人之道，命而曰義之意即在此，《全書卷二十八・語十一》十四頁，七行，伊川曰：

昔者聖人立人之道，曰仁與義，孔子曰，仁者，人也，親親爲大，義者宜也，尊賢爲大，（中庸第二十章）惟仁與義盡人之道，盡人之道，則謂之聖人。

故四支之欲，不務必得，曰有命，可學可爲之事，不委諸命者，當盡其在我也，《全書卷二十・語五》十四頁，四行，伊川曰：

口目耳鼻四支之欲，性也，然有分焉，不可謂我須要得，是有命也，仁義禮智，天道在人，賦於命有厚薄，是命也，然有性焉，可以學，故君子不謂命。

盡其在我，所謂君子以義安命也，《全書卷六，語九》三頁，下五行，伊川曰：

孟子曰：「求則得之，舍則失之，是求有益於得也，求在我者也；求之有道，得之有命，是求無益於得也，求在外者也。」（孟子盡心上），故君子以義安命，小人以命安義。

許魯齋曰：「凡事理之際有兩件，有由自己底，有不由自己底，由自己底有義在，不由自己底有命在，歸於義命而已。」⑩按魯齊釋義命，直申伊川之意而言尤簡切，君子重在盡己，盡己能由自己，必能充類至義之盡，而不暇計命，故能以義安命也，命爲中人以上言，中人以上於得失之際，不能無惑《全書卷十九》十七頁，十行，伊川曰：

聖人言命，蓋爲中人以上者設，非爲上智者言也，中人以上，於得失之際，不能無惑，故有命之說，然後能安，若上智之人，更不言命，惟安於義。……上智之人安於義，中人以上安於命，乃若聞命而不能安之者，又其每下者也。

故君子言義不計命《全書卷三十九．外書十二》三十三頁，八行，崇寧初，家叔舜從以黨人子弟補外官，知河南府鞏縣，請見伊川先生，問當今新法初行，當如何做？先生曰：

只有義命兩字，當行不當行者，義也，得失禍福，命也，君子所處，只說義如何耳。

《近思錄卷七》二一一頁，三行，伊川曰：

賢者惟知義而已，命在其中，賢者則求之以道，得之以義，不必言命。

聖人有義而無命，同卷十六頁，十行，伊川與和靖論義命，和靖曰，命爲中人以下說，若聖人只有個義，伊川曰：何謂也？和靖曰：「行一不義、殺一不辜而得天下，皆不爲也。」（孟子公孫丑上）奚以命爲？伊川大賞之。明乎義命之理。以義輔命，以至於行吾義而已，何庸斷之以命。

(四)性命

性命之學，自窮理入門，盡性至命，循序而然，《易傳》所謂「窮理盡性以至於命」是也，《全書卷二十四．語八上》二十一頁下，一行，伯溫問盡其心，則知其性，知其性則知天矣（孟子盡心上）如何？伊川曰：

盡其心者，我自盡其心，能盡心則自然知性知天矣。如言窮理盡性以至於命，以序言之，不得不然，其實只能窮理，便盡性至命也。

〈說卦傳〉「窮理盡性以至於命。」窮理爲入手工夫，下學之事也，盡性至命，上達之境也，明儒所謂即用識體者，於此可見，故曰「以序言之，不得不然。」心、性、天一理，心通乎性天，故盡心則能知性知天，天命一體，天者，理之所自出，命者天理之流行，知性可以知天，盡性即可以至命，至者，與之爲一，曰天，曰命，皆窮本極原之辭。窮理非一途，《宋元學案卷十五，伊川學案上》三五一頁，末行，伊川曰：

窮理亦多端，或讀書講明義理，或論古今人物，別其是非，或應接事物而處其當然，皆窮理也。

故須積學之久，而後始能貫通，同卷三六七頁二十二行，伊川曰：

所務於窮理者，非道須盡窮了天地萬物之理，又不是窮得一理便到，只是要積累多後，自然見去。

又三五二頁，一行，或問格物，須物物格之，還是格一物而萬物皆知？曰：

怎生便會該通，若只格一物，便通衆理，雖顏子亦不能如此道，須是今日格一件，明日格一件，積習既多，然後脫然有貫通處。

理自物類。同卷三五二頁，八行，問致知先求之四端如何？曰：

求之性情，固是切於身，然一草一木皆有理，須是察。

事業，同卷二六五頁，四行，曰：

天之賦與謂之命，稟之在我謂之性，見於事業謂之理。

以及天地萬物生成變化之原理，皆須窮究。同卷三四四頁，十一行，伊川曰：

天地之化自然生生不窮。……人氣之生，生於眞元，天地之氣亦自然生生不窮，往來屈伸（按指天地之氣），只是理也。

又三六八頁，十三行，伊川曰：

近取諸身，百理皆具，屈申往來之義，只於鼻息之間見之，屈申往來只是理，生生之理，自然不息，如復言七日來復，其間元不斷續，其理須如此。

右二段言理，即指天地萬物生成變化之原理（形上之本體）以此生生之理自然不息，而後天地之化乃能生生不窮，伊川以理爲實理，（實體，見宋案三五四頁，十行）即右段所云生生之理（生機）與他處所言之事理，條理不同，此理固當窮究。人識此理而反之於身，自一身以觀天地，然後知己與理一，合內外之道，而性命之學，於茲可入。《中庸》云「天命之謂性。」性命固一理，分而言之，「物（含人）所受爲性，天所賦爲命。」（程傳二十五頁，三行）故伊川謂窮理盡性知命，三者無異，《全書卷二十三·語七下》二頁，一行，伊川曰：

理也，性也，命也，三者未嘗有異，窮理則盡性，盡性則知天命矣。

而窮理盡性至命只一事，《全書卷三十八，外書十一》一頁下，九行伊川曰：

窮理盡性至命，一事也，才窮理便盡性，盡性便至命。因指柱曰，此木可以爲柱，理也，其曲直者，性也。其所以曲直者，命也，理性命，一而已。

性命之理，發自〈乾彖傳〉「乾道變化，各正性命」而宏揚於伊川，原委條貫粲然明著，人能通乎性命之微，順乎性命之正，則盡性至命之理得，天人之能事畢矣。

結　語

謹按性命之學，以《易》爲宗，六藝之教，歸極於性命，而《易》爲之原（句見漢志），《易》其至矣夫！天所賦爲命，人所受爲性，言性命，則天人之理該，知性命則天人之際通，性命，非神妙不可測度之事，即日用生活而可以知見，即身心之間而可以徵實，故研究性命之理，當自此心始，心者，一身之主宰，人性具體表現之方所也。伊川即以心爲性命之根基，心通乎性天，則窮性命之理，必先自吾心始，蓋天人之幾，人心可通，孟子曰：「仁，人心也。」（告子上），伊川謂天心至仁，則此仁心，即通天人之際矣，伊川謂「心即性。」「性之有形謂之心。」（引見本章）心具仁德，惻隱之心，仁也（公孫丑上）。而惻隱之心，人皆有之，然則吾心實即性命之始基，特患人自不察，又何隱祕之足云？孟子所謂惻隱之心，當其流露時，即人性之直接表現，又云本心者，即具道德意義之心，人不自私，便見本心，本心者，本具之良知良能，所謂悅理義之心也，即此悅理義之心，便見天地不息之眞幾，人天，豈有畛域哉？伊川以穀種喻心體，尤善取譬者也，穀種有生機，足見吾心即有生生之理（與天地同），尤能深契天人之眞趣也。

伊川論性命，皆本之經傳（《易》）。論心，就〈上繫第九〉「寂然不動，感而遂通天下之故。」以言心之體用，即洗心藏密以神明其德，（上繫第十一）以論養心之道，主節欲，忘我，發〈艮象傳〉「艮止，止其所」之意。大抵以「聖人之學須求之於內」也。（引見本章）。性者，心所具之生理，伊川謂「心本善。」心善而性固善也，伊川論性直承〈上繫第四〉「繼善成性」之旨，⑪，兼取孟子性善之說，故主性善而以此爲本原之性，又別立氣稟之性（生而後見），謂氣者，才質所自出，才有善不善之分，以釋人有善不善之行爲，氣質之性，自人受形之初已具，但氣質可以變化，則善性亦終必可復，又重「習」字，習則環境漸漬之力，則後天之人事，伊川亦復重視，曰：「變化氣質須藉學力。」即後天之人事也，後儒謂伊川論善惡徒責之於氣，實非平允之見。伊川以氣質分別人之善惡，後儒亦頗有責難，然氣質之見，孟子已啓其端（陽明語）孟子曰：「形色，天性也。」（盡心上）形色，即伊川之所謂氣質，氣質原於不齊之大化，人於受氣成形之初，已有種種之差異，受形之後，其所稟之性，不能不受形色（氣質）之拘牽，陽明所謂「隨順軀殼起念」者也，伊川言氣質，今自人之生理（有機體）觀之，飢渴寒暑，感受者氣質而反動乎性，言氣質不爲無據，當時橫渠亦言氣質，其詳不逮伊川，然則氣質之名可立，後儒非之者，特指伊川，不當以氣質言性（即不當視氣質爲性，劉蕺山）蕺山自謂「性是就氣質中指點義理者，非氣質即爲性。」⑫然伊川云：「性即是理，理，則自堯舜至於途人一也」（語四，三十二頁下，五行）蓋謂人無聖愚，同稟此理，則伊川亦謂此理即在氣質之中，與蕺山之言正同，非視氣質爲性也。伊川以氣質之性中，性之成分，即爲理性（義理之性）非謂理性之外，別有所謂氣質之性也，特氣質之性，性之受氣質之影響者也。曰：「自性而行皆善也。」氣質之性所發動之行爲，不全自性（理性）而行，必因氣質之牽率而其行遂有偏差也，故氣質之性，仍此性也，特此性在氣質之中，不得完全自主耳。朱子所謂「性同氣異」（續近思錄十二頁）者是也。

伊川論性與氣，實即理與氣之分，伊川謂理，則指本體，言氣，指形下之形器，性、氣，不過體用之分。而氣質之性，非與本原之性，相待爲二物也，後世評伊川者，則以伊川視氣質爲性（蕺山）。一則以伊川不應以氣質爲不善（錢啓新、陳乾初等）錢等謂不善者習，氣質仍善，此不過回復孔子習相遠之說，然於氣質之名，均沿用未改。

伊川以性爲道之所存，性直原於道（理），故性無有不善（本原之性）。不善者才，才出於氣，故有氣稟之性，氣有清濁，才因之而有厚薄，則善不善由是以分。才有善，有不善，非謂才純乎不善也。亦未嘗以不善之罪，悉委之於才也。又重視習染與後天環境，於孔子所言之習，亦未完全忽略，後世謂伊川以不善悉委之於才，責氣而不知責習者，亦用氣之言也，惟伊川視才，則善性於人何與？性豈非曰：「上智下愚才也。」又曰：「生知，學知，才也」使上智生知皆爲才，則善性於人何與？性豈非全聽命於才乎？若此，則性之於人，似毫無所濟也。伊川雖重氣質，但以氣質可變化，故曰：「下愚可移，但須藉學養之力。」亦主後天培養之說，此即後儒所謂陰類荀子者也。伊川以性爲實在（即理而言，伊川以理爲實體。）人性之善於四端之情可見，又謂人之所以異於禽獸者，以人具仁義之性，是善性固在氣質之中（人受形之後，善性仍存），曰「自性而行皆善也。」其有不善者，非自性而行，乃氣質驅而使之然，是伊川以氣質可以移易其性，故曰「形易則性易。」此即過於重視氣質之作用，因而減輕善性之功能也。

伊川論性命，惟發揚〈乾彖傳〉「乾道變化，各正性命」之旨，其間反復引申，推闡盡致，而與〈說卦傳〉「窮理盡性至命」之理會通爲一，天人無二理，性命本一源，總此乾元之仁，通此生生之理，此理之流行也，於天則謂之命，人稟此生理而生則曰性，天人同此生生之理，而表現於民人之性命者更具體耳。使無人物之性命，則此生理固不得而見也，即由乾道之變化，使萬物各正其性命，則天心之仁見，宇宙之生命亦以此而永元延續於無窮。故性命之學，所以契天人之際，窮造化之原，船山謂「命日新而性富有。」（思問錄內篇十八頁），富哉斯言也，吾人得天地生生不息之生理以爲性，故能奮發進取，日新無已，所謂天行健，君子以自強不息，則性命之學，固所以維繫身心，充實生命也，人多習焉不察，顧反以爲迂闊，過矣。故性命之理，日以湮塞，但性命之理，亦非強探力索可以一朝而獲，必須反求諸己，驗之於身心之間，積學窮理，涵養漸漬，孟子所謂資之深，則取之左右必逢其源也。

伊川論性命，自窮理入手，於理，則重視天地萬物普遍存在之原理，所謂一物之理即萬物之理也。反求此理於身心之間，自一身以觀天地，然後已與理一，一則無己而與天地萬物一體矣。吾心既有仁德即有性之德，既有生道，則吾心之生理，即天地生生不息之眞幾，故以窮理盡性至命爲一事，而道此至了之語。然此止可爲智者道耳。朱子以伊川此語言之太快，即以其間必有所事（下學工夫），豈能如此直捷，有類於頓悟之禪機耶？性命之理，《易》中「乾道變化各正性命。」「窮理盡性至命」二處已盡之，並合爲一理，盡性則能知命，命者，天理之流行，即乾元變化之意，統此生生之理，徹天徹地，通人通物，無非此理之流行化育，即無非生機之洋溢浹洽，於是群生遂長，萬有蕃廡，宇宙之生命，得以永存於無既之來日，性命之理，不外乎是矣，伊川又以性命與世事不可脫離，高談性命而不曉世事，不知盡其在我者，非眞知性命之理，故曰「今之學禪者，平居高談性命之際，至於世事，往往直有都不曉者，此只是實無所得也。」（語四，二十頁，五行）足見性命非託之口舌，徒騖高遠而已，必躬行實踐，務盡人道而後可，則後世謂性命之學空言無補而以之斥宋儒者，實偏曲之見，亦伊川之罪人也。

參考書目

《孟子盡心》、《朱子語類五》、《續近思錄卷一》、《明儒學案卷三十七・六十二・五十九・六十二》、《宋元學案四十九・四十五・七十四・十五・九十》、《朱子大全卷六十七》、《禮記、樂記、禮運、祭法》、《周易本義》、《僞古文尚書，大禹謨仲虺之誥》、《左傳襄公三十年・二十八年・文公十三年》、《荀子正名・哀公篇》、《傳習錄卷三・二十》、《文公易說卷十六・七》、元李簡《學易記》、《理學宗傳卷十一・九》、《二程子抄釋卷六》、《近思錄卷七》、《周易集解卷十》、《周易傳義附錄卷十二》、《禮記集說》、《管子形勢解》、《周易義海撮要卷七》、《周易內傳卷一上》、《思問錄內篇》、《大戴記卷一》、《史記卷二十四樂書》、《國語周語上》、《後漢書張衡傳注》、《莊子人間世・德充符・大宗師・馬蹄・在宥・天地・天運・秋水・庚桑楚》、《淮南原道訓・俶眞訓》、《周易玩辭卷一》、《東坡易傳卷一》、《孫覺易傳游酢序》、《崇程卷三》、《濂洛關閩書卷一・六・九》、《理學宗傳卷八・九・十一・廿二・廿三》、《經義考卷十七》、《近思錄卷一・七》、《廣近思錄卷一・二》、《清儒學案卷四・・三〇・四一・八五・一一〇・一五五・一九五・二〇六・二〇七》、《顏習齋存性編》、程瑤田《論學小記述性》、《經義叢鈔性情說》、《春秋繁露玉杯・通國身・深察名號・如天之爲》

二、教戒之義

《易》爲憂患之書，興於中古，罹憂患之世，作《易》者其有憂患，又成於憂患之人，是故悸其心而危其辭，懼以終始，要在使民無咎，《易》之道如是，故教戒之辭恆多，而平易之占蓋寡，覈其事實，於經傳皆有明文，尋其原委，則因天道以立人紀耳，故設戒以立教，作《易》之旨也，《程傳》二十三頁，十行〈乾九三爻〉「君子終日乾乾，夕惕若厲無咎」句下，伊川曰：

三雖臣位，已在下體之上，未離於下而尊顯者也。舜之玄德升聞時也，日夕不懈而兢惕，則雖處危地而無咎，在下之人，君德已著，天下將歸之，其危懼可知，雖言聖人事，苟不設戒，則何以爲教？作《易》之義也。

設戒所以爲教，乃作《易》之義，此語緊要，九三在下卦之上，當二體之際，危地也，處危地，其危懼可知，以其日夕兢惕故雖危而無咎，此即以戒爲教也，教戒一義，心存危懼，則慮患深遠，舉措無失，咎何由至？此處憂患之要道也。《詩》《書》夙著告誡之語，古訓實然，《詩豳風七月》「晝爾于茅，宵爾索綯，亟其乘屋，其始播百穀。」《孟子滕文公篇》引之以爲民事不可緩也。《詩序》以此爲周公陳王業之艱難，重農桑之事也。又《詩鴟鴞二章》「迨天之未陰雨，徹彼桑土，綢繆牖戶，今此下民，或敢侮予。」孔子曰：「爲此詩者，其知道乎，能治其國家，誰敢侮之？」孟子引詩與孔子之言（孟子公孫丑）以見有備無患之意，又《詩小雅小宛》「題彼脊令，載飛載鳴，我日斯邁而月斯征，夙興夜寐，無忝爾所生……溫溫恭人，如集于木，惴惴小心，如臨于谷，戰戰兢兢，如臨深淵，如履薄冰。」右二章言夙夜勤勞，小心恐懼之事。孔子曰：「《詩三百》一言以蔽之曰思無邪」（論語爲政）則三百篇皆教也。《書無逸》「周公曰嗚呼！厥亦惟我周太王王季，克自抑畏，自朝至于日中昃，不遑暇食，用咸和萬民。……周公曰，嗚呼我聞曰，古之人猶胥訓告，胥保惠，胥教誨，民無或胥譸張（欺誑）爲患。」周公謂其先代克自抑畏以建王業，又謂古之人相與訓告，教誨，而民風不變，皆先民重視教戒之實事。自〈觀卦彖傳〉顯發「神道設教」之義，而作《易》之旨大明，神道即天道，天道運行四時，化育萬物，神妙無方，聖人體其妙用以設教，即因天道以立人紀者也。《程傳》一〇九頁，七行〈觀彖傳〉「觀天之神而四時不忒，聖人以神道設教而天下服矣。」句下，伊川曰：

> 天道至神，故曰神道，觀天之運行四時，無有差忒，則見其神妙，聖人見天道之神，體神道以設教故天下莫不服也。聖人默契，體其妙用設爲政教，天下之人涵泳其德而不知其功，鼓舞其化而莫測其用，自然仰觀而戴服。

聖人體天道之妙用設爲政教而天下說服，人紀即因之而建立，此實先聖作《易》之本旨。《易》與天地準，故因天地之道以爲教戒，天地有否泰不常之理，人焉能居泰而自安？如九三泰之盛，故有盈溢之戒，無往不復，天地尚無常泰之理，故處泰之道，不遑寧息，居安思危，必艱貞而無咎，經已明言之矣，《程傳》七十四頁，一行，〈泰九三〉「無平不陂，無往不復，艱貞無咎。」句下，伊川曰：

三居泰之中，在諸陽之上，泰之盛也，故於泰之盛，與陽之將進而為之戒曰，無常安平而不險陂者，謂無常泰也；無常往而不返者，謂陰當復也，當知天理之必然，方泰之時，不敢安逸，常艱危其思慮，正固其施為，如是則可以無咎。

〈象傳〉「無往不復，天地際也」句下，伊川曰：

因天地交際之道，明否泰不常之理以為戒也。

〈豐彖傳〉著盈虛之義，以天道之有消息，故戒盈於豐盛之時，守中而不可過也，《程傳》二六九頁，三行，〈豐彖傳〉「日中則昃，月盈則食，天地盈虛，與時消息，而況於人乎」句下，伊川曰：

既言豐盛之至，復言其難常以為戒也。日中盛極則當昃昳，月既盈滿則有虧缺，天地之盈虛，尚與時消息，況人與鬼神乎？於豐盛之時而為此戒，欲其守中不至過盛，處豐之道，豈易也哉？

《易》之為書，大抵於盛滿時致戒（文公易說卷二）明乎消長之理，則進退趣舍之志定，而行不違乎中道矣。皆因天道以明教戒之義，而君子觀澤上於地之象，則有不虞之戒，《程傳》二二三頁末行〈萃大象〉曰「澤上於地，萃。君子以除戎器戒不虞。」句下，伊川曰：

澤上於地，為萃聚之象，君子觀萃象以除治戎器，用戒備於不虞，凡物之萃聚，則有不虞度之事，大率既聚則多故矣，故觀萃象而為戒也。

人在天地中，一日之間，自耳目所及，躬親所歷，無一而非自然之現象，人類自生民以來，法天之思想，皆不期然而然。六十四卦之大象，多「君子以」字，所謂《易》因象以明戒也。故觀山下有火之象，不敢輕用其明以折獄，《程傳》一二八頁，五行〈賁大象〉曰：「山下有火，賁，君子以明庶政，無敢折獄。」句下，伊川曰：

山者草木百物之所聚生也，火在其下而上照，庶類皆被其光明，爲賁飾之象，君子觀山下有火明照之象，以修明其庶政成文明之治，而無果敢於折獄也，折獄者，人君之所致愼也，豈可恃其明而輕自用乎？乃聖人之用心，爲戒深矣。

則卦象有明示教戒之文。此因自然之象以修飭之事也。卦爻六位，擬人象事，六爻之進退行止，即象一人之趣舍得失，《易》中教戒之義，亦每假爻象以明之，伊川於〈比六二爻〉經傳下，首發修己自重之道，教戒之第一要義也，《程傳》六十頁，三行，〈比六二爻〉「比之自內，貞吉」句下，伊川曰：

二與五爲正應，皆得中正，以中正之道相比者也，二處於內，自內，謂由己也。擇才而用，雖在乎上，而以身許國，必由於己，己以得君，道合而進，乃得正而吉者也。

〈象傳〉「比之自內，不自失也。」句下，伊川曰：

守己中正之道，以待上之求，乃不自失也。《易》之爲戒嚴密，二雖中正，質柔體順，（比下體坤）故有貞吉自失之戒，戒之自，守以待上之求，降志辱身，非自重之道也。故伊尹，武侯救天下之心非不切，必待禮至然後出也。

伊川於傳中反復推言君子自重之道，無非明《易》之教人以修己（內聖）爲先務，修己而後可以治人

（外王）所謂其身正，不令而行（論語子路）也，船山曰「聖人作《易》，俾學者引伸盡致以爲修己治人之龜鑑，非徒爲筮者示吉凶。」（周易內傳卷六上），亦深得《易》中教戒之義也，修己以敬愼爲先，敬愼必無所失，欲人之常懷謹畏，臨淵履薄之義也，《程傳》三十五頁，二行〈坤六四爻〉「括囊無咎無譽」句下，伊川曰：

四居近君之位，而無相得之義，乃上下間隔之時，自處以正，危疑之地也，若晦藏其知，如括結囊口而不露，則可得無咎。

《程傳》四十八頁，七行〈需九三象傳〉「需于泥，災在外也，自我致寇，敬愼不敗也。」句下，伊川曰：

三切偪上體之險難（上卦坎）故云災在外也。……寇自己致，若能敬愼，量力而進，則無喪敗也，需之時需（須通，待也）而後進，直使敬愼勿失其宜耳。

坤六四象傳教人愼則無害，需九三象傳，教人敬愼勿失，前者所以養晦，後者欲人之相度時宜，皆敬愼持危之道，戒愼如此，自無所失也，如兌九五居中位尊而經以爲有厲，處兌說之時而密比上六，小人以非說之道惑人，不備則害於善，爲有厲矣，以見九五之居尊位重而敬愼之道，亦不可忽，《程傳》二八三頁，一行，〈兌九五〉「孚于剝有厲。」句下，伊川曰：

九五得尊位而處中正，盡說道之善矣，而聖人復設有厲之戒？蓋堯舜之盛，未嘗無戒，戒所當戒而已，雖聖賢在上，天下未嘗無小人，五若誠心信小人之假善爲實善而不知其包藏，則危道也。小人者備之不至則害於善，聖人爲戒之意深矣，剝者消陽之名，陰消陽者也，蓋指上六，故孚于剝則危也，以五在說之時而密比於上六，故爲之戒，雖舜之聖且畏巧言令色，安得不戒也？

小人以非說之道惑人，辨之甚難，此巧言令色之可畏，⑬其內懷叵測，不可不愼加防閑，故經以爲有厲也，臨事不忘戒懼而後無患，故夬以五陽決去一陰而卦辭亦曰有厲，雖據盛衰懸絕之勢猶不能易而無備，聖人設戒之意深矣。《程傳》二一三頁，八行〈夬卦辭〉「夬揚于王庭，孚號有厲。」句下，伊川曰：

小人方盛之時，君子之道未勝，安能顯然以正道決去之，故含晦俟時，漸圖消之之道，今既小人衰微，君子道盛，當顯行之於公朝，使人明知善惡。故云揚于王庭，孚，信之在中，誠意也，號者，命衆之辭，君子之道雖顯盛，而不敢忘戒備，故至誠以命衆。使知尚有危道，雖以此之至盛（五陽決去一陰，陽至盛。）決彼之甚衰，若易而無備，則有不虞之悔，必有戒懼之心，則無患也，聖人設戒之意深矣。

晉儒干寶曰：「《易》道以戒懼爲本，所謂懼以終始，歸無咎也。」（集解卷十六）〈既濟六四〉曰：「終日戒」，慮患之將至也，既濟過中，當畏愼如是，方免於患也。《程傳》三〇〇頁，一行〈既濟六四爻〉「繻有衣袽，終日戒。」句下，伊川曰：

四在濟卦而水體，故取舟爲例，四近君之位，當既濟之時，以防患慮變爲急，繻當作濡，謂滲漏也，舟有罅漏，則塞以衣袽，有衣物以備濡漏，又終日戒懼不怠，慮患當如是也。

離六五，唯畏懼之深，所以能終保其吉，此皆處憂患之至道也：《程傳》一五三頁，十行，〈離六五爻〉「出涕沱若，戚嗟若，吉。」句下，伊川曰：

六五居尊位而守中，有文明之德，可謂善矣，然以柔居上，在下無助，獨附麗於剛強之間，危懼之勢也，唯其明也，故能畏懼之深，至於出涕，憂慮之深，至於戚嗟，所以能保其吉也，出涕戚嗟，極言其憂懼之深耳。

惟其憂懼，所以遠害，若進退與處，皆有險象，經則戒人以勿用，即欲人之遠害也，《程傳》一四八頁，四行，〈坎六三爻〉「來之坎坎，險且枕，入于坎窞，勿用。」句下，伊川曰：

六三在坎陷之時，以陰柔而居不中正，其處不善，進退與居，皆不可者也。來下，則入於險之中，之上，則重險也，退來與進之皆險，故云來之坎坎。……枕謂支倚，居險而支倚以處，不安之甚也。如三所處之道，不可用也，故戒勿用。

大抵殃咎之來，多由自取，故〈解六三爻〉，經發「致寇」之義，象傳有「自我」之文，〈繫傳〉復申取咎之道，蓋重其事以爲戒也。《程傳》一九九頁，五行，〈解六三爻〉「負且乘致寇至，貞吝。」句下，伊川曰：

六三陰柔居下之上，處非其位，猶小人宜在下，以負荷而且乘車，非其據也，必致寇奪之至，雖使所爲得正，亦可鄙吝也。……三陰柔小人宜在下，而反處下之上，猶小人宜負而反乘，當致寇奪也。

〈象傳〉「負且乘，亦可醜也，自我致戎，又誰咎也？」句下，伊川曰：

負荷之人而且乘載，爲可醜惡也，處非其據，德不稱其器，則寇戎之至，乃己招取，將誰咎乎？聖人於繫辭明其致寇之道，謂作《易》者其知盜乎，盜者乘釁而至，苟無釁隙，則盜安能犯？負者小人之事，乘者，君子之器，以小人而乘君子之器，非其所能安也，故盜乘釁而奪之，小人而居君子之位，非其所能堪也，故滿假而陵慢其上，侵暴其下，盜則乘其過惡而伐之矣。伐者聲其罪而討之也，盜橫暴而至者也，貨財而輕慢其藏，是教誨乎盜使取之也，女子而妖冶其容，是教語淫者使暴之也，小人而乘君子之器，是招盜使奪之也，皆自取之之謂也。

右段後半即釋繫傳⑭之文，按經於六三爻，發「致寇」之義〈象傳〉繼之曰：「自我致戎，又誰咎也？」寇戎一事，皆自外而來侵奪我者也，故〈繫傳〉總以盜稱之，而曰「負且乘致寇至，盜之招也。」皆由我所招致，將誰是咎？即深教人遠禍之道，若自開釁隙，授人以可乘之機，諺所謂開門揖盜也。伊川於此發揮〈繫傳〉之意甚備。《詩》小雅正月「好言自口，莠言自口。」《書盤庚中》「無起穢以自臭」皆咎自我招之嘉訓，與《易》戒同。然吉凶相倚，禍福交伏，苟非明哲，取咎自易，蓋事變非一，故戒亦多方，如〈夬九五〉「中行無咎」而傳曰：「中未光也。」明其心有私係，不爲光大，以戒內外相違之人，《程傳》二一七頁，二行〈夬九五爻〉「莧陸夬夬中行無咎。」句下，伊川曰：

五雖剛陽中正居尊位，然切近於上六，上六，說體而卦獨一陰，陽之所比也。又爲決陰之主而反比之，其咎大矣，故必決其決如莧陸然，則於其中行之德爲無咎也。

〈象傳〉「中行無咎，中未光也。」句下，伊川曰：

卦辭言夬夬，則於中行爲無咎矣，象復盡其義云，中未光也，夫人心正意誠，乃能極中正之道而充實光輝，五心有所比，以義之不可而決之，雖行於外，不失中正之義，可以無咎，然於中道，未得爲光大也，蓋人心一有所欲，則離道矣，夫子於此示人之意深矣。

九五以剛陽中正居尊位，能守中道而傳曰「未光」者，以其切比於一陰之上六，於心未嘗或忘，若能如莧陸之易於決斷，公而忘私，內外一致，則合於中行而無咎。蓋欲其明決，戒其不謹細行而終累大德，亦責賢者嚴之意也。人之從正，當務專一，正邪是非當機立辨，不可二三其德，以戒依違不決之人，《程傳》九十八頁，六行〈隨六二象傳〉「係小子，弗兼與也。」下，伊川曰：

人之所隨，得正則遠邪，從非則失是，無兩從之理，二苟係初，則失五矣，（按五爲正應），弗能兼與也，所以戒人從正當專一。

若陽爲上進之物，而戒其銳進，《程傳》一三四頁，九行〈大畜九三爻〉「良馬逐，利艱貞。」句下，伊川曰：

三，剛健之極而上九之陽亦上進之物，三以剛健之才而在上者與合志而進，其進如良馬之馳逐，言其速也。雖其進之勢速，不可恃其才之健與上之應而忘備與愼也，故宜艱難其事而由貞正之道，當其銳進，故戒以知難，志既銳於進，雖剛明有時而失，不得不誡也。

時在可爲又有進緩之防，《程傳》二四二頁，二行〈革六二爻〉「已日乃革之，征吉無咎。」句下，伊川曰：

> 以六居二，柔順而得中正，處革之至善者也，然臣道不當爲革之先，又必待上之信，故已日乃革之也。如二之才德，足以革天下之弊，新天下之治，當進而上輔於君以行其道，則吉而無咎也。不進，則失可爲之時，爲有咎也，以二體柔則其進緩，變革事之至大，故有此戒，使賢才不失可爲之時也。

六二有其才，當其時，得其位，必更歷時日乃革之，則其進緩可知，變革事之至大，當可爲之時，而不急起勇赴。失時可惜，故經曰「征吉，無咎。」象傳曰「行有嘉也」。皆戒其不得緩進也。當困而言，傳有尚口之戒，《程傳》二三一頁，九行〈困彖傳〉「有言不信，尚口乃窮也。」句下，伊川曰：

> 當困而言，人所不信，欲以口免困，乃所以致窮也。以說處困，故有尚口之戒。

爻貴有與，故剝六二象傳著無與之害，人無徒與，平居猶不可，況當侵剝之時而未有援與，所以被蔑而亡，其示人之意深矣，《程傳》一二三頁，九行，〈剝六二象傳〉「剝牀以辨，未有與也。」句下，伊川曰：

> 陰之侵剝於陽，得以益盛至於剝辨者，以陽未有應與故也，小人侵剝君子，若君子有與，則可以勝小人，唯其無與，所以被蔑而凶。

然事當草創，建業伊始，雖有輔翊（有與），亦不得寧處，以君子取友輔仁，固不得因人而成事也，

《程傳》三十九頁，三行〈屯彖傳〉「天造草昧，宜建侯而不寧。」句下，伊川曰：

上文言天地生物之義，此言時事，天造，謂時運也，草，草亂無倫序，昧，冥昧不明，當此時運，所宜建立輔助，則可以濟屯，雖建侯自輔，又當憂勤敬畏不皇寧處，聖人之深戒也。

若斯之類，事無達例，而戒亦無常辭，皆因時因地，即人即事而各異其趣也。《易》於平居，固常教人謹約，務使人寡過悔亡以至於無咎而後已，然不幸而有過，亦不究其既往，如復者，反善之義，六三復而不能自固，故曰頻復，經許其復而危其屢失也，故曰厲無咎，雖頻復而復不可戒，此開遷善之道也。《程傳》一二七頁，五行，〈復六三爻〉「頻復厲無咎。」句下，伊川曰：

三以陰躁處動之極，復之頻數而不能固者也，復貴安固，頻復頻失，不安於復也，復善而屢失，危之道也，聖人開遷善之道，與其復而危其屢失，故云厲無咎，不可以頻失而戒其復，頻失則為危，屢復何咎？過在失而不在復也。

《易》之為戒，尤重幾微，此固常人所易忽略者也，幾者動之微，事之先見者也，君子貴於知微之彰，知遠之近，故〈繫傳〉因六二之善處逸豫而極論知幾之道而贊之曰「其神乎」！《程傳》九十三頁七行〈豫六二爻〉「介于石，不終日，貞吉。」下，伊川曰：

逸豫之道，放則失正，故豫之諸爻，多不得正，不與時合也，惟六二一爻處中正，又無應，為自守之象，當豫之時獨能以中正自守，可謂特立之操，是其節介如石之堅也，介于石，其介如石也，人之於豫樂，心說之故，遲遲遂至於耽戀不能已也，二以中正自守，其介如石，其去之速，不俟終日，故貞正而吉也，處豫不可安且久也，久則溺矣。如二，可謂見幾而作者也，夫子因二之見幾，而極明知幾之道曰：「知幾其神乎！君子上交不諂，下交不瀆，其知幾乎！幾者動之微，吉之先見者也，君子見幾而作不俟終日，《易》曰：介于石，不終」日，貞吉，介如石焉，寧用終日？斷可識矣。君子知微知彰，知柔知剛，萬夫之望。」⑮夫見事之幾微者，其神妙矣乎！君子上交不至於諂，下交不至於瀆者，蓋知幾也，不知幾則至於過而不已，交於上以恭巽，故過則爲諂，交於下以和易，故過則爲瀆，君子見於幾微，故不至於過也，所謂幾者，始動之微也，吉凶之端可先見而未著者也，君子明哲，見事之幾微，故能其介如石。其志既堅，則不惑。……君子見微則知彰，見柔則知剛，故贊之曰「萬夫之望。」

《易》極重「幾」字，〈坤初六爻〉曰：「履霜堅冰至。」於陰之始凝而慮冰之必至。《程傳》二十三頁，八行〈坤初六爻〉曰，「履霜堅冰至。」句下，伊川曰：

陰始生於下至微也，聖人於陰之始生，以其將長即爲之戒，陰之始凝而爲霜，履霜則當知陰漸盛而至堅冰矣，猶小人始雖甚微，不可使長，長則至於盛也。

先冰未至而見幾於履霜，知微之彰也，《淮南齊俗訓》以人事之興廢釋坤初六所發之義曰：「昔太公望周公旦受封而相見，太公問周公曰，何以治魯？周公曰尊尊親親，太公曰，魯從此弱矣……。周公問太公曰，何以治齊？太公曰，舉賢而上功，周公曰，後世必有劫殺之君，其後齊日以大至於霸，二十四世而田氏代之；魯日以削，至三十二世而亡，故《易》曰履霜堅冰至，聖人之見終始微。……子路撜溺而受牛謝，孔子曰，魯國必好救人於患，子贛贖人而不受金於府，孔子曰，魯國不復贖人矣，子路受而勸德，子貢讓而止善，孔子之明，以小知大，以近知遠，通於論者也。」由右知見幾之不易，慎微之難能，雖子貢之賢而有止善之失，況其下焉者乎？至於禍亂之作，亦必有其由來，先塞其源，則流自涸竭矣，晉儒干寶曰：「陰氣始動乎三泉之下，陰氣動矣，則必至於履霜，履霜則必至於堅冰，言有漸也，防禍之源，欲其先幾，故陰在三泉，而顯以履霜也。」（周易集解卷五）先幾而為之防，則禍源塞絕，《易》所以重戒於幾微也，〈坤文言〉本此而申幾微之不可不防。蓋積微成著，理之必然，人事之發展、形成，多由積累，以一家言，先代所積之善與不善，而殃慶必及於其後嗣，至於君父之變，篡弒之禍，察其所由來，亦積漸使然。《程傳》二十六頁，六行〈坤文言傳〉「積善之家，必有餘慶，積不善之家，必有餘殃。臣弒其君，子弒其父，非一朝一夕之故，其所由來者漸矣，由辯之不早辯也。《易》曰：履霜堅冰至，蓋言順也。」一段下，伊川曰：

天下之事，未有不由積而成，家之所積者善，則福慶至於子孫；所積不善，則災殃流於後世，其大至於弒逆之禍，皆因積累而至，非朝夕所能成也，明者則知漸不可長，小積成大，辯之於早，不使順長，故天下之惡，無由而成，乃知霜冰之戒也。

伊川於此專明積累之義，見幾微之不可不先事為防，積微成著，〈升大象〉所謂積小以高大也。《大戴記禮察篇》曰：「安者，非一日而安也；危者，非一日而危，皆以積然，善不積，不足以成名；惡不積，不足以滅身。」記亦申言積累之義，知安危皆由積而然，則必慎終於始，始微而必至於著，為事理之必然，幾之不可不知，知之不可不防也如是，故〈小畜上九〉有「月幾望」之文。月幾望，月之將盈也，月盈則與日敵，陰盛則必敵陽，故君子不可以征，動則凶也，亦戒微之不可不防《程傳》六十六頁，八行，〈小畜上九爻〉「月幾望，君子征凶。」句下，伊川曰：

月望則與日敵矣，幾望，言其盛將敵矣。陰（謂六四以一陰畜眾陽）已能畜陽而云幾望何也？此以柔巽畜其志也，非力能制也，然不已，則將盛於陽而凶矣。於幾望而爲之戒曰，婦將敵矣，君子動則凶也，君子謂陽，征，動也，幾望，將盈之時，若已望，則陽已消矣，尚何戒乎？

蓋陰長之時，雖始微而不可不深爲戒備者，其浸漸之勢可畏也。《程傳》一六五頁，九行〈遯彖傳〉「小利貞，浸而長也。」下，伊川曰：

當陰長之時（遯二陰生於下），不可大貞而尚小利貞者，蓋陰長必以浸漸，未能遽盛，君子尚可小貞其道，遯者，陰之始長，君子知微，故當深戒。

經戒幾微，以姤爲至著，曰：「勿用取女。」蓋一陰雖至微然有漸壯之勢，是以不可取也。《程傳》二一八頁，五行〈姤卦辭〉「姤，女壯勿用取女。」句下，伊川曰：

一陰始生，自是而長，漸以盛矣，是女之將長壯也；陰長則陽消，女壯則男弱，故戒勿用取如是之女；取女者欲其柔和順從以成家道，姤乃方進之陰，漸壯而敵陽者，是以不可取也。姤雖一陰始微，然有漸壯之道，所以戒也。

浸長之陰，固不可忽，然防之於先，則無能爲害矣《程傳》二一九頁，六行〈姤初六爻下〉，伊川曰：

姤陰始生而將長之卦。……陰微而在下可謂羸矣，然其中心常在乎消陽也，君子小人異道，小人雖微弱之時，未嘗無害君子之心，因防於微，則無能爲矣。

君子知幾，見事之微而先爲之備，《程傳一七八頁，一行》〈明夷初九爻下〉，伊川曰：

初九明體而居明夷之初，見傷之始也，君子明照，見事之微，雖始有見傷之端未顯也，君子則能見之矣，故行去避之。

事不早爲，行且弗及，故解卦辭有「夙吉」之義，《程傳》一九七頁，二行〈解卦辭〉「有攸往夙吉」下，伊川曰：

有攸往夙吉，謂尚有當解之事則早爲之乃吉也，當解而未盡者，不早去，則將復盛，事之復生者，不早爲則將漸大，故夙則吉也。

如拯渙之道，亦辨之宜早，皆防之於未然也，《程傳》二八五頁，一行，〈渙初六爻〉「用拯馬壯吉。」下，伊川曰：

六，居卦之初，渙之始也，始渙而拯之，又得馬壯，所以吉也，六爻獨初不言渙者，離散之勢辨之宜早，方始而拯之，則不至於渙也，爲教深矣。

止惡亦然，止於未發之前則易，既盛而後禁，則扞格而難勝也《程傳》一三五頁，四行〈大畜六四爻〉「童牛之牿元吉。」下，伊川曰：

以位而言，則四下應於初，畜初者也。初居最下，陽之微者，微而畜之則易制，猶童牛而加牿，大善而吉也……大臣之任，上畜止人君之邪心；下畜止天下之惡人，人之惡止於初則易，既盛而後進，則扞格而難勝，故上之惡既甚，則雖聖人教之，不能免違拂，下之惡既盛，則雖聖人治之，不能免刑戮，莫若止之於初，如童牛而加牿，則元吉也。況六四能畜止上下之惡於未發之前，則大善之吉也。

故《易》之設戒，多在方盛之時，方盛而慮衰，亦先事爲防也，若已衰而始戒，亦無及矣，故傳曰：「知幾其神乎。」《程傳》一〇五頁，五行，〈臨卦辭〉「臨元亨利貞至於八月有凶。」句下，伊川曰：

二陽方長於下，陽道嚮盛之時，聖人豫爲之戒曰：陽雖方盛，至於八月，則其道消矣，是有凶也，大率聖人爲戒，必於方盛之時，方盛而慮衰，則可以防其滿極而圖其永久，若既衰而後戒，亦無及矣。

論國之大事，則祀與戎，皆有深戒，損卦辭曰：「二簋可用享。」見繁文之不如儉素，蓋禮以誠敬爲本，當損其末流之過，以返於誠敬之本也。《程傳》二〇二頁，九行，〈損卦辭〉「曷之用，二簋可用享。」句下，伊川曰：

損者，損過而就中，損浮末而就本實也。聖人以寧儉爲禮之本，⑯故於損發明其義，享祀之禮，其文最繁，然以誠敬爲本，多儀備物所以將飾其誠敬之心，飾過其誠則爲僞矣，損飾所以存誠也，故云曷之用，二簋可用享，二簋之約，可用享祭，言在乎誠而已。

至於軍戎用師，則師出以律，象傳並繫以「失律則凶」之辭，《程傳》五十五頁二行〈師初六爻〉「師出以律，否臧凶。」句下，伊川曰：

初、師之始也，故言出師之義及行師之道，在邦國興師而言，合義理，則是以律法也，謂以禁亂誅暴而動，苟動不以義，則雖善，亦凶道也，善，謂克勝；凶，謂殃民害義，在行師而言，律謂號令節制，不以律，則雖善亦凶，聖人之所以深戒也。

〈象傳〉「師出以律，失律凶也。」句下，伊川曰：

師出當以律，失律則凶矣。

用師之道，量宜進退，知難而退，師之常也，故曰左次無咎，《程傳》三十六頁，八行，〈師六四爻〉「左次無咎。」句下，伊川曰：

知不能進而退，故左次，左次，退舍也，量宜進退乃所當也，故無咎，見可而進，知難而退師之常也。

師成論功，爵賞有加，而曰「小人勿用，必亂邦也」此皆深慮遠戒之事，所係至大也。《程傳》五十七頁，七行〈師上六爻〉「大君有命，開國承家，小人勿用」句下，伊川曰：

上，師之終也，大君以爵命賞有功也，開國，封之爲諸侯也，承家，以爲卿大夫也。小人雖有功，不可用也，賞之以金帛祿位可也，不可使有國家而爲政也，小人平時易致驕盈，況挾大功乎？漢之英彭所以亡也，聖人之深慮遠戒也。

〈象傳〉「人小勿用，必亂邦也。」句下，伊川曰：

小人則不可以有功而任用之，用之亂邦，小人恃功而亂邦者，古有之矣。

凡《易》之所教戒，無非處憂患之道以及深謀遠慮之事，君子所以恐懼修省三復而不容已者也，《程傳》二五三頁，六行，〈震大象〉曰：「洊雷震，君子以恐懼修省。」句下，伊川曰：

洊，重襲也，上下皆震故爲洊雷，雷重則威益盛，君子觀洊雷威震之象，以恐懼自修飭循省也，君子畏天之威，則修正其身，思省其過而改之，不惟雷震，凡遇驚懼之事，皆當如是。

《論語鄉黨篇》記孔子聞「迅雷風列必變。」，非孔子內有所畏，不過以此自修飭耳，《詩大雅板之什》「敬天之怒，無敢戲豫，敬天之渝，無敢馳驅。」皆即大象恐懼之意，伊川謂凡遇驚懼之事，皆當如是，誠然，朱子曰：「《易》大概教人恐懼修省」（文公易說卷十八）恐懼修省，乃處憂患之要道，聖人憂心後世而作《易》。故船山亦曰：「聖人詔民於憂患者，存乎《易》而已矣。」（周易內傳卷一上）《易》中教戒之辭，皆本此義而發，亦非專戒占者也，要欲後世皆能深曉此義，歸於遠害無咎而後已。

結語

謹按《易》爲衰世之學，固因憂患而作也，其操心也苦，故其辭常危而不安，總六十四卦之所繫，無一非戒慎恐懼之辭，即無一而非教戒之義也，先聖以憂患詔後世，要在使民無咎，以保合太和而各正其性命，故伊川《易傳序》曰：「聖人之憂患後世，可謂至矣！」教戒之辭，經傳皆有明文，〈觀象傳〉首揭設教之義本諸天道，即因天道以立人紀，蓋天人之際至微而至切也，〈蹇象〉曰「蹇利西南，不利東北。」其戒占者之意至明，〈復象〉曰：「利有攸往。」〈無妄象〉曰：「不利有攸往。」其告誡之意尤顯，〈需象〉曰：「利涉大川。」〈訟象〉曰：「不利涉大川。」〈蹇象〉曰，「蹇，難也，險在前也，見險而能止，知矣哉！」教人於吉凶得失，辨之宜審，而復有所抉擇也，〈既濟六四爻〉曰「終日戒。」〈大畜初九爻〉曰「有厲利已（止也）。」〈坎六三爻〉曰「來之坎坎」而戒之曰「勿用。」勸人勿自蹈危地，以遠離患害，其愛卹之情至矣。〈噬嗑上九爻〉曰「何校滅耳。」以誡聽之不明，〈剝六四爻〉曰「剝牀以膚。」以示切近之災，皆金玉藥石，極凱切痛摯之語也。《易》之立教，無非欲人之去邪而就正，故〈無妄象〉曰：「其匪正有眚。」（廣韻。眚過也，災也）辭愈嚴而意愈切，聖人之情見乎辭，則愛之深者，望之尤備也。伊川於大《易》設戒立教之義，言之至切，所謂「苟不設戒，何以爲教。」是也，教戒本一義，因戒以爲教，戒即教也，立教以示戒，教即戒也。

凡《易》中特具教戒之大義者，伊川謂之發義，明此語爲教戒而發，傳文（程傳）則又反復引申，曲譬廣喻，務在使人憬悟猛省，蓋本先聖憂患後世之心，而復憂患後世也，伊川又因天人之際以推教戒之本始，故於〈泰六三爻〉下，則謂「天地有否泰不常之理。」於〈豐彖傳〉下則曰：「天地之盈虛尚與時消息。」總因天道之消息循環，以明人事興廢得失之理，進退存亡之道，即以此爲教戒之緣起也，《易》無非教，雖平居不廢，蓋居安苟安之心不可有，而思危慮危之心不可無，故曰，「以堯舜之盛，未嘗無戒，戒所當戒而已。」（程傳二八三頁，二行）此即本天道消息盈虛之理，教人常存戒懼，持滿履危，庶幾免於憂患，故乾九三，終日乾乾，至於夕惕若厲，而後無咎也。經設教戒，以〈解六三爻〉「致寇」之義爲至切，蓋寇自我招，伊誰云咎？教人無求禍速尤以自益罪眚，伊川則於咎由自取之義，反復申詳，深得《易》教之旨，《書太甲》所謂「自作孽不可逭。」《盤庚》所謂「惟汝自生毒，乃敗禍姦宄以自災于厥身。」皆咎由自取之警語，先民嘗備言之矣。《易》中設教，特重先幾，伊川推論人事之形成，多由積累而至，以〈坤初六爻〉有「履霜堅冰至」之句，〈坤文言〉有由來自漸之辭，〈姤〉女始壯而曰「勿用取女。」皆戒幾微之至顯者。伊川故謂「《易》之設戒，多在方盛之時。」方盛而慮衰，而「止惡當於未發之前。」以塞禍亂之源，皆具遠卓之識見也。要之，教戒之義，《易》固有之，伊川又因而引申之者固多，然以之取譬人事，曲暢其理，足與經傳相爲發明者，亦往往而見也。《易》固衰世之教，人能處衰世，則能處盛世，能處盛世者，未必能處衰世，若以孤臣孽子之心，慮之深而操之危，則其利達之時機必多，《易》卦之二四兩爻，人之象也，大傳乃謂此二爻多凶多懼。[17]明人生之必罹憂患，而人生之憂患，亦實多於安樂也，然孟子謂「德慧術智，恆存乎疢疾。」（盡心上）則憂患之多，又何足慮。六十四卦，概爲修省防患之事，未嘗告人以逸豫苟安者，惟不忘憂患而後可以免於憂患；亦惟善處憂患，而後知憂患之不足爲患，反足以淬厲其心志，發皇其事業，則憂患之於人也何有？此大《易》教戒之本義也。

參考書目

《詩豳風七月．鴟鴞．小雅．小宛》、《書無逸．臯陶謨》、《經學通論》、《橫渠易說卷一》、《文公易說卷二．十三．十八》、《論語學而．鄉黨》、《左傳宣十二年》、《淮南齊俗訓》、《周易集解卷五》、《大戴記禮察篇》、《周易內傳卷一上》、《國語卷七晉語》、《四庫總目卷一》、《童溪易傳卷三〇》、《周易正義》、《周易內傳發例》、《周易外傳卷六》、《周易義海撮要卷一．五．七》、《周易集解卷二．五．十六》、《理學宗傳卷八》、《經學歷史》、《清儒學案卷六．四〇．一三九》。

三、治化之要

大《易》六十四卦，自乾坤首建以迄未濟，不啻說明天地萬物之變化，抑又敷陳人文演進之歷程，自乾道成男，坤道成女而後方以類聚，物以群分，萬象森列，人事叢脞，先聖於是開物成務，以通天下之志，定天下之業而治化由是興焉。故〈文言傳〉謂「見龍在田，而天下文明，乾元用九，而天下以治。」此人文進化之自然趨勢也。《程傳》二十九頁，七行，〈文言傳〉「見龍在田，天下文明。」句下，伊川曰：

龍德見於地上，則天下見其文明之化也。

龍以象乾道變化，亦象君人之德，天下文明，天下治，皆繫之乾，見龍擬舜田漁之時（乾九二爻下程傳〉，天下已被其化，至九五之際，德化俱隆，天下豈有不治，是《易》中已具治化之象也，又五行，「乾元用九，天下治也」句下，伊川曰：

用九之道，天與聖人同，得其用，則天下治也。

用九，天德也（二十五頁，十行），天德陽剛，於聖人則爲處乾剛之道，故曰「用九之道，天與聖人同。」聖人法天，體天之德以生養萬民，裁成庶類，俾各遂其性，咸得其所，天下豈有不治？伊川於蒙初六傳內，首立「治化」之名，治而曰化者，承先聖德治之遺意也。《程傳》四十四頁，六行，〈蒙初六爻〉下，伊川曰：

苟專用刑以爲治，則蒙雖畏而終不能發，苟免而無恥，治化不可得而成也。

儒家尚德治，《論語爲政》已顯言之，孔子曰「道之以政，齊之以刑，民免而無恥；道之以德，齊之以禮，有恥且格。」此伊川論治化之所本，故謂專用刑則民免而無恥，治化不可得而成，蓋儒者之教，以立人爲本，發揚人性，使能自踐其形，故政教皆以德爲本，禮樂刑政，不過爲治之具，本立而道生，本亂則末流難期於治，朱子於此章注曰：「愚謂政者，爲治之具，刑者輔治之法，德禮則所以出治之本；而德，又禮之本也，此其相爲終始，雖不可以偏廢，然政刑能使民遠罪而已。德禮之教，則有以使民日遷善而不自知，故治民者，不可徒恃其末，又當深探其本也。」朱子極明德教爲致治之本，此儒家德治之一貫主張，爲不刊之論也。於〈剝大象〉下，特發固本之義。蓋民爲邦本，安養人民以厚其本，治化之始基也，《程傳》一二三頁，二行〈剝大象〉曰：「山附於地剝，上以厚下安宅。」句下，伊川曰：

艮重於坤，山附於地也，山高起於地，而反附著於地，圮剝之象也。上，謂人君與居人上者，觀剝之象而厚固其下，以安其居也，下者，上之本，未有其本固而能剝者也，故上之剝必自下。下剝，則上危矣。爲人上者，知理之如是，則安養人民以厚其本。乃所以安其居也。書曰「民惟邦本，本固邦寧。」⑱

又《全書卷五十九・十四頁・下五行・伊川代上英宗書》曰：

人用無聊，苟度歲月，驅之於治則難格，率之於惡則易搖，民惟邦本，本根如是，邦國奈何？

固本必先養之，養民非家輸而人資之也。蓋有養之之道，又就頤以論養賢曰：「養賢所以養萬民。」蓋賢者在位，澤施下民，則家給人足，民自得其養矣，《程傳》一三七頁，八行，〈頤彖傳〉「聖人養賢以及萬民，頤之時大矣哉。」句下，伊川曰：

聖人極言頤之道而贊其大，……聖人則養賢才與之共天位，使之食天祿，俾施澤於天下，養賢以及萬民也，養賢所以養萬民也。

民養而後可以成其治。國以民爲本，民以食爲天，人情一日不食則飢，臨冬衣薄則寒，飢寒至身，則廉恥道喪，欲其志定難矣，故《洪範八政》，其首曰食，孟子論王政，首主「制民之產」，荀悅《申鑒》曰：「人不樂生，不可勸以善，雖契布五教，皐陶作士，政不行焉，故在上者先豐人財以定其志」（後漢書本傳）是民養而後其志可定，於是又論辨上下以定民志，而〈履大象〉之意啓之矣，履卦上天下澤「君子以辨上下定民志。」辨上下之義至大，《春秋》由之以正名分，《儀禮》以此而系倫紀，此因《易》以立治道也，故曰天上澤下，上下之正理也，上下之分明，而後民志乃定《程傳》六十七頁，十行〈履大象〉「上天下澤履，君子以辨上下，定民志。」句下，伊川曰：

天在上，澤居下，上下之正理也。人之所履當如是，故取其象而爲履，君子觀履之象，以辨別上下之分，以定其民志，夫上下之分明，而後民志有定。

民志定而後可以言治，伊川又即大象之義而推言分位，世之不治多由不明分位之理，使民各就本業，孳孳進取，度德量力，各赴事功，何爲紛紛東馳西騖，以徼一時之利也。今安分守己，在於各修其業，業進而身屋自潤，非畫地以限之也，分位之義大矣哉！四民各勤其業，各安其分，則民志定矣，公卿大夫，才堪其任，位稱其德，而士志定矣，如此，則上不侵陵，而下無覬覦。上下之志定，則所謂各止其所也，〈履大象〉「君子以辨上下定民志。」句下，伊川曰：

民志定然後可以言治，民志不定，天下不可得而治也，古之時公卿大夫而下，位各稱其德，終身居之，得其分也，位未稱德，則君舉而進之，士修其學，學至而君求之，皆非有預於己也，農工商賈勤其事而所享有限，故皆有定志，而天下之心可一，後世自庶士至於公卿，日志於尊榮，農工商賈，日志於富侈，億兆之心，交鶩於利，天下紛然，如之何其可一也？欲其不亂難矣！此由上下無定志也，君子觀履之象而分辨上下使各當其分，以定民之心志也。

伊川推明「分位」之義至精，爲人上者應使民各當其分，居之不疑，人各有分位，居之而安，得其分也，得其分，則上下之志定，亂何由作？元儒許魯齋又申伊川之意曰：「民志定則不亂，下知分則上安，夫天下所以定者，民志定也，民志定則士安於爲士，農安於爲農，工商安於工商，則在上一人有可安之理。民不安於白屋，必求祿仕，仕不安於卑位，必求尊榮，四方萬里，輻輳並進各懷無厭無恥之心，在上之人可不爲寒哉？[19]」民志定則天下定，其理固不可易，安民之方，在使庶類各得其所，天下之所以順治在此，人皆有所止，止之貴得其所，人各有所（分位），止得其所則安也《程傳》二五六頁，七行〈艮彖傳〉「艮其止，止其所也。」句下，伊川曰：

萬物庶事，莫不各有其所，得其所則安，失其所則悖，聖人所以能使天下順治，非能爲物作則也，唯止之各於其所而已。

伊川論治，分治道，治法二端，修齊治平，治之道也，綱紀制度，治之法也，《近思錄卷八》二三六頁，八行，伊川曰：

治身齊家以至平天下者，治之道也；建立紀綱，分正百職，順天時以制事，至於創制立度，盡天下之事者，治之法也，聖人治天下之道，唯此二端而已。

故治道以修齊爲本，夫婦人倫之始，有男女然後有夫婦，男女正，天地之大義也。男女正，修身之謂也，《程傳》六八二頁，四行〈家人彖傳〉「家人，女正位乎內，男正位乎外，男女正，天地之大義也。[20]」句下，伊川曰：

彖以卦才而言，陽居五在外也；陰居二，處內也，男女各得其正位也。尊卑內外之道正，合天地陰陽之大義也。

齊家，則孚誠威嚴並重，《程傳》一八五頁，五行〈家人上九爻〉「有孚威如終吉。」句下，伊川曰：

上卦之終，家道之成也，故極言治家之本，治家之道，非至誠不能也，故必中有孚信，則能常久而衆人自化爲善，不由至誠，己且不能常守也，況於使人乎？故治家以有孚爲本。治家者，在妻孥情愛之間，慈過則無嚴，恩勝則掩義，故家之患，常在禮法不足而瀆慢生也，長失尊嚴，少忘恭順而家不亂者，未之有也，故必有威嚴，則能終吉，保家之終，在有孚威如二者而已。

〈彖傳〉謂父母，家之嚴君也，「父父子子兄兄弟弟夫夫婦婦而家道正，正家而天下定矣。」則修齊治平，即爲一貫，治化固不可分也，伊川於此即衍〈彖傳〉之義，《程傳》一八二頁，六行，〈家人彖傳〉「家人有嚴君焉，父母之謂也。」句下，伊川曰：

家人之道，必有所尊嚴，而君長者，謂父母也，雖一家之小，無尊嚴則孝敬衰，無君長則法度廢，有嚴君而後家道正，家者，國之則也。

又「正家而天下定矣」句下，伊川曰：

父子兄弟夫婦各得其道，則家道正矣，推一家之道，可以及天下，故家正則天下定矣。

治道與治法相輔，故爲政當建立法制，紀綱法度，不可一日而廢，廢則禍亂作矣，《程傳》四十四頁，四行，〈蒙初六爻〉下，伊川曰：

爲政之始，立法居先。

又一九七頁，五行〈解卦辭〉下，伊川曰：

夫天下國家，必紀綱法度廢亂，而後禍患生。

治法見於政刑，《易》言政刑，多著於大象，觀象以施政刑，姤觀二卦，已顯其義，姤風行天下，則施命而誥於四方，《程傳二一九頁．三行》〈姤大象〉曰「天下有風姤，后以施命誥四方」句下，伊川曰：

風行天下，無所不周，為君后者，觀其周徧之象，以施其命令，周誥四方也，風行地上與天下有風，皆為周徧庶物之象。

觀卦風行地上則省方以觀民設教，《程傳》一〇九頁，十行，觀大象曰：「風行地上觀，先王以省方觀民設教。」句下，伊川曰：

風行地上，周及庶物，為由歷周覽之象，故先王體之，為省方之禮以觀民俗而設教也。……設為政教，如奢，則約之以儉，儉，則示之以禮是也。

澤上於天夬，君子觀夬卦有膏澤下逮之象，故施祿及下，豐有雷電明動之象，則以此而折獄致刑，明以折獄，威以致刑也。山上有火為旅，火之高照，故明慎用刑，火行不處，故不留獄，澤上有風，感於澤中，死者極刑，君子惻然，觀中孚澤風之象，則議獄緩死，皆明慎用罰，刑期無刑之意，刑所以止惡，止惡之道，務塞其源，故先政教而次威刑，相時順動，因革損益，論治務識大體，蓋物有本末，事有總攝，得其機要，則繁劇易理，收效宏速，如此，則天下事如指諸掌《程傳》（一三六頁，一行〈

大畜六五爻〉）下，伊川曰：

夫物有總攝，事有機要，聖人操得其要，則視億兆之心猶一心，道之斯行，止之則戢，故不勞而治。

《全書卷五十九》十三頁下，伊川曰：

臣竊惟天下之勢所甚急，在安危治亂之機，若夫指一政之闕失，陳一事之利病，徒爲小補，不足以救當世之弊，而副陛下勤求之意也。

凡物皆有本末，事皆有統紀，振衣必挈其領，布網必提其綱，理勢之自然也，伊川論治，特重機要，其識見有以大過乎人，天下事，若觀其會通，攬其宏綱，則爲之也易，而民之從之也輕，此爲治必不可忽之事。治化以民人之親睦爲首，伊川於比卦極言人民相與親比之效，比九五，以一陽安居尊位，而群陰上下來比，《程傳》五十八頁，二行，〈比卦辭〉前，伊川曰：

比，親附也，人之類必相親輔，然後能安，故既有眾，則必有所比，比所以次師也，爲卦上坎下坤，以二體言之，水在地上，物之相切比無間，莫如水之在地上，故爲比也，又眾爻皆陰，獨五以陽剛居君位，眾所親附，而上亦親下，故爲比也。

所謂「不寧方來，上下應也。」（比彖傳）句下，伊川曰：

民不能自保，故戴君以求寧，君不能獨立，故保民以爲安，不寧而來比者，上下相應也，以聖人之公言之，固至誠求天下之比以安民也，以後王之私言之，不求下民之附，則危亡至矣。

比之道，基於兩志之相求，人情相求則合《程傳》五十八頁，九行〈比卦辭〉「不寧方來後夫凶」句下，伊川曰：

比之道由兩志相求，兩志不相求則睽矣，君懷撫其下，下親輔於上，親戚朋友鄉黨皆然，故當上下合意以相從，大抵人情相求則合。

同頁八行曰：

凡生天地之間者，未有不相親比而能自存者也。雖剛強之至，未有能獨立者也。

〈比彖傳〉「後夫凶其道窮也。」句下，伊川曰：

眾必相比而後能遂其生，天地之間，未有不相親比而能遂者也，无所親比，困屈以致凶窮之道也。

〈比大象〉曰：「先王以建萬國親諸侯。」蓋舉國上下和洽，乃致治之先務，為政之根本，《書堯典》所謂「協和萬邦，黎民於變時雍。」即此卦之大義也，堯典敘帝堯善推其德，自一身而九族，而百姓，而萬邦協和，能令舉世無不親比和洽，治道極矣，人相親比，則乖戾之氣息，而太和之性全，舉天下之人相與親比，則大同之盛世可期，伊川於同人卦釋同人之義曰，同者一也，言內外致一也：一可以通金石，冒水火，則至誠感通之極。故曰其理甚微，二人同心，其利斷金，況天下大同，何亂不可弭，何俗不可易，世有不治者乎？《程傳》八十三頁，一行〈同人九五爻〉下，伊川曰：

同者，一也，一不可分，分乃二也，一可以通金石，冒水火，無所不能入，故云其利斷金⑳，其理甚微，故聖人贊之曰同心之言，其臭如蘭，謂其言意味深長也。

致大同之道，在人心相與感通，君子以中正之道相應是也，《程傳》八十頁，八行〈同人彖傳〉「文明以健，中正而應，君子正也。」句下，伊川曰：

以二體言之，其義有文明之德而剛健，以中正之道相應，乃君子之正道也。

蓋天下之志萬殊，其理則一，心同此理，理無不同，太平盛世，人咸企仰，此人心之所同然也，〈咸彖傳〉曰：「聖人感人心而天下和平。」君子之所以能通天下之志者，人同此心也，同頁九行，〈彖傳〉又曰：「惟君子唯能通天下之志。」句下，伊川曰：

天下之志萬殊，理則一也，君子明理，故能通天下之志，聖人視億兆之心猶一心者，通於理而已，文明則能燭理，故能明大同之義，剛健則能克己，故能盡大同之道，然後能中正，合乎乾行也。

大同之道至易，要在人有大公之心耳，故大同之世至公，人無暱比之情，家不係於所私，與天下大同，天下皆同，地及千里之外，時通千歲之後，無遠近今昔之不同，是之謂大同，治化之功，於斯爲極矣，《程傳》七十九頁，十行，〈同人卦辭〉「同人于野亨，利涉大川，利君子貞」。句下，伊川曰：

野，謂曠野，取遠與外之義，夫同人者，以天下大同之道，則聖賢大公之心也，常人之同者，以其私意所合，乃暱比之情耳，故必于野，謂不以暱近情之所私，而於郊野曠遠之地，既不係所私，乃至公大同之道，無遠不同也，其亨可知，能與天下大同，是天下皆同之也，何險阻之不可濟，何艱危之不可亨。故利涉大川，利君子貞。

結語

謹按《易》言治化，與《詩》《書》群經相表裡，關雎麟趾之化，始於夫婦，《詩》之教也，而《易》咸卦，則有男下女之象，有男女然後有夫婦，有夫婦而人倫始基矣，故經曰：「取女吉。」九族既睦協和萬邦之治，美於虞書，而《易》比卦有建萬國親諸侯之文。《春秋》正名分以嚴大防，先塞禍亂之源，務絕奢僭之萌，而履卦大象已顯上下有辨之理。《禮記大學》著修齊治平之道，以經緯民治，而家人卦見正家而天下定之效。故六經之旨，歸於立人，而治化之要，盡萃於《易》矣，〈下繫第二〉言之尤備，自結罔罟以田以漁，而耒耨之利漸興，繼之以日中爲市，貿遷有無，而民生初定，又爲之宮室以蔽風雨，有舟楫之利以濟不通。又服牛乘馬，以紓民力，重門擊柝，以待暴客，民漸安居，更制書契以辨名目，爲弧矢以威天下，使庶類相安相養，各得其所而民治日新，其初取天地之法象以設卦，復本卦爻之義以制器利用。故曰黃帝堯舜垂衣裳而天下治，此不異人類治化之簡史也，況《易》著三才之理，而立人之道，惟言仁義，仁，通天人之心，義制萬事之宜，仁義，即治化之基則也，《易》何莫而非言治化乎？伊川論治化，既本諸經傳，而於治化之要，又多有發明，足以貽典則於來葉者，屢見不鮮，但如家人卦言正男女以正家，正家以定天下，姤卦言施命以誥於四方，觀卦言省方觀民以設教，夬卦之施祿及下，豐卦之折獄致刑，旅卦之決獄宜速，中孚之議獄緩死，經傳皆有明文，伊川於上述諸卦言治化之義，不過疏通證明而已，論爲治之序，則先德教而次威刑，蓋尙德治，乃儒家之傳統主張，伊川於此，即本《論語爲政》道之以德禮則民有恥且格之遺意，而就履大象辨上下之文推明「分位」之義，使民人各勤其業，各安其分，而其志定矣，民志定，則無侵越攘奪之患而天下治，此則伊川之卓見也，論治又貴因時，時義固亟見於《易傳》而即時以論變通，以言改革則多所發明，變革事之至大，即時義之要領，故曰「三代損益文質，隨時之宜，孔子告顏回以行夏之時，乘殷之輅，服周之冕，樂則韶武，二千年來，無一人識者」（全書卷十八語三）皆伊川善於推理，以及特重時義之明證，又謂當大任者，不可自用私智，宜任天下之聰明，以恢宏一己之器識，此取諸人以爲善，而善莫大於是，尤有遠見。論治貴識大體，務攬機要。蓋包舉萬事而握其環中，以應無窮，其發若機栝，其應則捷於影響矣，此其識見有以大過乎人者。而其治化之最高理想。則見於比與同人二卦之傳文。於比卦論人類相與親輔之道，謂必相親附而後能遂其生，即人君亦須保民以自安，非擁民而自尊，奪民以自養，以富侈尊榮集於一身而自陷於獨夫紂之境地也，其義至爲精深，洵不刊之鴻教也。人類相比相輔，以共營安全之生存，今所謂互助合作是也，如此，則不畏於刀俎魚肉之強力，不危於鬥狠爭殺之酷禍，人類但相親比而自能各遂其生，各全其性矣，於同人卦極論大同之治以「同者，一也，一不可分。」將鎔鑄舉天下之人而爲一整體，此即天地萬物一體之仁道思想，大同之世，人懷至公之心，家無私係之情，地及千里之外，時通千歲之後，莫不大同，人心之相與感通，已存神入化，微妙玄通，奚啻治之云乎，洵所謂治化之勝境也。

參考書目

《論語為政・顏淵・子路》、《尚書洪範・皐陶謨・呂刑・堯典》、《孟子梁惠王》、荀悅《申鑒政體第一》、《廣近思錄卷八・九・十》、《近思錄卷九・十》、《後漢書崔寔傳・張衡傳・左雄傳・荀悅傳》、《續近思錄卷十・九・八》、《禮記哀公問・樂記》、《荀子天論・禮論・樂論・儒效・王霸》、《清儒學案卷一六一魏默深治篇》、《濂洛關閩書卷六》、《春秋繁露立元神第十九・保位權第二十・仁義法第二十九》、《資治通鑑獻帝紀・唐紀貞觀諸年》、《孔子家語王言解第三》、《韓非子大體第二十九》、。

【附註】

① 《荀子性惡篇》曰：「故善言古者必有節於今，善言天者，必有徵於人，凡論者，貴其有辨合，有符驗。」王引之曰：「節亦驗也。」

② 《文公易說卷十六》朱子曰：「自氣之動而言則為陽，自氣之靜而言則為陰。」

③ 《孟子盡心上》孟子曰：「居仁由義，大人之事備矣。」《公孫丑上》孟子曰，「必有事焉而無正，心勿忘，勿助長也。」

④ 《孟子盡心上》孟子曰，萬物皆備於我矣，反身而誠，樂莫大焉。。

⑤ 《南雷文定後集卷三》引。

⑥《禮記禮運篇》曰：「故人者，其天地之德，陰陽之交，鬼神之會，五行之秀氣也。」

⑦《全書卷二十，語五》八頁下，四行，問，「先生云性無不善，才有善不善，然孟子意，卻似才亦無有不善，如云非天之降才爾殊也，是不善不在才，但以遇凶歲陷溺之耳，又觀牛山之木，人見其濯濯，以爲未嘗有才，此豈山之性。是山之性未嘗無才，只爲斧斤牛羊害之耳，又若夫爲不善，非才之罪也。則是以情觀之，而才未嘗不善，觀此數處，切疑才是一個爲善之資，試觀孟子意，似言性情才三者皆無不善，今謂才有善不善何也？先生云，上智下愚便是才，以堯爲君而有象，以瞽瞍爲父而有舜，亦是才。然孟子只云非才之罪者，蓋公孫丑正問性善，孟子且答他正意，不暇一一辨之。」

⑧清儒顏習齋存性篇曰：「大約孔孟以前責之習，程朱以後責之氣。」

⑨《詩周頌維天之命》曰：「維天之命，於穆不已」箋，「命，猶道也，天之道於乎美哉！動而不止，行而不已。」

⑩《宋元學案卷八十三．魯齋學案》一〇七八頁，四行。

⑪〈上繫第四〉曰：「一陰一陽之謂道，繼之者善也，成之者性也。」

⑫《明儒學案卷六十二》七一八頁。

⑬《書臯陶謨》曰：「何畏乎巧言令色孔壬。」《論語學而》子曰：「巧言令色鮮矣仁。」

⑭〈上繫第七〉子曰：「作《易》者其知盜乎，《易》曰負且乘致寇至，負也者小人之事也，乘也者，君子之器也，小人而乘君子之器，盜思奪之矣，上慢下暴，盜思伐之矣，慢藏誨盜，冶容誨淫。《易》曰：「負且

乘致寇至，盜之招也。」

⑮ 自知幾其神乎至萬夫之望一段，見〈下繫第四〉乃孔子釋〈豫六二爻〉之文，明知幾之重要，夫見事之幾微以下，乃伊川語。

⑯ 《論語八佾》子曰：「禮，與其奢也寧儉。」答林放問禮之本。

⑰ 〈下繫第八〉「二與四同功而異位，二多譽，四多懼，近也，三與五同功而異位，三多凶，五多功，貴賤之等也。」

⑱ 《僞古文尚書五子之歌》其一曰「皇祖有訓：民可近，不可下，民惟邦本，本固邦寧。」

⑲ 《廣近思錄卷八》一一〇頁末行。

⑳ 〈上繫第六〉孔子釋〈同人九五爻〉子曰：「君子之道，或出或處，或默或語，二人同心，其利斷金，同心之言，其臭如蘭。」

第六章　伊川辯易辭之異同

宇內器物流布，萬象繁賾，若不可究詰，然以同異之理觀之，則有條而未紊也。故〈大傳〉謂包羲始作八卦「以通神明之德，以類萬物之情。」類萬物之情，蓋言別萬物之同異也，伊川即本〈同人卦大象〉「君子以類族辨物。」之旨，而論《易》辭之同異。《程傳》八十二頁，十一行〈同人大象〉曰「天與火同人，君子以類族辨物。」句下，伊川曰：

不云火在天下，天下有火，而云天與火者，天在上，火性炎上，火與天同，故為同人之義。君子觀同人之象，而以類族辨物，各以類族辨物之同異也，若君子小人之黨，善惡是非之理，物情之離合，事理之異同，凡同異者，君子能辨明之，故處物不失其方也。

君子以類族辨物，旨在處物而不失其方，辨易辭之異同，取明經傳之本義，非若名家者流，好為同異之辨，以服天下之口而已，故謂蹇，屯，困三卦「同為難而義則異」，明辭之有異同，不可不知，《程傳》一九二頁，六行〈蹇彖傳〉曰：「蹇難也，險在前也。」句下，伊川曰：

蹇難也，蹇之為難，如乾之為健，若易之為難，則義有未足，蹇有險阻之義，屯亦難也，困亦難也同爲難而義則異，屯者，始難而未得通，困者，力之窮，蹇乃險阻艱難之義，各不同也。

又就〈需彖〉之「貞吉」言《易》辭之同異，不可不辨，《程傳》四十六頁，九行〈需卦辭〉「需有孚，光亨貞吉。」句下，伊川曰：

需者，須待也。……以卦才言之，五居君位，爲需之主，有剛健中正之德，而誠信充實於中，中實有孚也，有孚則光明而能亨通，得貞正而吉也，凡貞吉有既正且吉者，有得正則吉者，當辨也。

《易》中言貞吉處頗多，同一辭也，而其義各異，若一概觀之，則因辭而害志矣，故曰「當辨也。」謂貞吉之辭雖同，而用義各異，不可不辨也，《程傳》一〇六頁，八行〈臨初九爻〉「咸臨貞吉」下，伊川曰：

凡言貞吉，有既正且吉者，有得正則吉者；有貞固守之則吉者，各隨其事也。

綜右言之，伊川以爲《易》言貞吉約分三類。

甲、既正且吉。

乙、得正則吉。

丙、貞固守之則吉。

伊川訓貞爲正，爲固，蓋有所本〈乾卦辭〉「元亨利貞」《集解》引《子夏傳》曰：「貞、正也。」〈坤六二〉「含章可貞」《集解》引虞翻曰：「貞，正也。」〈乾文言傳〉「貞固足以幹事。」皆於故訓有徵，即此三類，而驗之經傳。

甲、既正且吉。

《程傳》九十三頁，〈豫六二爻〉「介于石，不終日，貞吉」句下，伊川曰：

當豫之時，獨能以中正自守。……其介如石，其去之速，不俟終日，故貞正而吉也。

《程傳》四十九頁，三行〈需九五爻〉「需於酒食，貞吉。」句下，伊川曰：

九以陽剛居中得正，以此而需，何需不獲。……既得貞正而所需必遂，可謂吉矣。

〈象傳〉「酒食貞吉，以中正也。」句下，伊川曰：

需於酒食而貞吉者，以五得中正而盡其道也。

乙、得正則吉。

《程傳》六十頁，末行，〈比六四爻〉「外比之貞吉。」句下，伊川曰：

四與初不相應而五比之，乃得貞正而吉也，五剛陽中正，比之正也，故為貞吉。

《程傳》一七三頁，十行，〈晉初六爻〉「晉如摧如，貞吉。」句下，伊川曰：

初居晉之上，晉如，升進也，摧如，抑退也，於始進而言，遂其進，不遂其進，唯得正則吉也。

《程傳》一三七頁，六行，〈頤彖傳〉「頤貞吉，養正則吉也。」句下，伊川曰：

貞吉，所養者正，則吉也。

丙、貞固守之則吉。

《程傳》二三〇頁，三行，〈升六五爻〉「貞吉升階」，句下，伊川曰：

五以下有剛正之應，故能居尊位而吉，然質本陰柔，必守貞固，乃得其吉也。

《程傳》一九二頁二行〈蹇彖傳〉「蹇利西南，不利東北，利見大人，貞吉。」句下，伊川曰：

濟難者，必以大正之道，而堅固其守，故貞則吉也，若遇難而不能固其守，入於邪濫，雖使苟免亦惡德也。

伊川以三類，辨析《易》中「貞吉」之義，頗稱洽當，此後船山亦申其說，《周易內傳發例》曰：「凡言，貞者者，言既得其正而又吉，或謂所吉者在正，而非不正者之可幸吉，此即戒矣。」船山所云，即承伊川甲、乙兩類之義而言也。

次辨利貞：

《程傳》二五九頁，五行，〈漸卦辭〉「漸女歸吉，利貞。」句下，伊川曰：

以卦才兼漸義而言也。……諸卦多有利貞，而所施或不同，有涉不正之疑而爲之戒者，有其事必貞，乃得其宜者，有言所以利者，以其有貞也。所謂涉不正之疑而爲之戒者，損之九二是也。處陰居說，故戒以宜貞也。有其事必貞乃得宜者，大畜是也，言所畜利於貞也，有言所以利者，以其有貞者，漸是也，言女歸之所以吉，利於如此貞正也，蓋其固有，非戒也。

伊川辨「利貞」一辭，就其用法（謂所施）之不同，別爲三類，並分別舉卦例說明其相異之處，或戒以宜貞，如損九二居中，但以處說體，恐其有失中道，故戒之以愼守，或告之以利於貞，如大畜，所畜者不正（如包藏禍心）雖大雖多何益？或直明其利於如此之貞，如女歸，固以漸爲宜〈彖傳〉所謂「漸之進也。」即不陵節犯禮之意，乃以勸爲戒，實亦戒也：三者，要歸之於貞正而已，然船山於《周易內傳發例》云，「若利貞，則謂其合義而可固守，即有戒焉，亦謂其義之合不以權而以正也，倘云利於貞，不利於不貞，此豈待《易》之言而後戒乎？」船山謂「利貞」止可訓「合義而可固守。」伊川云「宜貞。」即有固守之義，又似指伊川「利於貞」之訓太淺近（發例末二句）然《易》義本貴簡明，衆所周知之事，至易忽忘，尤所當戒也。

次辨貞厲

有雖正亦危者，《程傳》六十九頁，末行，〈履九五爻〉「夬履貞厲。」句下，伊川曰：

> 夬，剛決也，五以陽剛乾體居至尊之位，任其剛決而行者也，如此，則雖得正，猶危厲也，若自任剛明，決行不顧，雖使得正，亦危道也，《易》中云貞厲，義各不同，隨卦可見也。

有貞固守之而危厲者，《程傳》一七五頁，三行〈晉九四爻〉「晉如鼫鼠貞厲。」句下，伊川曰：

> 以九居四，非其位也，非其位而居之，貪據其位者也。……貪而畏人者，鼫鼠也，故云晉如鼫鼠，貪於非據而存畏忌之心，貞固守此，其危可知，言貞厲者，開有改之道也。

有宜守貞正而懷危懼者，《程傳》二四二頁，八行〈革九三爻〉「征凶貞厲。」句下，伊川曰：

> 九三以剛陽爲下之上，又居離之上而不得中，躁動於革者也。在下而躁於革，以是而行，則有凶也，然居下之上，事苟當革，豈可不爲也？在乎守貞正而懷危懼也。

次辨艮止與畜止不同。

艮止者，安止也；畜止者，畜制之義，《程傳》二五五頁，八行〈艮卦辭〉前，伊川曰：

艮止也，不曰止者，艮，山之象，有安重堅實之義，非止義可盡也。然則與畜止之義何異？曰，畜止者，制畜之義，力止之也；艮止者，安止之義，止其所也。

次辨諸卦之「元」與「乾元」之義有別。

元系乾曰「乾元」，元，爲元始之義，在它卦，元爲善，爲大而已，《程傳》八十四頁，七行，〈大有彖傳〉「其德剛健而文明……是以元亨」句下，伊川曰：

元之在乾，爲元始之義，它卦，爲善爲大而已……曰，元之爲大可矣，爲善何也？曰：元者，物之先也，物之先，豈有不善者乎？故〈文言曰〉「元者，善之長也。」

乾元之元訓始，本乾彖傳「大哉乾元，萬物資始。」之義《說文解字第一》亦訓元爲始，乾元爲萬物生化之本始，即天地之元氣是也，就形上意義言，乾元亦首出庶物，故與它卦所出之「元」字異，伊川別之是也。

次於位，辨爵位與陰陽之位異。

《程傳》一一四頁，三行〈噬嗑初九爻〉下，伊川曰：

初與上無位，爲受刑之人，王弼以爲無陰陽之位，陰陽繫於奇耦之畫，豈容無也，若需上六云不當位，乾上云無位，爵位之位，非陰陽之位也。

次辨曰「大人。」者，或以德言，則指聖人，或以位稱，則目王者。《程傳》一五二頁，一行，〈離大象〉曰「明兩作離，大人以繼明照於四方。」句下，伊川曰：

> 明兩而爲離，繼明之義也。大人，以德言，則聖人；以位言，則王者。……

大人而指稱聖人者，如〈乾文言傳〉「夫大人者，與天地合其德……後天而奉天時。」《程傳》聖人先於天而天同之，後於天而能順天者，合於道而已。」文言傳之大人，伊川直以聖人目之。又乾九二，「利見大人。」則專以其德言。至九五所利見之大人，則又以位稱之也。或謂大德中正之人，則德位兼具者也。《程傳》二十八頁，九行，〈文言傳〉「九五曰：飛龍在天，利見大人……。」句下，伊川曰：

> 《易》中利見大人，其言則同，義則有異，如訟之利見大人，謂宜見大德中正之人（按指訟九五），則其辯明，言在見前，乾之二、五，則聖人既出，上下相見，共成其事，所利者見大人也，言在見後。

次辨「匪寇婚媾」之辭，屯睽二卦同用，而其義亦殊。《程傳》一九〇頁，十行〈睽上九爻〉曰，「睽孤，見豕負塗，載鬼一車，先張之弧，後說之弧，匪寇婚媾，往遇雨則吉。」句下，伊川曰：

> 上居睽之終，睽之極也。上之與三，雖爲正應，然居睽極，無所不疑，其見三，如豕之污穢而背負泥塗，如見載鬼滿一車也，先張之弧，始疑惡而欲射之也，三實無惡，故復說弧而弗射，

睽極而反，故與之非復是寇讎，乃婚媾也，此匪寇婚媾之語與它卦同，而義則殊也。它卦，謂屯也，《程傳》四十頁，二行，〈屯六二爻〉「屯如邅如，乘馬班如，匪寇婚媾，女子貞不字，十年乃字。」句下，伊川曰：

> 二以陰柔居屯之世，雖正應在上而逼於初剛，故屯難邅迴，如，辭也，乘馬，欲行也，欲從正應而復班如不能進也，下馬爲班，與馬異處也，二當屯世，雖不能自濟而居中得正，然偪近於初，故爲難也。設匪逼於寇難，則往求於婚媾矣，婚媾，正應也。

伊川於睽釋「匪寇婚媾。」曰：「非是寇讎，乃婚媾也。」語頗簡明，於屯六二則曰：「匪逼於寇難，則往求於婚媾矣。」稍增字解經矣。然此意本之輔嗣屯六二爻下王注：「寇謂初也，無初之難，則與五婚矣。」是也。

次辨咸恆漸歸妹四卦，皆有男女配合之義，而有同有異。

四卦皆有男女配合之義，是其同，然咸恆爲夫婦之道，漸歸妹，爲女歸，則大同之中，又復不同也，而咸與歸妹，爲男女之情。恆與漸爲夫婦之義，又小同之中有異，小異之中，復各有同，此就卦義而別其同異也。《程傳》二六三頁，十行〈歸妹卦〉前，伊川曰：

> 卦有男女配合之義者四，咸、恆、漸、歸妹也，咸，男女之相感也，男下女，二氣感應，止而說，男女之情相感之象。恆，常也，男上女下，巽順而動，陰陽皆得應，是男女居室，夫婦唱隨之常道。漸，女歸之得其正也，男下女而各得正位，止靜而巽順，其進有漸，男女配合，得

其道也。歸妹、女之嫁歸也，男上女下，女從男也，而有說少之義，以說而動，動以說，則不得其正矣，故位皆不當，咸恆，夫婦之道，漸歸妹，女歸之義，咸與歸妹，男女之情也，咸止而說，歸妹動於說，皆以說也。恆與漸夫婦之義也，恆巽而動，漸止而巽，皆以巽順也。男女之道，夫婦之義，備於是矣。

睽大象謂君子有同有異，《程傳》一八七頁，四行〈睽大象〉曰：「上天下澤睽，君子以同而異。」下，伊川曰：

上天下澤，二物之性違異，所以爲睽離之象，君子觀睽異之象，於大同之中，而知其所當異也，夫聖賢之處世，在人理之常，莫不大同，於世所同者，則有時而獨異，蓋於秉彝則同矣，於世俗之失則異也，不能大同者，亂常拂理之人也，不能獨異者，隨俗習非之人也。要在同而能異耳，中庸和而不流是也。

人性相近，焉得不同？然於大同之中，自有其遠相疑異者，所謂特立獨行之士，見利思義，見危授命，不沮於非毀之言，不動於威武之勢，此其定力卓絕，志氣宏毅有以大過乎人，固非立奇好異之人，所可同日而語也。故伊川就蠱上九「不事王侯，高尚其事」而論隱逸之行跡不同，然其進退皆合於道則一，即〈大傳〉殊途同歸之意，孟子所謂「君子亦仁而已矣，何必同？」此則人事行藏之異同，要足以見《易》理無不該貫，事物同異之情，舉在於斯矣，《程傳》一〇四頁，三行蠱上九爻「不事王侯，高尚其事。」句下，伊川曰：

上九，居蠱之終，無係應於下，處事之外，無所事之地也，以剛明之才無應援而處無事之地，是賢人君子不偶於時而高潔自守，不累於世務者也。故云不事王侯高尚其事，古之人有行之者，伊尹太公望之始，曾子子思之徒是也，不屈道以循時，既不得施設於天下，則自善其身，尊高敦尚其事，守其志節而已，士之自高尚，亦非一道，有懷抱道德不偶於時而高潔自守者；有知止足之道，退而自保者；有量能度分，安於不求知者；有清介自守不屑天下之事獨潔其身者，所處雖有得失小大之殊，皆自高尚其事者也。象所謂志可則者，進退合道者也。

就士君子之行迹言，固有同有異，其本同者，無以爲異，其不可同者，又不能強之使同，故孟子告淳于髡曰「居下位不以賢事不肖者，伯夷也；五就湯，五就桀者伊尹也；不惡污君，不辭小官者，柳下惠也，三子者不同道，其趨一也，一者何也，曰，仁也。君子亦仁而已矣，何必同？」此三聖之用舍行藏雖異而其趨於仁則一，故曰：「君子亦仁而已矣，何必同。」言何必同其途，而其大歸則未嘗或異也。是君子不偶於時，高尚自守之道，蓋取於大《易》隨時之義，所謂進退以道，用舍唯時是也。

結　語

謹按凡物之有同異，物之情也。睽大象「君子以同而異」，同人大象言「君子以類族辨物。」辨物者，辨物之同異也，墨子嘗謂「明同異之處，察名實之理。」（小取）蓋辨同異，即所以核名實，儒家正名之遺意也，先秦名家，如惠施、公孫龍之徒，則好爲同異之辨耳，惠施所謂「大同而與小同異，此之謂小同異，萬物畢同畢異，此之謂大同異。」①其言雖有理致，實好辯之風使然，先聖作《易》，以通神明之德，以類萬物之情。②雖大宇之內，品彙萬殊，然而類聚群分，③各有係屬。如日月麗乎天，百穀草木麗乎土④，而本乎天者親上，本乎地者親下⑤，是物各從其類也。各從其類，則各可以類族辨之，如是而後天地萬物之情自可見矣，伊川於《易》辭之異同，辨之甚晰，條貫畢具，揆之經傳，義無不協，要在明同之中有異，異之中復有同，苟知其同而不明其異，見其異而忽其所以同，則名實淆亂矣，名實不清，則易以辭害志，而欲明經文之大義難矣，故《易》辭之辨別，專以明《易》義而已，他非所取也。

參考書目

《周易集解卷一》、《周易內傳發例》、《說文解字第一》、《周易正義》、《孟子告子》、《墨子小取》、《莊子天下篇》。

【附註】

① 數語見莊子天下篇。

② 〈下繫第二章〉包羲氏言作易之旨。

③ 〈上繫第一〉方以類聚，物以群分，吉凶生矣。

④ 〈離卦彖傳〉曰：「日月麗乎天，百穀草木麗乎土。」

⑤〈乾文言傳〉釋九五飛龍在天，下有此二句。

第七章　伊川易學之源流

《中庸》云：「仲尼祖述堯舜，憲章文武。」孔子亦自謂：「文王既沒，文不在茲乎！」①言其有所承也，蓋學術思想，必有所自來，所謂執柯伐柯，取則不遠也，論其淵源，雖顯有師承，或恪守家法，而經緯別具，體系完整者，固不害一家之言也。若承前啓後，俾來者得與於斯文，振廢繼絕，使人文演進以日新，尤足貴也。伊川《易》學，其本原出於大《易》，而旁及思孟之書，於三家《易》，漢唐經師，或師其意，或引其辭，雖片言隻字，要有所取，均可謂之淵源。清儒陸桴亭即以一語之引用，而斷定傳授之淵源，惟思孟之外，伊川於三家《易》取則尤多也。語其流，則自《程傳》行世，有宋一代，已靡然從風，東谷、誠齋，其尤著也。元明取士，傳義並重，雖尊伊川之《易》，實爲利祿所驅，而篤實好之者蓋尠，至清，尤多假程朱之名，以邀時君之喜好，而專研程《易》者，一二人而已。然以義理言易，輔嗣之後，今猶以《程傳》爲首出，元吳草廬謂：「《程傳》發其眞知實踐之理，推之爲修齊治平之用。」善哉斯言。世運雖日新而未已，學術要期於有用，即用而言，則《程易》之流衍，實方興未艾也。茲以程易淵源，程易流衍二節分述於下：

一、程易淵源

伊川嘗謂思孟傳聖人之學，蓋指《易》道而言也。《全書卷十八．語三》四頁，六行，伊川曰：

> 傳經爲難，如聖人之後，纔百年，傳之已差，聖人之學，若非子思孟子，則幾乎息矣，道何嘗息，只是人不由之，道非亡也，幽厲不由也。

《全書卷二十八》十五頁，六行，伊川曰：

> 孔子歿，曾子之道，日益光大，孔子歿，傳孔子之道者，曾子而已，曾子傳之子思，子思傳之孟子，孟子死不得其傳。至孟子而聖人之道益尊。

天人性命，悉萃於《易》，乃所謂聖人之學。所傳所受，自以此爲大宗。《中庸》言性命天道，即與《易》同歸。《中庸》卷首曰：「天命之謂性，率性之謂道，修道之謂教。」與〈上繫第四〉「一陰一陽之謂道，繼之者善也，成之者性也，仁者見之謂之仁，知者見之謂之知，百姓日用而不知。」一段，相爲表裡，「天命之謂性。」依伊川意，天命，即道也，天者，道之總名（見第二章第一節），理之所自出，命者，道之流行耳，性與道爲一（伊川曰，性與道一也）「繼之者善」爲率性上達之工夫。「修道之謂教。」即日用仁知之事，修之在己，自己及人，則謂之教。是《易》、《庸》之義融會而無間也。而「致中和，天地位，萬物育」，與〈乾彖傳〉「乾道變化，各正性命，保合太和乃利貞。」先後一揆，則天人性命，合而言之，功化聖神之極也。清儒陸桴亭撰《易庸通義》列舉二書會通之義頗詳，茲節錄數則以見其梗概。曰：「《易》無思也、無爲也。寂然不動感而遂通天下之故，非即喜怒哀樂未發謂之中，發而中節謂之和，爲天下之大本達道者乎？」桴亭謂中庸所言之中和，即《易》無思無爲之寂感，中，謂寂然不動之候；和，謂感而遂通之用，伊川已嘗言之。（近思錄卷一）桴亭又曰：「九二見龍在田，利見大人。龍德而正中者也，庸言之行，庸行之謹，閑邪存其誠，善世而不伐，德博而化，豈非即子臣弟友，自求未能，庸言之行，庸行之謹，有所不足，不敢不勉，有餘不敢盡，言顧行，行顧言，君子慥慥者乎。」又曰：「火在天上大有，君子以遏惡揚善，順天休命，非即舜好問而好察邇言，隱惡揚善，執其兩端，用其中於民者乎？」桴亭言《易》、《庸》通義如繪。

孟子亦言性命（告子盡心）言時（萬章）言執中（離婁盡心），此伊川《易》學所以多兼取庸孟、元郝經謂思孟之書皆《易》道也。曰：「自孔子歿，曾子子思孟子得其傳而著之書，雖皆《易》道，而不及《易》中一言。」②故伊川及其弟子尹彥明均謂孟子知《易》。《全書卷二十九．語十一》十五頁，九行，伊川曰：

> 孟子可以仕則仕，可以止則止，可以久則久，可以速則速，孔子也，孔子聖之時者也。③故知易者莫若孟子。

尹彥明曰：「趙岐謂孟子通五經，尤長於詩書，岐未爲知孟子者，某謂孟子精通於《易》，孟子踐履處皆是《易》也。試讀《易》一遍然後看孟子。便見楊子言孟子知言之要，知德之奧非苟知之，亦允蹈之，此最善論孟子者。」④伊川謂孟子知《易》係據「時義」言，尹彥明更謂孟子精通於《易》。即其實踐處言之，明儒蘇德溫更即人物之本原而論，以爲孟子知《易》。故曰「孟子曰天之生物也一本，知《易》者，莫若孟子。」⑤蓋以〈乾彖傳〉言「大哉乾元，萬物資始。」德溫謂一本之意在此。皆謂孟子深知《易》道也。《宋史》又以伊川繼孟子之傳，則以道統屬之也。《道學傳，朱子傳》曰：「自周以來，任傳道之責者，不過數人，而其能使斯道章章較著者，一二人而止耳，由孔子而後，曾子子思繼其微，至孟子而始著，由孟子而後，周程張子繼其絕至熹而始著。」明吳康齋居鄉躬耕弟子從者甚衆，陳白沙自廣來學，晨光才辨，先生手自簸穀，白沙未起，先生大聲曰：「秀才若爲懶惰，即他日何從至伊川門下，又何從到孟子門下？」⑥康齋蓋以伊川直接孟子之統，故中間更不系他人之名。

三家易者，王輔嗣、胡安定、王介甫是也。伊川嘗教人學《易》當先讀三家，蓋心折已久。《全書卷六十三》二十七頁，二行，伊川與謝君（湜）書曰：

若欲治《易》，先尋繹令熟，只看王弼、胡先生（安定）、王介甫三家文字，令通貫。餘人《易》說無取，枉費功，年亦長矣，宜汲汲也。

《卷二十．語五》二頁下，二行，伊川曰：

《易》有百餘家，難爲徧觀。如素未讀，不曉文義，且須看王弼、胡先生、荆公三家，理會得文義，且要熟讀，然後都有用心處。

伊川服膺三家，三家以輔嗣居首，掃象數而廓清之，首標義理之幟志也。如〈觀九五象傳〉伊川顯引王注以證己說。《程傳》一一二頁，七行〈觀九五象傳〉「觀我生，觀民也。」句下，伊川曰：

> 我生，出於己者，人君欲觀己之施為善否，當觀於民，民俗善，則政化善也。王弼云觀民以察己之道是也。

伊川傳意與王注同，本爻下，王注：「上之化下，猶風之靡草，故觀民之俗以察己道，百姓有罪，在予一人，君子風著，己乃無咎，上為化主，將欲自觀，乃觀民也。」〈復大象〉直用王注之意。《程傳》一二六頁，四行《復大象》「雷在地中復，先王以至日閉關，商旅不行，后不省方。」句下，伊川曰：

> 雷者陰陽相薄而成聲，當陽之微，未能發也，雷在地中，陽始復之時也。陽始於下而甚微，安靜而後能長，先王順天道，當至日陽之始生，安靜以養之。故閉關使商旅不得行，人君不省親四方，觀復之象而順天道也。在一人之身亦然，當安靜以養其陽也。

伊川以安靜養陽，釋先王閉關則天之意，安靜之義，輔嗣已言之，〈復大象〉下王注云：「冬至，陰之復也，夏至陽之復也。故為復則至於寂然大靜，先王則天地而行者也，動復則靜，行復則止，事復則無事也。」惟王言大靜，在於寂靜而無為。伊川出「養」字，則蓄其勢以助陽之動也。〈無妄六二〉用王注之意而申詳之〈無妄六二爻〉「不耕穫，不菑畬，則利有攸往。」下王注：「不耕而穫，不菑而畬，代終已成而不造也，不擅其美，乃盡臣道，故利有攸往。」伊川於本爻下，則曰：

> 凡理之所然者，非妄也。人所欲為者乃妄也，故以耕穫菑畬譬之。……耕農之始，穫其成也。

> 田一歲曰菑，二歲曰畬，不耕而穫，不菑而畬，謂不首造其事，因其事理所當然也。首造其事，則是人心所作爲乃妄也。……聖人隨時制作，合乎風氣之宜。……

王云「代終已成而不造。」伊川云不首造其事，因事理之當然，則非有意造作，不過代終之而已，以歸於隨時制作之旨，是因王注而申詳之也。〈鼎彖傳〉及初六爻，擇取王注之意。〈鼎彖傳〉「鼎象也」下，王注「法象也。」《程傳》：

> 以形言，則耳對植於上，足分峙於下，周圍內外，高卑厚薄，莫不有法而至正，至正然後成安重之象，故鼎者，法象之器。

〈初六〉「鼎顚趾，利出否，得妾以其子，無咎。」下，王注：「凡陽爲實而陰爲虛，鼎之爲物，下實而上虛，而今陰在下，則是爲覆鼎也，鼎覆則趾倒矣。否，謂不善之物。取妾以爲室主，亦類趾之義也。處鼎之初，將在納新，施顚以出穢，得妾以爲子，故無咎也。」《程傳》於本爻下則曰：

> 六在鼎下，趾之象也，上應於四，趾而向上，顚之象也。鼎覆則趾顚，趾顚則覆其實矣，非順道也。然有當顚之時，謂傾出敗惡以致絜取新則可也。故顚趾利在於出否，否，惡也。得妾以其子無咎，六陰而卑故爲妾，得妾謂得其人也。若得良妾，則能輔其主使無過咎也。

〈鼎彖傳〉下，伊川直取王注而申詳之，〈初六爻〉下，伊川僅擇用王注「出穢內新」之意，而曰：「傾出敗惡以致絜取新。」餘義則不取。〈中孚上九〉直用王注原文，〈中孚上九爻〉「翰音登於天，貞凶。」下王注：「翰高飛也，飛音者，音飛而實不從之謂也。居卦之上，處信之終，信終則衰，忠篤內喪，華美外揚，故曰：翰音登於天也，翰音登於天，正亦滅矣。」《程傳》于本爻下則曰：

翰音者，音飛而實不從，處位之終，信終則衰，忠篤內喪；華美外揚，故云翰音登天，正亦滅矣。陽性上進，風體飛颺，九居中孚之時，處於最上，孚於上進而不知止者也。貞固於此而不知變，凶可知矣。

朱子亦謂伊川釋東北喪朋，用王輔嗣說（文公易說卷三）〈坤卦辭〉「西南得朋，東北喪朋安貞吉。」王注：「西南致養之地，與坤同道者也。故曰得朋，東北、反西南者也。故曰喪朋，陰之爲物，必離其黨之於反類，而後獲安貞吉。」《程傳》曰：

西南陰方，東北陽方，陰必從陽，離喪其朋類，乃能成化育之功，而有安貞之吉。

然王易，出自費氏，則費氏《易》學，又伊川之遠源也。《四庫提要卷一》曰：「弼之說《易》，源出費直，直《易》今不可見，然荀爽《易》即費氏學，李鼎祚書，尙頗載其遺說，大抵究爻位之上下，辨卦德之剛柔，已與弼注略近。」《經學通論》謂王弼以十篇說經頗得費氏之旨。曰：「錫瑞按費氏之《易》不知所自來，考其年當在成哀間，出孟京後。……費氏無章句，故《藝文志》不載，費氏專以彖象繫文言解經，與丁將軍訓故舉大誼略同，似屬《易》之正傳。……釋文以費《易》人無傳者。是不知馬鄭王之《易》，即費《易》也。王弼蓋掃象數，而獨標卦爻承應之義，蓋本費氏之彖象繫辭文言解經，後儒多議其空疏，陳澧獨取之曰，乾元亨利貞，初九潛龍勿用。王輔嗣注云：文言備矣，九二見龍在田，注云：出潛離隱，故曰見龍，處於地上，故曰在田。此眞費氏家法也。」《提要》謂「

王易源出費直。」皮氏謂：「輔嗣獨標卦爻承應之義，一若費氏之以十翼解經，爲眞得費氏家法。」今按伊川僅爲上下經作傳與嗣同，傳中，或用十翼之意，或引十翼之詞以說經，一本輔嗣，清儒陳蘭甫謂：「凡據十篇解經，皆得費氏家法。」⑦則伊川可謂遙承費氏家法，費氏學，即程《易》之遠源也。伊川於胡安定，則親炙之者也，故常稱先生。《宋史》謂：「程頤字正叔，游太學，見胡瑗，問諸生以顏子所好何學？頤因答曰。……瑗得其文大驚異之。」⑧《程傳》中顯引胡氏之說居多。《程傳》一〇八頁，十行〈觀卦辭〉「觀盥而不薦有孚顒若。」句下，伊川曰：

　　予聞之胡益之⑨先生曰：君子居上，爲天下之表儀，必極其莊敬，則下觀仰而化也。

又《程傳》一三六頁，七行，〈大畜上九〉「何天之衢亨。」伊川曰：

　　予聞之胡先生曰：「天之衢亨，誤加何字。」

又《程傳》二一五頁，十行，〈夬九三爻〉「壯于頄，有凶，君子夬夬，獨行遇雨，若濡，有慍，無咎。」伊川曰：

　　爻辭差錯，安定胡公移其文曰：「壯于頄，有凶，獨行遇雨，若濡有慍，君子夬夬，無咎。」亦未安也，當云：壯于頄，有凶，獨行遇雨，君子夬夬，若濡有慍，無咎。

又《程傳》二六三頁，四行，〈漸上九爻〉「鴻漸于陸，其羽可用爲儀吉。」伊川曰：

　　安定胡公以陸爲逵。

右，伊川用安定《易》凡四處。⑩然伊川亦有引其說而別加更正者，如〈夬九三爻〉是也。論《易》

之大義，安定即以變易爲主，伊川所宗也。《周易義海撮要卷十二．論〈易〉三名》引安定《易》說曰：「按楊子曰：陰不極則陽不生，亂不極則德不形，又〈繫辭〉曰：《易》窮則變，變則通，通則久。又曰：生生之謂易，是《大易》之作，專取變易之義。」安定謂「《易》以變爲主。」而《伊川易傳序》曰：「《易》變易也，隨時變易以從道也。」朱子曰：「（問胡安定《易》說）曰：分曉正當。伊川亦多取之。」（六公易說卷十九）至於王介甫，好以「才」字命卦爻，固伊川所取也。《周易義海撮要卷一》〈訟彖傳〉下引介甫曰：「彖，言乎其才也，訟有孚、窒惕中吉，此言九二之才也。終凶，此言上九之才也，利見大人，言九五之才也。不利涉大川，言一卦之才也。」伊川至喜言卦才，爻才（本書第三章第二節專論卦才）然後就才以論其吉凶悔吝，益以時位之變化，而人事之進退得失，洞若觀火，此才之大用也。於〈蠱上九爻〉用介甫之意，本爻下王介甫曰：「在卦之終事成也，在卦之上而無所承，身退者也，在外卦而心不累乎內，志之高者也。」伊川於本爻下曰：

> 上九居蠱之終，無係應於下，處事之外，無所事之地也。以剛明之才，無應援而處無事之地，是賢人君子不偶於時，而高潔自守，不累於事務者也。

介甫以蠱上九在外卦而心不累於內（九三無應），故能高志引退，蓋心有所繫者，則不能出此，伊川即本此意而曰：「上九無係應於下」，又曰：「不累於世務，故能高尚其事。」純用介甫之意也。〈臨六五爻〉用介甫之意而申詳之。〈臨六五爻〉「知臨大君之宜吉」下，介甫曰：「知柔知剛，用晦而明，委物以能，以行其中，非如六四，一乎柔而已。」（撮要卷二）伊川於本爻下則曰：

五以柔中順體居尊位，而下應於二剛中之臣，是能倚任於二，不勞而治，以知臨下者也，夫以一人之身，臨天下之廣，若區區自任，豈能周於萬事？故自任其知者，適足爲不知，唯能取天下之善，任天下之聰明，則無所不周，五順應於九剛中之賢，任之以臨下，乃己以明知任天下，大君之所宜也，其吉可知。

伊川本介甫委物以能，用晦而明之意，而申詳之，所謂倚任於二（剛中而賢）者，委物以能也；不勞而治，以知臨下者，用晦而明也。若取天下之善，任天下之聰明數語，明不專任己知，則其知益大，較之介甫，尤爲詳盡透闢也。又〈巽六四〉直用介甫《易》說，此其著明者也。〈巽六四爻〉下，介甫曰：「田者，興事之大者也，三品有功之甚者也，柔而可以有大功者，巽乎正而得所附也。」（撮要卷六）〈臨六四爻〉「悔亡，田獲三品」伊川曰：

陰柔無援而承乘皆剛，宜有悔也，而四以陰居陰，得巽之正，在上體之下，居上而能下者也。居上之下，巽於上也，以巽臨下，巽於下也。善處如此，故得悔亡，所以得亡，以如田之獲三品也。……四之地本有悔，以處之至善，故悔亡而復有功。

伊川於本爻直用介甫巽乎正而得所附及柔而可以有大功之說，而略加分疏，伊川曰：「得巽之正。」曰：「居上之下，巽乎上也。」曰：「四以處之至善，故悔亡而復有功。」皆直用介甫之說也。然《程傳》雖出入三家，而能存三家之粹。方回曰：「程純公正公師元公，其說《易》，張橫渠撤皋比以遜之，正公嘗教人讀王弼、胡瑗、王安石《易》，伊川《易傳》出，則已刪三家之疵而極其粹。苟猶泥於三家，而不求之《程傳》者，則不可與讀《易》。」⑪能綜三家之長，故有《程傳》而三家《易》說可不必兼讀也。朱子曰：「看《易傳》若自無所得，縱有數家反被惑，伊川先生教人看王弼注、胡安定、王介甫解，今有伊川傳，只看此尤妙。」（文公易說卷十九）。斯三家外，後儒復謂伊川之學有出於濂溪者，朱子倡之於前。《通書跋》云：「通書者，濂溪夫子之所作也，夫子姓周氏名敦頤，字茂叔，自少即以學行有聞於世，而莫或知其師傳之所自，獨以河南兩程夫子嘗受學焉，而得孔孟不傳之正統，則其淵源，因可概見。」清儒陸桴亭，全謝山又力主之是也。桴亭曰：「二程之學本於周子，或謂伊川作明道行狀，言明道得不傳之學於遺經，不言周子，此不善讀書者也。明道自言見周茂叔後，吟風弄月以歸、定性書，即周子定之以仁義中正而主靜之旨。至伊川、則顏子所好何學論，惟人得其秀而最靈。皆周子太極圖之言也，豈得云不本於周子。」⑫按太極圖說中有「惟人得其秀而最靈。」一句，伊川顏子所好何學論中亦有此句，桴亭即以此句而謂伊川之學出於周子也。全謝山曰：「明道先生傳在哲宗實錄中，乃范學士沖作，伊川先生傳在徽宗實錄中，乃洪學士邁作，並云從學周子，兩朝史局所據，恐亦不只呂芸閣《東見錄》一書。侯仲良見周子，三日而還，伊川驚曰，非從茂叔來耶？則未嘗不心折之矣，然則謂二程子少師周子，長而能得不傳之祕者，不盡由於周子可也，謂周子竟非其師則過也。」⑬謝山據史志所錄，而謂二程子嘗受學於周子，然未明言伊川《易》學本於周子。而陳仁子、虞集直以《易》說，亦出於周子。陳仁子曰：「希夷抉羲畫而成於邵；濂溪泄周經而融於程。」⑭虞集曰：「周子之圖，亦不必求同於《易》象，而理則不二，所謂通書者，所以通乎《易》者也。因卦以立辭者，如乾損益家人睽復無妄蒙艮之說僅見，如大畜等卦，當時已不得聞，獨賴河南程子，親得其宗，以其成德之能事，附於三聖人之書而言之，非直傳注而已也。」⑮太抵太極圖、通書，均論性本原，自與於《易》，陰陽動靜，《程傳》亦具，謂有所取，亦無不可，惟伊川不言無極，又以敬易靜，爲後來居先耳。此伊川取則較多者（統思孟、三家言）至漢唐諸師，伊川亦間有援引，雖一義半句，要自有本也。如〈觀卦辭〉「觀盥而不薦有孚顒若」下，伊川曰：

當莊嚴如始盥之初，勿使誠意少散，如既薦之後，則天下之人莫不盡其孚誠顒然瞻仰之矣。

馬融於〈觀卦辭〉此二句下注曰：「盥進爵灌地以降神也，此是祭祀盛時，及神降薦牲，其禮簡略，不足觀也。」（周易集解卷五）伊川謂始盥至誠而薦則意散，直用馬融之說；履，大有論九四近君而多危懼，則韓康伯之注文也。《周易集解卷十六，繫傳下第八》「四多懼近也。」句下，引康伯曰：「四近於君，故多懼也。」《程傳》六十九頁，八行〈履九四爻〉下，伊川曰：

九四陽剛而乾體，在近君多懼之地，無相得之義。

又〈大有九四爻〉下，伊川曰：

九四居大有之時……四近君之高位，苟處太盛則致凶咎。

晁公武曰：「震卦彖傳辭內云脫不喪匕鬯四字，程正叔取之。」（經義考卷十七引）〈震彖傳〉「出可以守宗廟社稷以爲祭主也。」下，伊川曰：

彖文脫不喪匕鬯一句，卦辭云不喪匕鬯，本謂誠敬之至，威懼不能使之自失，彖以長子宜如是，因承上文用長子之義通解之。

此皆伊川《易》說之淵源也，其推衍義理，本出於十翼，而轉以十翼說經，則費氏已導夫先路，元元本末，可約見也。

二、程易流衍

論程《易》之流衍。則《易傳》要義之傳授，首自和靖，如《易傳序》中「體用一源」二句，和靖謂其太露天機，足知和靖之於《易傳》默識已久。《全書卷三十九．外書十二》十四頁，八行。和靖嘗以《易傳序》請問曰：「至微者，理也，至著者象也，體用一源，顯微無間，莫太露天機否？」伊川曰：

如此分明說破，猶自人不解悟。

體用一源，顯微無間二語。朱子亦曰：「此最切要處。」（文公易說卷十九）是也。和靖又謂：「伊川踐履盡一部《易》。」伊川以此準《易》，《易》準天地之道。故又曰：「欲知道者，求於此足矣。」蓋謂《程傳》非徒立言，此可謂識其大者也。《文公易說卷十八》朱子曰：

程子高弟尹公嘗謂：《易傳》乃夫子自著，欲知道者，求於此足矣，不必旁觀他書，蓋語錄或有他人所記，未必盡得先生意；又言先生踐履盡一部《易》，其作傳，只是因而寫成，此言尤有味。

龜山論《易》，於太極外，惟言陰陽，蓋理一分殊，知其（太極）體物而不可遺，而天下之理得矣。《宋元學案卷二十五·龜山學案》五五一頁，四行，問《易》有太極，莫便是道之所謂中否？曰：

然，若是則本無定位，當處即是太極邪？曰：然。兩儀四象八卦如何自此生？曰：既有太極，便有上下，有上下，便有左右前後，有左右前後四方，便有四維，皆自然之理也。

又五五四頁，二三行，朱子曰：

龜山過黃亭詹季魯家，季魯問《易》？龜山取一張紙畫兩個圈子，用墨塗其半云，這便是《易》。此說極好，只是一陰一陽，做出許般樣。

龜山論既有太極，便有上下左右前後四維，此理一而分殊也。又以陰陽便是《易》者，一陰一陽之謂道，道即太極，即實理。一陰一陽之往復不已，而品物流形，庶類繁衍，所謂萬殊也，萬殊無非此理之流行，即無非陰陽之變化。故《易》只是陰陽而已。廌山論《易》道，惟順性命而已。以三極之道，皆會於理，《易》則使人咸趨於中正。即欲人之踐形盡性，以順性命之理也。《宋元學案卷二十六·廌山學案》五七四頁，十六行，廌山曰：

《易》之爲書，該括萬有，而一言以蔽之，則順性命而已，陰陽之有消長，剛柔之有進退，仁義之有隆污，三極之道，皆源於《易》而會於理，其所遭者時也，其所託者義也，其所致者用也，知斯三者，而天下之理得矣。斯理也，仰則著於天文，俯則形於地理；中則隱於人心。而民之迷日久，不能以自得也，冥行於利害之域，而莫知所尚，聖人有憂之，此《易》之所爲作也，伏羲象之而八卦成，文王重之而六爻具，周公繫之辭，仲尼訓其義，自伏羲至於仲尼，則《易》之書不遺餘旨矣，蓋將領天下於中正之途而要於時措之宜也。

三子者，咸伊川之高弟，其所論述，皆得其本原，存其大體，不愧程《易》之嫡傳，足以開悟後來者也。故《程傳》在宋代已多宗之者，首則郭忠孝父子，忠孝堅守伊川艮止之訓，自號兼山，白雲稱其先人受學二十餘年，熏炙可謂久矣，然忠孝《易》著不傳，白雲承先人之說而爲書，主《易》爲有用之書，人人可用，以盡裁成輔相之道，得伊川務實之旨，陸游謂程氏《易》學，立之父子實傳之。（兼山易說跋）蓋有以也。《卷二十八，兼山學案五九二頁，九行，郭氏傳家易學自序》曰：

先人受業伊川先生二十餘年，雍始生之時，橫渠明道，久已謝世，甫四歲而伊川沒，獨聞先人言先生之道，其所學所行，所以教、授，多見於《易》與《春秋》、《中庸》、《論語》、《孟氏》之書，是以門人悉於此盡心焉，雍不肖無聞，重念先人之學，殆將泯絕，先生之道，亦因以息，惟懼無以遺子孫，於是潛稽《易》象以述舊聞，用傳於家，使毋忘先人之業，道雖不足，志則有餘矣。

白雲雖尊王注能革新舊說，易以高尙之言，然謂輔嗣「祖尙虛無，其辭雖美，而無用於天下國家。」（自序十四行）故主《易》爲有用之書，而曰：「《易》者用也，用之書也。」（五九二頁，四行）且人人可用，故又曰：「舉而用之，大小不同，斯則在人。」（同行）以爲人在三才之中，宜自盡其裁成輔相之道，勿自小而不肯爲，故曰：包羲氏始畫八卦，其意若曰是道之一，列而有三，如是而天，如是而地，如是而人，天道主覆，故畫於上；地道主載，故畫於下，人道裁成輔相，故畫於中，於是自任以裁成輔相而配天地焉者，包羲氏畫卦之道也，然天道不以天高而大於地，地道不以地廣而大於人，人道不以人微而小於天地，故三畫皆無差殊，要其至也，混而爲一，復於太極。故名曰卦。」（同頁十四行易說總論）白雲欲人之自尊以盡人道，意重而味益美矣。

而鄭東谷著《翼傳》以羽翼程傳，謂聖人之經得《程傳》而昭昭於天下後世，實推尊之至。雖其解經間有與《程傳》相迕者，然其大旨，則宗伊川也。東谷《周易翼傳自序》曰：

古人傳《易》者多矣，至河南程氏，始屏諸家艱深之說，而析之以明白簡易之理，一時學者知所師承，如瞽者之明，如聵者之聽，如倀倀於冥途者識其所趨，猗與盛哉！汝諸伏讀其書而溯其所得者曰體用一源，顯微無間也，學者不得此理而謂得三聖人之心皆妄也。何者，《易》者，精微之書也，然聖人所以仁天下來世者，欲其皆可知皆可從。至其精微者，則存乎人之自得爾，非以其艱深者眩其人也。……汝諸每念聖人之經，得程氏而始昭昭於天下，不敢以他說亂之，慮其雜也。不敢以己見先之，慮其偏也。乃以程氏之說，疏於經之左，程氏所未及與及之而未明，凡可傳以己意者，則題以爲翼傳，私竊識之，非敢並駕其說也。

東谷深喜《程傳》既有精微之義，復出之以明白簡易之理，使天下後世皆可知可從，故其析理，亦無艱深難解之病，得伊川「《易》本明近。」之旨（程傳一三三頁，三行），惟艮、困、井、革諸卦解說顯與程傳相左，則立言各有所見，固不相妨，而其大義，則宗伊川也。

楊誠齋推從伊川變易之旨，委曲條暢。《誠齋易傳自序》曰：

《易》者何也？《易》之爲言變也，《易》者，聖人通變之書也，何謂變？陰陽太極之變也，五行、陰陽之變也。人與萬物，五行之變也。萬事、人與物之變也。古初以迄於今，萬事之變未已，其作也，一得一失，而其究也，一治一亂。聖人有憂焉，於是幽觀其通而逆繹其圖，《易》之所以作也。《易》之爲言變，《易》者聖人通變之書也。其窮理盡性，其正心修身，其齊家治國，其處顯，其傃窮，其居常，其遭變，其參天地合鬼神，萬事之變方來，而變通之道先立，變在彼，變在此，得其道者，蚩可哲，慝可淑，眚可福，危可安，亂可治，致身聖賢而濟世泰和，猶反手也。斯道何道也？中正而已矣，惟中，爲能正天下之不中，惟正、爲能正天下之不正，中正而萬變通，此二帝三王之聖治，孔孟顏子之聖學也。後世或以爲事物之變而不足以攖吾心，舉而捐之於空虛者，是亂天下者也。不然以爲不足以遁吾術，挈而持之以權譎者，是愈亂天下者也。然則學者將欲通變，於何求通？曰：道，於何求道？曰：中。於何求中？曰：正。於何求正？曰：《易》。於何求《易》？曰：心。

伊川《易傳序》首揭「變易」之義曰：「《易》變易也，隨時變易以從道也。」即以變易爲《易》之大義，（說詳第二章）誠齋本伊川主變易之義而敷暢之，可謂委曲盡致，發揮無餘，誠齋以《易》爲通變之書，謂萬變自太極始，則固有其不變者在，夫然後可以觀變應變也。曰：「萬事之變方來而變通之道先立。」則馭變之道，固操之在人，所謂中正之道是也。中正之道不變，乃能中正天下之非中正者，而於何求此中正，則歸之於心，蓋吾心自有權度，⑯自有中正之極則。《詩烝民》曰：「有物有則。」亦即〈晉大象〉「君子以自昭明德」之明德也。〈大傳〉則曰：「無思無爲，寂然不動。」有此，然後能應感無方，通變無窮，即心能因應萬變之謂。皆有取於伊川也。其《易傳》之大義本之程子，而於史證尤多，吳澄跋《誠齋易傳》曰：

蓋《易》之道廣大悉備，無所不包，程子被之於人事，所謂一天下之動者，由王輔嗣、胡翼之、王介甫至此極矣。朱子直謂可與三古聖人並而爲四，非過許也，楊先生又因程子而發之以精微之文，間有與程子不同者，亦足以補其不足，然皆推衍《易》道之用，而經之本旨，未必如是。

草廬謂程子言人事，由三家《易》而來，至此已造乎其極，誠齋又因程子而發之以精微之文……則《誠齋易傳》之大義，固源於程子矣。伊川每引人事以說《易》，誠齋本之而史證益多，張時徹作序亦云：

嘗得《誠齋易傳》而讀之，以十翼解經，以理名繇，以事證理，然此皆程易家法也。

《四庫提要》云：

是書大者本程氏而多引史傳以證之。宋代書肆曾與程傳並刊以行，謂之程楊易傳，新安陳櫟極非之，以爲足以聳文士之觀瞻，而不足以服窮經士之心，吳澄作跋亦有微詞（按即吳云，經之本旨未必如是），然聖人作《易》，本以吉凶悔吝示人事之所從，箕子之貞，鬼方之伐，帝乙之歸妹，周公明著其人，舍人事而談天道，正後儒説《易》之病，未可以引史證經病萬里也。

鷹山論《易》謂「三極之道皆會於理，」白雲亦謂人道裁成輔相故畫於中（在三畫之中）二子者，均程易之嫡傳，無不重天道、人事？言人事而引史作證，有何不可？提要言之甚是。傳義理之學，伊川爲正統，誠齋爲小宗，全謝山跋《誠齋易傳》曰：

《易》至南宋，康節之學盛行，鮮有不眩惑其説，其卓然不惑者，則誠齋之易傳乎！得意忘象，得象忘言，清談娓娓，醇乎其醇，眞潦水盡而寒潭清之會也，中以史事證經學，尤爲洞邃。予嘗謂輔嗣之傳，當以伊川爲正脈，誠齋爲小宗，胡安定、蘇眉山諸家不如也。

謝山謂伊川爲正脈，誠齋爲小宗，則其源流尤自分明。

朱子之學，上承伊川之統，《宋史卷四二九朱子本傳》曰：

黄榦曰：道之正統、待人而後傳。……由孟子而後，周程張子繼其絕，至熹而始著。

勉齋謂朱子承周程張之統緒，未別白言之，宋儒黄東發則直以晦庵繼程子而曰：

本朝理學發於周子，盛於程子，程子之門人，以其學傳世者，龜山楊氏、上蔡謝氏，和靖尹氏爲最顯，龜山不免雜於佛，幸而傳之羅仲素，羅仲素傳之李愿中，李愿中傳之朱晦翁，晦翁遂能大明程子之學，故以晦翁繼程子。

而其《本義》蓋以補伊川之所未逮，以義理已備於《程傳》，衷服之至，《本義》非特立異者也。《文公易說卷四》朱子曰：

《易傳》言理甚備，象數卻欠在。

《卷七》又曰：

如程易發明道理大義極精，只於《易》文義有強說不通處。

朱子至衷服《程傳》言義理之精備，惟以不言象數，故作《本義》以補伊川之不足，而於《程傳》之義理則宗守不渝也。《坤文言》「直其正也至則不疑其所行也。」一段下。《本義》直引《程傳》「直言其正也。……孰爲疑乎？」全文，而曰：「直內方外，程傳備矣。」又履大象下《本義》亦曰：「程傳備矣。」繼錄《程傳》原文「天在上。……以定民之心志也」全段。朱子所謂備者，言《程傳》之義理備也。此皆《本義》言義理則宗《程傳》之明證。又〈師六四象傳〉下《本義》曰：「知難而退，師之常也。」〈小畜九三象傳〉下，《本義》曰：「說輹反目，三自爲也。」均用《程傳》原文，故虞集《周易玩辭序》即云：「朱子發明象占，本義多約程子之言而精之。」皆足證朱子《易》學，實伊川之流裔也。

後有項平甫，自謂其學出於程子，蓋讀《程傳》三十年而復著書（周易玩辭），其說理無一不本之《程傳》，惟略飾《易》象耳。《周易玩辭》書耑曰：

嘉泰二年，壬戌之秋。重修《周易玩辭》十六卷，章句粗定，因自歎曰：安世之所學，蓋伊川程氏書也，程子平生所著，獨《易傳》爲全書，安世受而讀之三十年矣。今以其所得於《易傳》者，述爲此書而其文無與《易傳》合者，合則無用述此書矣。世之友朋，以《易傳》之理觀吾書，本末條貫，無一不本於《易傳》者；以《易傳》之文覩吾書，則未免有使西河之民疑汝於夫子之怒。⑰知我者此書也；罪我者此書也。九月、丙午、安世謹書。

平庵項公《玩辭》之書，義理淵源伊洛，而於象變之際，紬繹尤精，明暢正大，無牽合附會之辭。

馬端臨《周易玩辭序》曰：

伊川《易傳》「予所傳者辭也，由辭以得意，則有乎人焉。」項氏則以「玩辭」名其書、⑱、辭、則三聖人之辭，《易》理包舉於其中，伊川由三聖之辭以窺見《易》理曰：「所傳者辭」，蓋傳《易》辭之理也。李心傳云「辨吉凶者存乎辭，而理固在其中矣。」（丙子學易編）故曰：「吉凶消長之理，進退存亡之道備於辭」（易傳序）則《程傳》所言之理，固爲《易》理，項書言理，自莫能外，故項氏曰：「本末條貫（言理），無一不本於程傳」也。馬序謂平甫於象變之際，紬繹尤精，如同人卦之以互巽，伏坎爲釋；隨卦之以變卦，伏坎反對爲釋等皆是。亦欲補《程傳》之所未逮也。

又有柴與之（中行）幼習《程傳》，時權臣韓侂胄當國，嚴禁道學，與之甘冒僞學之名，不肯稍屈，在朝持正，嚴君子小人之辨，實踐《易》道，蓋有伊川之風也。《宋元學案卷七十九邱劉諸儒學案》一〇九一頁，二十六行，曰：

柴中行字與之，餘千人。以儒學顯，紹熙元年進士，授撫州軍事推官，權臣韓侂胄禁道學，運司移檄令自言非僞學，先生奮筆曰：自幼習讀程氏易傳，如以爲僞，不願考校，士論壯之。遷太學博士，謂太學風化，首童子科，覆試胄子，有挾勢者，先生言於長，守法無秋毫私，入爲吏部郎官，遇事持正，不爲勢屈，調祕書監，崇政殿說書，極論往年以道學爲僞，杜絕言語，使忠義士箝口結舌，天下之氣，豈堪沮壞如此，又論內治外患，辨君子小人，所著有《易繫集傳》。

復有李心傳嘗潛心於《程傳》，推爲義理之會，然又參之《本義》，不專宗伊川耳。《丙子學易編》心傳自序曰：

> 始心傳年四十餘，朋友爲言當讀《易》意，欣然樂之，既而終日蒙然，如眇者之視，莫知《易》之爲何書也。後十年復取讀之，首求諸王氏書，多所未喻，次考張子書，乃粗窺其梗概，最後讀程子書，則昭然若揭蒙矣。程子之書義理之會也，然其言猶若不專爲爻畫而出，於是以先君子本傳及晦庵先生《本義》參焉，而後聖人畫卦命爻之情，無復餘蘊矣。

心傳在當時以良史著稱，於《易》蓋服膺《程傳》之義理，而此編兼取王輔嗣張橫渠郭子和朱晦庵及其父隆山之說，間附以己見，體例如粹言之流，但原書不存，今所傳乃元俞琰節鈔之本，其大義無由考見也。

而曾穜受學白雲，篤好程易，輯《大易粹言》李祐之《大易粹言跋》曰：

> 昔伊川先生發揮《大易》之旨，獨止於六十四卦，而繫辭無傳，學者惜之。……祐之蚤獲遊溫陵曾公之門，公平居議論必及於《易》，而伊川之學尤所篤好。

所錄諸賢，源出伊洛者爲多張嗣古前書跋曰：

右《大易粹言》前太守曾后稽命郡博士，方聞一所裒輯者也，雖七家之書，不無淺深異同之論，既考其師友淵源，力則皆自伊洛中來。

《粹言》所輯七家，爲明道、伊川、横渠、楊時、游酢、郭忠孝、郭白雲。横渠而外，游楊二郭父子，皆伊川之嫡傳，然二程說《易》，横渠遜避，故可謂七家源出伊洛也。此僅好之，在宋、潛心《程傳》而能恪守家法，敷暢義理者，則誠齋平甫等數人而已。或更重史事，或略飾象說。其流雖殊而言理之本宗則一，元明兩代，《程傳》與《本義》並行，定爲制令，[19]學者以趨功利，務投時尚，非眞好之者也，惟明代萬廷言山居，讀《程傳》三十年，詮次所得，以備觀省，爲篤守伊洛者也。萬廷言《易說自序》曰：

廷言少讀程先生《易傳》，頗通其辭，山中三十年，端居深玩，時亦或通其意，懼其忘也，因謹次而識焉，以備觀省，終吾身而已矣。

有清一代，自康雍以來，均好理學，崇程朱，一時士風，多藉程朱之名，以希求榮位，能究心《程傳》者，明季遺德船山而外，不過晨星秝秝，船山論道體，本主横渠之說，而於《易》，多取自伊川，所作《易傳》。於師、既濟二卦，即直用程義，〈師六五爻〉「長子帥師，弟子輿尸，貞凶。」《程傳》：

任將授師之道，當以長子帥師，二在下而爲師之主，長子也，若以弟子衆主之（按伊川以衆訓輿以主訓尸）則所爲雖正亦凶也。弟子。凡非長者也，自古以任將不專而致覆敗者，如晉荀林父邲之戰，唐郭子儀相州之敗是也。

《周易內傳》本爻下船山曰：

五與群陰雜處，雖下應九二，而志柔不定，則方命長子帥帥，又復遣弟子，得以爭功躁進，若初，三，皆弟子也。徼幸嘗試，必致敗績，事雖正，而輕用民於死亦凶矣。

〈象傳〉「長子帥帥，以中行也，弟子輿尸，使不當也。」《程傳》：

長子謂二，以中正之德合於上，而受任以行，若復使其餘者衆尸其事，是任使之不當也，其凶宜矣。

船山於象傳下曰：

五之錫命九二，而使帥帥徒，以其居中，位尊望重而使之行耳，非能剛斷而專任之，故使弟子參焉而至於敗。

據右引，船山於師六五爻及象傳下，純用伊川之意至明。〈既濟六四爻〉繻有衣袽，終日戒。」下，《程傳》曰：

四在濟卦而水體，故取舟爲義。……當既濟之時，以防患慮變爲急。繻，當作濡，謂滲漏也。舟有罅漏，則塞以衣袽。……。

船山於本爻下則曰：

繻，程子以爲當作濡，霑溼也，袽濈絮，四居坎體之下，有滲漏霑濡之象，衣袽以塞漏也。

右引，船山於詞意均本之伊川，其言《易》理，如宇宙唯動論，船山即本伊川「動乃天地之心」（《程傳》一二六頁，四行）之義而申詳之。（說詳第二章，第三節）……等，茲略：

而顧亭林、黃梨洲、刁用六諸大儒，皆極重程易。《日知錄卷一．卦爻外無別象條》下，亭林曰：

> 聖人設卦觀象而繫之辭，若文王周公是已，夫子作傳，傳中更無別象。荀爽、虞翻之徒穿鑿附會，象外生象。……十翼之中無語不求其象，而《易》之大旨荒矣，王弼之注，雖涉於玄虛，然已一掃《易》學之榛蕪而開之大路矣。不有程子，大義何由而明乎？

亭林謂輔嗣雖掃漢儒言象之蔽而涉於玄虛，不如程子發明《易》之大義也，黃梨洲《易學象數自序》曰：

> 世之好奇者，卑王注之淡薄，未嘗不以別傳私之，逮伊川作《易傳》，收其昆崙旁薄者，散之於六十四卦中，理別語精，《易》道於是而大定矣。

梨洲亦就漢儒焦京以下言象數者之流弊而言，主《易》以義理爲歸，故謂《易》道至伊川而大定，使《易》之本義，自此而復明，可謂推許之至，刁用六《易酌序》曰：

> 潔淨精微之教難言矣，越千四百載，得伊川程子其人，以周元公爲師，太極圖、通書、既有以酌其源流；以明道爲兄，家庭間講習討論，又有以酌其體用，行年七十有三，尚冀少進，不輕以其書示人，竭終身之力，破除術數小技，歸於綱常名教。洗滌注疏陋說，徵乎日用行習，原

本孔翼，發揮三聖之蘊，以教天下來世於無窮，一人而已。

用六以《程傳》「歸於綱常名教，徵乎日用行習。」則專即人事倫理推許之，所謂道不遠人者也。戴東原亦謂《周易》當讀《程子易傳》（段玉裁東原年譜引）而均於程易未有撰述，惟丁柘唐晚年篤耆《程傳》，爲《述傳》二卷，極尊伊川《易》說，其言曰：

蒙少而讀書，自漢唐迄宋元明之注解，汎濫旁求，無慮百數十家，瞀然而無所得，迨年踰六旬，篤耆程子之傳，朱墨點勘，日翫一卦，兩閱月而卒業，爲之歎絕，以爲孔子之後，一人而已，夫程子之傳，憂患之書，竊謂非程子明理之學，不能爲此傳，非程子進講之忠，不能爲此傳，非程子身罹憂患，遠竄流離，亦不能爲此傳，惟其閱歷既深，造詣益進，洞然於陰陽消長之數，吉凶悔吝之機，其見幾也微，其取旨也遠。可以立身，可以處事，舉而措之，可以治天下國家，此聖人之學也，第視爲解經抑末矣。程子之學，明於政治得失之原，切於身心日用之要，故學聖人之《易》，舍程子無由入也。

柘唐以《程傳》爲憂患之書，以其遭憂患而作也。惟其處危慮深，故能洞曉消長得失，天人之幾微，發而爲立身處世之要，又如此其切至，自身心日常以至天下國家，其用無不周洽，本末人己，靡不該貫，謂爲聖人之學，信非虛美，推尊伊川之處，爲得其實，其所作《述傳》，述程子之傳也。於《程傳》間有發明，歸之持身用世，亦冀後來之取法，立己立人，以前民用，伊川之宗傳也。

清季乃有王怒濤，宗伊川《易傳》，卒爲革命先烈，好程易，而能感慨捐軀以伸張民族大義，誠奇節特立之士，學優而行異者也。熊十力《讀經示要卷二》一四九頁，六行曰：

乙巳（光緒三十一年正月）王怒濤謀刺清室鐵良，不中，自殺。其後遂有吳樾、徐錫麟等繼起，而鄂中同志，亦因怒濤之死，始有革命團體運動，爲辛亥光復所本，怒濤學宗伊川《易傳》，亦得力船山，其年不永，所造未宏，然服膺前哲，一字一句必印入心坎，發爲行事，眞可爲後世法也。

怒濤學宗伊川《易傳》，卒能慷慨赴義，其於伊川之學必自默識心領而拳拳服膺之久。熊氏所謂：「一字一句印入心坎」者也。雖以年之不永，無所撰述，然以其行，能樹之風聲，以興起來世，與徒言而不能行者，其相去曾不知其幾千萬里，此固《程傳》之影響也與。

結語

謹按一家學術，必有源流，孟子云源泉混混，不舍晝夜，放乎四海，有本者如是（離婁下篇）即源遠則流暢之意，若立心立命之學（橫渠云爲天地立心，爲生民立命。）所以啓導情性，化成人文，其流詎有不暢耶？程子《易》學，淵源於《周易》，蓋天人性命，莫備於《易》。伊川於天人之際、性命之蘊發揚備至，論其幾微，尤多創闢，故《程傳》實爲《易》道之津梁，義理之正宗也。其說理源於十翼（十翼首以義理解經），而得之於〈彖傳〉者尤多，以〈彖傳〉尤善於推理也。伊川則推天地之理，以明人事之終始，歸之於中正平粹，以立群倫之綱紀，至庸、孟之說，本與《易》義通。天道性命，二書所同具，伊川取以證明《易》義，往往有之，伊川之解經，承費氏之家法，費氏以十翼說經，輔嗣本之以注《易》。輔嗣惟注上下經，而伊川因之，此即費氏之宗法也。至安定、介甫之說理，中正明曉，切近人事，皆伊川之所取也，然伊川之於三家，則去其蕪穢，而存其菁英，不啻爲三家之功臣，實亦三家之畏友也。至程易之流行，則和靖、龜山、廣平、兼山，皆其嫡傳，和靖識體用一源，龜山言太極陰陽，廌山論性命之理，兼山之子白雲承家學而推言三才之道，以人爲中堅，要皆《周易》之內蘊而程易中義理之大經也。《易》之微言大義，自伊川之發揚，和靖諸子之承守，歷元明清，皆循伊洛之矩矱，而未嘗或違，然而分卦別爻，隨文衍義，則因時位之變化，剛柔之升降往來，而後之立言者，仁智異見，各有所取，浸淫遂有貌異之說，亦自然之勢也。故後之言義理者或即史事而廣爲徵引，或因象變而委曲紬繹，設辭行文，乃有不同。蓋義理之言，重若菽粟，而淡如太羹，至此不能不略有所異（自宋迄清義理一派，大抵若此）。然於人倫日用之常。教戒治化之理，凡經緯人文之言論思想，固須推本情性，切近人事，以人爲本，自不能有出奇立異之說，故後世說義理之《易》著，其言天心性命，生化本原，其大經大猷、條理脈絡，未有能越《程傳》之樊籠者也。即千百世之後，說義理者，要惟有平實正大，歸極性命而已，此人文藝術，雖日新月異，而義理之學，則永恆不渝，蓋《易》爲性命之學，所以順性命之理，人性自古如斯，其稟賦蘄嚮，固永元不變，要在納於中正，止於至善而後已。

參考書目

《論語子罕》、《中庸》、《清儒學案卷四》、《近思錄卷一》、《孟子離婁盡心》、元郝經《周易外傳序》、《理學宗傳卷十五》、《宋史道學傳》、《明儒學案卷一》、《周易正義》、《文公易說卷三、十九、四》、《四庫提要卷一》、《經學通論》、《宋元學案卷二三、十二、二五、二六、二八、八六、七九》、《周易義海撮要卷十二、二、六》、魏了翁《周易集義方回跋》、《周子通書・朱子跋》、《司馬光易傳・陳仁子序》、《周易玩辭序》、《周易集解卷五、十六》、《經義老卷十七》、鄭東谷《周易翼傳序》、《誠齋易傳序跋》、《朱子本義》、《丙子學易編序》、《大易粹言跋》、清《林次仲文集卷二十三》、明萬廷言《易說》、梁著《中國近三百年學術史》、《周易內傳》、《日知錄》、《易學象數論序》、清刁用六《易酌序》、《戴東原年譜》、《讀經示要卷二》。

【附註】

①《論語子罕》子畏於匡曰：文王既沒，文不在茲乎，天之將喪斯文也。後死者，不得與於斯文也。……。

②《清儒學案卷四，桴亭下》六頁。

③《明儒學案卷一》二頁，吳康齋勉陳白沙之語。

④郝經《周易外傳自序》。

⑤《孟子萬章下》孔子之去齊，接淅而行，去魯，曰：遲遲吾行也，去父母國之道也，可以速而速，可以久而久，可以處而處，可以仕而仕，孔子也……孔子聖之時者也。

⑥《理學宗傳卷十五》引尹彥明之語。

⑦同上卷九，明儒薛德溫語。

⑧馬其昶《周易費氏學序》。

⑨《宋史卷四二七、列傳第一六八、道學一・伊川本傳》。

⑩按《宋元學案》、《周易傳義音訓》、《四庫提要》皆作翼之。

⑪《四庫提要卷一》引劉紹攽《周易詳說》。

⑫魏了翁《周易集義方回跋》。

⑬《清儒學案卷四・桴亭下》六頁下，三行桴亭云。

⑭《宋元學案卷十二・謝山周程學統論》三十一頁，五行。

⑮《司馬光易傳・陳仁子序》。

⑯《周易玩辭虞集序》。

⑰《孟子梁惠王上》孟子曰權然後知輕重，度然後知長短，物皆然，心爲甚，王請度之。

⑱《宋元學案卷八十六》一六三九頁，黃東發云。

⑲此用西門豹之語，西門豹爲魏文侯守鄴有此語。

⑳按〈繫傳〉雖有觀象玩辭之文，而項氏則以伊川重辭之意爲主。

㉒清《林次仲文集卷二十三・與胡敬仲書》云：元皇慶二年詔《易》用程氏、朱氏，明初因之云。